ALL THE FEELS / TOUS LES SENS

ALL THE FEELS

Affect and Writing in Canada

TOUS LES SENS

Affect et écriture au Canada

Marie Carrière,
Ursula Mathis-Moser
& Kit Dobson, *Editors*

UNIVERSITY *of* **ALBERTA** PRESS

Published by

University of Alberta Press
1–16 Rutherford Library South
11204 89 Avenue NW
Edmonton, Alberta, Canada T6G 2J4
uap.ualberta.ca

LIBRARY AND ARCHIVES CANADA
CATALOGUING IN PUBLICATION

Title: All the feels : affect and writing in canada = Tous
les sens : affect et écriture au Canada / Marie
Carrière, Ursula Mathis-Moser, Kit Dobson, editors.
Other titles: All the feels (2020) | Tous les sens | All the
feels (2020) | All the feels (2020). French
Names: Carrière, Marie J., 1971– editor. | Mathis-Moser,
Ursula, editor. | Dobson, Kit, 1979– editor.
Description: Includes bibliographical references. | Text
in English and French.
Identifiers: Canadiana (print) 20200345435E |
Canadiana (ebook) 20200347071E |
ISBN 9781772124873 (softcover) |
ISBN 9781772125221 (EPUB) |
ISBN 9781772125238 (Kindle) |
ISBN 9781772125245 (PDF)
Subjects: LCSH: Affect (Psychology) in literature. |
LCSH: Cognition in literature. | LCSH: Canadian
literature—21st century—History and criticism. |
LCSH: Canadian literature (French)—21st
century—History and criticism.
Classification: LCC PS8101.A38 A45 2020 |
DDC C840.9/353—dc23

CATALOGAGE AVANT PUBLICATION DE
BIBLIOTHÈQUE ET ARCHIVES CANADA

Titre: All the feels : affect and writing in Canada = Tous
les sens : affect et écriture au Canada / Marie
Carrière, Ursula Mathis-Moser, Kit Dobson, editors.
Autres titres: All the feels (2020) | Tous les sens | All the
feels (2020) | All the feels (2020). Français
Noms: Carrière, Marie J., 1971– éditeur intellectuel.
| Mathis-Moser, Ursula, éditeur intellectuel. |
Dobson, Kit, 1979– éditeur intellectuel.
Description: Comprend des références
bibliographiques. | Texte en anglais et en français.
Identifiants: Canadiana (livre imprimé) 20200345435F |
Canadiana (livre numérique) 20200347071F |
ISBN 9781772124873 (couverture souple) |
ISBN 9781772125221 (EPUB) |
ISBN 9781772125238 (Kindle) |
ISBN 9781772125245 (PDF)

Vedettes-matière: RVM: Affect (Psychologie) dans la
littérature. | RVM: Cognition dans la littérature. |
RVM: Littérature canadienne—21e siècle—Histoire
et critique. | RVM: Littérature canadienne-
française—21e siècle—Histoire et critique.
Classification: LCC PS8101.A38 A45 2020 |
CDD C840.9/353—dc23

First edition, first printing, 2020.
First printed and bound in Canada by Houghton Boston
Printers, Saskatoon, Saskatchewan.
Copyediting by Kay Rollans and Sarah Bernier.
Proofreading by Kay Rollans and Christine Carrier.

University of Alberta Press gratefully acknowledges
the support received for its publishing program from
the Government of Canada, the Canada Council for
the Arts, and the Government of Alberta through the
Alberta Media Fund.

This book has been published with the help of a grant
from the Canadian Federation for the Humanities and
Social Sciences, through the Awards to Scholarly
Publications Program, using funds provided by the Social
Sciences and Humanities Research Council of Canada.

University of Alberta Press gratefully acknowledges and
thanks the University of Alberta Libraries for its financial
support of this book, which allows for the electronic
edition to be available as an Open Access title.

Contents / Table des matières

II CARE AND AFFECT / SOIN ET AFFECTS

III AFFECTS OF MEMORY / AFFECTS DE LA MÉMOIRE

IV AFFECTS OF RESISTANCE / AFFECTS DE LA RÉSISTANCE

V WRITING THROUGH AFFECT / ÉCRIRE AU FIL DE L'AFFECT

Acknowledgments / Remerciements

OUR GRATITUDE towards those who made this project possible is, of course, deeply felt. First and foremost, we thank the contributors, who gave the questions of this volume their thoughtful and careful attention and did so through their respective languages, approaches, and styles. Working with each and every one of them was delightful and energizing. We thank the University of Alberta Press for their willingness to provide a home for this demanding bilingual collection. The peer reviewers thorough and respectful dialogue with the material left us all the more committed to its research objectives. The two copyeditors, Kay Rollans for the English texts and Sarah Bernier for the French texts, lent their keen, critical reading to this work to make it better and stronger. The book's stunning cover is thanks to the brilliant work of Winnie Truong, the artful eye of Alan Brownoff, and the inspirational counsel of Jason Purcell. For their support, we have numerous institutional thanks to extend: the Canadian Studies Centre (CSC) at the University of Innsbruck; the Canadian Literature Centre (CLC) at the University of Alberta as well as the Department of Modern Languages & Cultural Studies, the Faculty of Arts, and the Office of the Vice-President (Research and Innovation) there; the Faculty of Arts and the Office of the Provost and Vice-President Academic at Mount Royal University; and the Banff Centre. Ursula Mathis-Moser wishes to thank her staff and colleagues at the CSC. Kit Dobson would like to thank his colleagues in the Department of

English, Languages, and Cultures at Mount Royal University. Marie Carrière extends her thanks to staff, students, volunteers, and colleagues of the CLC. The three editors of this collection thank one another for the learning and, most of all, the friendship that have emerged from it.

NOTRE GRATITUDE envers ceux et celles qui ont rendu ce projet possible se manifeste, évidemment, dans tous les sens. D'abord et avant tout, nous remercions les collaborateurs et collaboratrices qui ont réfléchi avec soin aux questions de ce volume, dans leurs langues et selon leurs approches et styles respectifs. Le travail avec chacun et chacune fut agréable et dynamique. Nous remercions les Presses de l'Université de l'Alberta de leur volonté d'accueillir cet ouvrage collectif bilingue et exigeant. Les évaluations externes ont entretenu un dialogue approfondi et respectueux avec le matériel et nous ont permis d'entretenir une pleine confiance quant aux objectifs scientifiques. Les deux réviseures, Kay Rollans pour les textes en anglais et Sarah Bernier pour les textes en français, ont apporté une lecture critique assidue pour améliorer et renforcer ce travail. Nous devons la couverture éblouissante du livre à l'œuvre remarquable de Winnie Truong, à l'œil expert d'Alan Brownoff ainsi qu'aux conseils inspirants de Jason Purcell. Plusieurs institutions nous ont fourni leur appui : le Centre d'études canadiennes (CÉC) de l'Université d'Innsbruck ; le Centre de littérature canadienne (CLC) de l'Université de l'Alberta ainsi que son Département de langues modernes et d'études culturelles, sa Faculté des arts et son Bureau du vice-président (recherche et innovation) ; la Faculté des arts et le Bureau du recteur et vice-président académique de l'Université Mount Royal ; et le Banff Centre. Ursula Mathis-Moser souhaite remercier son personnel et ses collègues au CÉC. Kit Dobson voudrait remercier ses collègues du Département d'anglais, de langues et de cultures de l'Université Mount Royal. Marie Carrière tient à remercier le personnel, les étudiants et étudiantes, les volontaires et les collègues du CLC. Les trois responsables de ce recueil éprouvent une vive reconnaissance pour les apprentissages et, par-dessus tout, l'amitié qui en a découlé.

Introduction

|MARIE CARRIÈRE, URSULA MATHIS-MOSER, KIT DOBSON|

|Traduction par DOMINIQUE HÉTU et MARIE CARRIÈRE|

Writing Affect in Canadian, Indigenous, and Québécois Literatures

AFFECT, we might say, is everywhere, and as far as practically all forms of academic research are concerned, affect has been around for a long time. Our starting point in this volume is an under-standing of affect as an assemblage of thought and emotion and, inevitably, as a theory of emotions as well. Particularly since the 1970s era of high theory in humanities research, a number of critics from disciplines ranging from economics (e.g., Jon Elster's *Sour Grapes*) to psychoanalysis (e.g., Julia Kristeva's *Black Sun*) to contemporary feminist philosophy (e.g., Sarah Ahmed's *The Cultural Politics of Emotion*) have bridged the otherwise longstanding meta-physical division between thought and emotion, and by extension between mind and body. They have understood, as do we and the contributors to this collection, that emotion is both internal and external, both private and public; that it is intertwined, rather than in conflict, with the mind, the body, our actions, and our beliefs; that affects such as happiness, shame, optimism, and melancholia emanate both from within ourselves and from the social structures that organize us; and that affectivity is a source and an effect of our individual and collective thought processes and actions.

The diversification of affect studies, in both its present and past incarnations, is not lost on us. As Marie Carrière, one of the editors of this volume, discusses in her book *Cautiously Hopeful: Metafeminist Practices in Canada*, little unanimity exists in terms of the definition of affect in humanities studies. Some, such as theorist Eve Kosofsky

Sedgwick or philosopher Brian Massumi, align their thought with the earlier psychological work of Sylvan Tomkins. These theorists understand affect and emotion (or what they term *feeling*) as clearly different things. Massumi, for example, describes affect as "irreducibly bodily and autonomic" and thus indeterminate, while emotion is "the sociolinguistic fixing of a quality of experience which is from that point onward defined as personal" (28).

Massumi's new materialist insistence on "the autonomy of affect" (35), and thus his neat distinction between affect and emotion, is useful in that it recognizes the prelinguistic intensity of bodily forces and highlights the embodied materiality constituting subjectivity. From this line of thought, we retain the idea of affect as sensation that can be both physiological and psychological, and both internally and externally driven. We take heed, however, of feminist scholars who warn against reinvoking metaphysical oppositions—that is, any "contentious...display [of] a sharp dualism between cognition and emotion, the mind and the body" (Fischer 818). Sharing the reluctance of theorists such as Ahmed, Teresa Brennan, and Ann Cvetkovitch to strike any clear differentiation between affect and emotion, we consider the idea of affect to be most potent for literature in its permeation of conceptual boundaries. Affect, that is, bridges the gaps between the traditional oppositions of interiority and exteriority: of body and mind, the personal and the collective, nature and culture, and thus of affect and emotion themselves.

Ahmed's work in *The Cultural Politics of Emotion* also refuses to allow clear-cut delineations between affect and emotion to stand. Rather than relegate affect to an "inside out" model of individuality or an "outside in" focus on emotions simply as social forces exercised on the subject (4), Ahmed renders affect and emotion relational and interchangeable. In other words, she thinks of them both as being individual *and* collective aspects of subjectivity.

Emotions and affects, she says, "show us how all actions are reactions, in the sense that what we do is shaped by the contact we have with others" (4). Brennan similarly argues that there is no such thing as an "emotionally contained subject" (2). For Brennan, affects do not simply "arise within a particular person but also come from without...via an interaction with other people and an environment" (3). Feminism has for quite some time insisted on the the falsity of any dichotomy between reason and feeling, as have thinkers who have inherited or adopted antiracist, postcolonial, poststructuralist, and postmodern frameworks of analysis.

Literature, for its part, has always been a student of emotions (Lombardo and Mulligan 485). Critics responding to the "affective turn" in the humanities are now catching up to, or at least remembering, that very fact. They are remembering, too, that human and nonhuman life is "un faisceau d'affects, de désirs, de croyances, de décisions, d'actions, infiniment plus varié que ce que la psychanalyse freudienne a su voir" [a collection of affects, desires, beliefs, decisions, and actions that are infinitely more varied than what Freudian psychoanalysis was able to anticipate] (Lombardo and Mulligan 485; our translation). In other words, the tenor, aims, and focuses of criticism change when we bring affective reading practices to literary analysis—something we have already seen in critical work that predates the contemporary focus of this collection. For instance, in the scholarship pertaining to 1970s feminist writings in English Canada and Quebec as well as Quebec's lyrical "intimate" poetry of the 1980s, the complexities of feeling and corporeality, and the relation between personhood and the collective, bolster reflections about writing, representation, and agency (Dolce; Dupré; Knutson). Indigenous writing and research are also no strangers to considerations of affect, with Métis critic Natalie Clark's rethinking of trauma theory, as well as Tanana Athabascan scholar Dian Million's influential "felt theory."[1] Recent criticism in

English Canada has also turned to affect studies in examinations of neoliberalism (Derksen), celebrity culture (York), and the ethics of care (De Falco). De Falco and York have examined affect itself in a collection of essays on the work of Alice Munro.

The turn to affect—a term we prefer to Clough and Heally's "affective turn"—is all the more crucial and productive in the context of events that, at the time of writing, have coloured the world of Canadian literature and cultural criticism. It would be difficult for us not to mention the events that have, in recent years, flared up in the field of Canadian literary studies such as, in the words of Tuscarora writer Alicia Elliot, the "dumpster fire" ignited by the #MeToo movement and its bringing-to-light of global systemic sexual violence and abuse of privilege. These events have included controversies around sexual harassment in some of Canada's foremost creative writing programs, perhaps epitomized by the UBC Accountable letter. This letter, signed by a number of Canadian literati, was put forward in support of a critically acclaimed male peer and then-professor at the University of British Columbia, against whom female students had filed complaints of sexual harassment. There was also the ill-advised call by the former editor of the Writers' Union of Canada's *Write Magazine* for the creation of an "Appropriation Prize"—a call made in the preface to an issue devoted to Indigenous voices[2]—that has reopened decades-old debates about cultural appropriation as it affects BIPOC (Black, Indigenous, and People of Colour) artists. We would be remiss not to point out the "ugly feelings" (Ngai) that have saturated the discourses around these events—feelings of anger and disappointment in literary beacons, Margaret Atwood and Joseph Boyden among them, who, at one time associated with aesthetics and politics of liberation, are now seen by some to be harmfully closing ranks to protect their own. Many have expressed their "ugly feelings" towards these events by calling out the bad behaviour they see in Canadian literature.

For us, these ongoing debates highlight that anger does not necessarily block agency and the work toward change. Anger is not *just* an ugly feeling. For Ahmed, anger is a crucial source of knowledge and change-oriented energy. Through her reading of African-American poet Audre Lorde, Ahmed constructs anger as:

> *a response to the injustice of racism; as a vision of the future; as a translation of pain into knowledge; as being loaded with information and energy. Crucially, anger is not simply defined in relationship to a past, but as opening up the future. In other words, being against something does not end with "that which one is against" (it does not become "stuck" on the object of either the emotion or the critique, though that object remains sticky and compelling). ("not the time")*

"Being against something is also being for something," Ahmed crucially reminds us ("not the time")—just as the vital pushback against exclusive frameworks and institutional norms by communities of minority and women writers, scholars, critics, readers, and their allies in turn demonstrates.[3] Million, for instance, reclaims anger as "felt theory," a form of "emotional knowledge" that is crucial for a better understanding of early and recent Indigenous women's personal and experiential narratives outside the confines of certain traditions of white academia that have dismissed these works as "too angry" for serious critical consideration (63).

The very production of this collection of essays aligns, in turn, with the generative aspects of critical resistance, social justice work, and the ethical impulses of affective expression and poetics. The seeds of this publication were planted at a conference: *Maladies of the Soul, Emotion, Affect*, co-organized by the Canadian Studies Centre at the University of Innsbruck and the University of Alberta's Canadian Literature Centre. While there had by that time been much hurt, much anger, and much frustration in many recent public conversations about the literatures in Canada—especially those literatures being created in English—the conference was, in our view, very much characterized by positive and productive affects linked to the building of communities of care, support, and intellectual engagement. Rooted in such a context, this volume investigates the impact that research into emotions and cognition has on the study of contemporary Canadian, Indigenous, and Québécois writings in English and French. Focusing on these bodies of literature as the *corpus* of their analysis, the fifteen contributors were invited to explore the affective implications of the processes of literary communication. What, we ask, are the implications of reading contemporary Canadian, Indigenous, and Québécois literatures in light of affect? What kinds of knowledge and potential transformations emerge from texts that focus on emotion? What connections does affect, as both individual and collective experience, have to textuality, embodiment, and materiality?

As Patrizia Lombardo and Kevin Mulligan say: "Si les choix, les désirs, la volonté, les décisions ont été depuis longtemps au centre des recherches en sciences humaines et en philosophie, si les pulsions ont été privilégiées par tous ceux qui ont pris au sérieux la psychanalyse, c'est l'*affectivité* qui aujourd'hui attire l'attention" [If the humanities and philosophy have long placed choices, desires, and wills at the centre of their research, and if those who have taken psychoanalysis seriously have privileged the drives, then today *affectivity* is what draws attention] (482; our translation). Moreover, a general sense of crisis pervading not only Canadian literary studies but contemporary culture as a whole provides the background against which we read many writers' works today, indeed with an attention paid to the affectivity upon which Lombardo and Mulligan insist. Our focus on the contemporary necessarily brings us face-to-face with theorists of contemporaneity—Slavoj Žižek's assessment of the twenty-first century as the "apocalyptic zero-point" (x), and the warnings of Lauren Berlant and others of the West's "cruel" attachment to neoliberal forms of optimism, for example. Bruno Latour and Chris Cuomo highlight the Anthropocene's urgent need for ecological intervention. Sianne Ngai, as mentioned above, identifies the contemporary moment's "ugly feelings," while Joan Tronto addresses the ethics of care as an affective, material, and alternative form of knowledge, agency, and democracy. This leads to other questions, central to this collection: What are the affects that index the particularity of our literary moment, and how do people situated within a settler-colonial Canada write about them? And, while timing and contingencies are such that this collection cannot address these next questions directly, we are also drawn to ask: How might all of these concerns have been brought into focus by the global pandemic through which we are living right now, as we revise this introduction and this volume?

These and other lines of critical inquiry have allowed authors to approach the new "maladies of the soul" of this not-so-new millennium, a task that, we hope, will advance terminological, methodological, and theoretical knowledge in the fields of affect studies and Canadian textual analysis. The literary works examined in these critical essays in turn circulate a thinking of emotions through their literary commitments to the power of art to imagine better worlds.

Writings about Affect in Canada

Opening the collection's first section, "Negative Affects," Matthew Cormier tunes in to Derrida's notion of an "apocalyptic tone in philosophy" as a way of understanding the negation of futurity that characterizes recent affect theory (by Ahmed, Berlant, and Massumi). Cormier boldly juxtaposes his theoretical findings with contemporary Canadian literature, namely Emily St. John Mandel's *Station Eleven* and Thomas King's *The Back of the Turtle*, and their own portrayals of affective attachments ensuing from current anxieties about the power of capitalism and imminent environmental threats.

Working within a similar apocalyptic context, Ana María Fraile-Marcos's chapter thinks through the consequences of flattened affects and the world of everyday banality. Her chapter reads Margaret Atwood's novel *The Heart Goes Last*, tracking the ways in which, in that work, the lessening and loosening of social bonds leads to a world in which corporatized denizens can find themselves believing in their own worth while committing injurious and even murderous acts. Thinking through Zygmunt Bauman's particular understanding of modernity as a deeply human set of beliefs, Fraile-Marcos tracks the very real risks of affects of insensitivity and failures to empathize. Fraile-Marcos describes the novel's world—one reduced to a marketplace, in which individualized, isolated actors must fend entirely for themselves—and, through her reading of the central characters Charmaine and Stan, unpacks the suffering of those who live there. A dystopic work that directly reflects some current moves to dismantle Western state apparatuses, Fraile-Marcos argues that this novel serves as a warning about what could happen if things go too far.

Eric Schmaltz's essay closes the first section by building on the ways in which affect and late capitalism might intertwine within the poetic arena. Looking to Karen Barad's critique of the importance granted to linguistic acts, Schmaltz turns to a tradition of nonsignifying poetic work in Canada, honing in on the work of poet derek beaulieu. While beaulieu's earlier concrete poetry might be read, Schmaltz contends, within the context of Sianne Ngai's concept of a poetics of disgust, his later work does something else entirely. Schmaltz identifies beaulieu's more recent work as enacting a "poetics of subterfuge" wherein visually attractive pieces mimic and undermine the nonlinguistic signifying processes of the advertising world of late capitalism. This co-optation of the visual field of capitalist power, the chapter argues, might afford readers and viewers with a point of exit from normative signifying practices, moving from disgust to affirmation, subterfuge, and escape.

The second section, "Care and Affect," opens with Maïté Snauwaert's literary reflection on the feminist ethics of care. By drawing from Philippe Ariès's thinking on the neutralization of death in Western thought, Snauwaert explores literary resistance to similarly scripted responses to death, mourning, and time. In Louise Dupré's *L'album multicolore* and Helen Humphrey's *Nocturne: On the Life and Death of My Brother*, Snauwaert finds an emphasis on the material, ordinary, and bodily circumstances of death—one that opens onto a relational ethics that transforms affect into the work and political praxis of care.

Ursula Mathis-Moser follows suit with her reading of Tassia Trifiatis's *Mère-grand*, insisting upon the text as a vehicle for the circulation of affects that function as the very source of the complex intergenerational bond developed between the novel's two main characters. Within their respective and very specific life and end-of-life trajectories, grandmother and granddaughter forge a relationship that is not only one of compassionate regard or moral obligation, but one of feminist care. Mathis-Moser in turn understands this care as a relational ethics of reciprocity and recognition of the other.

Finally, Daniel Laforest closes this section by offering a different view of care in his examination of what he terms the "biomedical body." Examining intersections between medical discourses and narratives of embodiment, Laforest assembles a corpus of literary works produced in Canada that document the relationship between health and the body. Physical well-being, Laforest asserts, is linked again and again in the dominant imagination to civic health: the well-being of the body politic. This circumstance pushes the human body to act and exist in particular, circumscribed ways that reinforce late liberal society. Laforest's chapter, as a result, searches for forms of biomedical resistance to the normalization of the body, reconsidering what care itself might look like in both a medical and social sense.

In "Affects of Memory," the volume's third section, Heather Milne turns to poet Sina Queyras's portrayal of loss and mourning in their collection *M × T*. Also focusing on the deployment of negative affect—here through feminist poetics—Milne adeptly addresses social standards and prescriptions imposed on grief and the grieving. She demonstrates the ways in which Queyras's elegiac work insists on the irreducibility and excesses of grief, and shows how this, in its very embrace of unresolvable mourning, disrupts or queers both normative and neoliberal social structures (such as family or nation) and their scripted forms of memory, time, and resolution.

Suffering—and how to remember and transform it—marks the point of departure for Nicoletta Dolce's reading of Joël des Rosiers' collection of poems, *Vétiver*. With des Rosiers, she focuses on one of those "écrivains médecins" (doctor-writers) who increasingly occupy the contemporary literary scene. In *Vétiver*, she argues, the function of poetry is to provide the necessary space for an ongoing reflection on the interaction of individual and collective memory, the latter being revivified by an attitude of receptivity towards the "Other." Following Paul Ricoeur, the bipolarity between "soi" (self) and "les autres" (the others) is eroded by a third position of the "proche" (the near), embodied by Vaïna, whose eloquent silence is delegated to the caring receptivity of the lyrical "I."

The memory of grief is no stranger in the works of three contemporary women writers in Quebec—Louise Dupré, Marie-Célie Agnant, and Denise Désautels—whose texts, Carmen Mata Barreiro argues in her chapter, write back against collective and individual trauma and injuries as experienced by women and men in Žižek's end times. Mata Barreiro analyzes their work using a wide net of cross-references to the leading names of contemporary philosophy, anthropology, and affect studies. The visions of life and death that these authors offer, she argues, express an ethos that eventually transcends grief and suffering, opening onto the life-sustaining emotions of empathy and solidarity. Resistance and power—arriving through imagination, memory, and a glimpse of hope here and there—fuse with the political dimension of their work.

The fourth section, "Affect and Resistance," opens with Jeanette den Toonder's analysis of Innu novelist Naomi Fontaine's *Kuessipan*. Within the field of Indigenous women's literature in French, den Toonder places the parameters of affective knowledge and relationality at the centre of her argument. She illustrates the narrow path from resistance to reclamation, which parallels the path of the female narrator's liberation from the moral pressures of white patriarchy. The recovery of an equilibrium of body and mind of the individual and the collective through affect as an alternative form of knowledge results in a new consciousness of agency and pride.

Margery Fee's subsequent chapter is part, as she puts it, of an attempt to decolonize affect theory. Recognizing within the emergence of affect theory itself the very real risk of its inscription along settler/colonial lines, Fee sets out to unpack what is at stake when we theorize affect. She does so through sustained readings of a series of Indigenous stories that help her to argue that stories themselves, like affects, are geographically specific, rooted in times and places that require particular attentiveness on the part of readers and listeners. Resisting the colonization of other people's and peoples' emotional lives—here those of Indigenous Peoples—Fee recognizes in the stories she reads from Okanagan/Syilx writer Jeannette Armstrong and Nuu-chah-nulth writer E. Richard Atleo that the land itself, as well as the nonhuman actors in it, must give pause to any interpretive act that would too easily assume affective equivalencies from one community to the next.

Aaron Kreuter pursues the examination of affective resistance in turn with a careful study of Ayelet Tsabari's short story collection *The Best Place on Earth*. Drawing from Ahmed's theory of "affective economies," he examines how affective attachments may both feed into Zionism *and* fuel the resistance to and disruption of ethnic and political boundaries. As an Israeli author now relocated to Canada, Tsabari's writing, Kreuter argues, also challenges her Canadian readers to consider settler colonialism in both countries.

The final section, "Writing through Affect," proposes alternative forms of writing affect through the contributions of three leading Canadian women writers and theorists. Nicole Brossard, whose chapter opens this section, addresses a number of crucial issues: Where is the threshold between emotion and sensation? Why does the revival of emotion transcend the private sphere and virtually inundate politics, economics, journalism, education, and philosophy? Can "l'émotion publique vécue intimement" [public emotion lived in intimacy] (our translation) better our relations with others? What role do affects play in literature? Can or should literature compete with reality or should it remain personal? When does affect become creative or literary? Are (the author's) tears universal? Through her exploration of these questions, she insists we remember that, in an age when we seek "amortality," ubiquity, flawless memory, and artificial intelligence, we still cry tears and we still seek the joy of beauty.

Smaro Kamboureli, in her chapter, also affectively ruptures the containing frame of the essay form in order to critique what is at stake in critical praxis itself. Setting about to defy the laws of genre that govern even the logic of this very volume, Kamboureli works through her recent experiences in order to unpack what is at stake, in terms of affect, when the very words that writers use become constrained by the mode in which they work. Her intertwined accounts of her travels to the occupied Palestinian territories, her work in northern communities around Pangnirtung, Nunavut, and her collective work of sponsoring a Syrian refugee family in Canada are all embodied, sometimes messy, and replete with the complexities that mark the neocolonial world order with which this volume, in part, grapples. Moving from the idea of an essay as a product to the process of an essay's creation, the chapter highlights the vulnerability entailed in acts of creation, the risks that must be taken to cross boundaries, and the difficulty of enacting a politics in a compromised world.

The final chapter in this collection inspects what the author, Louise Dupré, calls "phantoms in the voice." In nineteen notes and four poems, Dupré develops a poetics of the end times, with reflections on her own position as a writer and on literature in general. In such times, writing no longer solves problems; neither can it hail beauty, evoke harmony, or even entertain. But it *can* put suffering into words, it *can* break stupor, reactivate agency, and give the subject back her humanity. Contrary to the world's "strong emotions," the writer cultivates fragility; she accepts her own vulnerability and feels responsible for appealing to the human community. While distinguishing between empathy and compassion, between identification with and caring for the other's suffering, Dupré describes the process of writing as a combination of two steps: first, finding empathy for the other's distress; and, second, developing a critical distance in order to concentrate on the form of the literary work. Writing and the literary text, Dupré tells us, represent a bastion against calamity and a laboratory for thinking the world in a different way.

Envoi

As we approach the publication of this volume in the spring of 2020, the world is at a near standstill as the coronavirus pandemic spreads across the globe. It is a time of deep uncertainty. We do not know what comes next. We hope for the best possible outcomes, while we fear for the worst. Questions of emotion and affect have become more pertinent than ever. In our correspondence with friends, family, and colleagues, feelings of exhaustion, fear, and anxiety are spreading alongside hopeful moments and gestures. For the privileged and fortunate among us, care seems widespread and is being touted as an antidote to fear. Meanwhile, the recent murder of George Floyd by Minneapolis police, seen on video by millions, has set the world alight, as we also recall the police-related deaths of Breonna Taylor in Louisville, Kentucky; Ahmaud Arbery outside Brunswick, Georgia; Regis Korchinski-Paquet in Toronto, Ontario; and so many, too many, others. Founded in 2013 by three Black women organizers in response to the acquittal of Trayvon Martin's murderer, the Black Lives Matter movement is now ever-present. We are seeing collective action on the part of Black and Indigenous people and people of colour, as well as acts of white ally-ship, in the mass anti-racism protests taking place everywhere; calls for the end of state-sanctioned violence and white supremacy; and the recognition that the COVID-19 crisis is also a racial, social, and economic emergency, with minority groups disproportion-ately suffering and dying from the disease. If we invoke care as a possibly productive countermeasure, it can only be in the form of an ethics that is intersectional (recognizing the interrelated factors of race, gender, and class in social oppression and injustice) and one that centres on the vulnerable, the excluded, the murdered, and the missing. Although this volume is one offering among many, we hope that it contributes not only to discourses about Canadian, Indigenous, and Québécois literatures, but also to our future conversations about how to build the best world possible in a time of change. We insist that theorizing and enacting a politics of care will be a key part of formulating the world to come. These essays point the way.

Notes

1. See also the *Agency and Affect* issue of *Canadian Literature*, edited by Margery Fee.

2. For a summary of recent CanLit controversies, see *An Open Letter to UBC*; "Context for the Galloway Case"; McGregor et al.; Elliott; and Lederman.

3. For illuminating meditations on how feminist anger can lead to affirmative politics particularly for marginalized people, see Wunker's nonfiction work and Rose's poetic critique.

Écrire l'affect dans les littératures canadiennes, autochtones et québécoises

ON POURRAIT DIRE que l'affect est partout, et dans presque toutes les formes de recherche scientifique, il se manifeste depuis longtemps. Le point de départ de cet ouvrage est une configuration de l'affect en tant qu'assemblage de la pensée et de l'émotion et, par la force des choses, en tant que théorie des émotions. Surtout depuis l'époque de la haute théorie en sciences humaines dans les années 1970, bon nombre de chercheurs et chercheuses de disciplines variées, telles que l'économie (*Sour Grapes* de Jon Elster), la psychanalyse (*Soleil noir* de Julia Kristeva) et la philosophie féministe contemporaine (*The Cultural Politics of Emotions* de Sara Ahmed), ont estompé les divisions métaphysiques de longue date entre la pensée et l'émotion, et, par conséquent, le corps et l'esprit. Comme nous, et comme les collaborateurs et collaboratrices de ce volume, ces critiques auront compris que l'émotion est à la fois interne et externe, tant privée que publique ; qu'elle opère en croisement plutôt qu'en conflit avec l'esprit, le corps, les actions et les croyances ; que les affects comme la joie, la honte, l'optimisme ou la mélancolie émanent tant de nous-mêmes que des structures sociales qui nous organisent ; et que l'affectivité est à la fois une source et un effet de nos gestes et mécanismes de pensée individuels et collectifs.

La diversification des études de l'affect, tant dans ses formes présentes que passées, ne nous échappe pas. Comme en discute Marie Carrière, co-directrice de ce volume, dans son livre *Cautiously*

Hopeful: Metafeminist Practices in Canada, il y a absence d'unanimité quant à la définition de l'affect dans les sciences humaines. Eve Kosofsky Sedgwick ou le philosophe Brian Massumi, de leur côté, travaillent à partir de la recherche antérieure de Sylvan Tomkins en psychologie. Ici, l'affect et l'émotion (ou ce qu'ils appellent *le sentiment*) sont manifestement deux choses différentes. Massumi, par exemple, décrit l'affect comme étant « irreducibly bodily and autonomic » [irréductiblement corporel et autonome] et donc indéterminé, alors qu'il comprend l'émotion comme « the sociolinguistic fixing of a quality of experience which is from that point onward defined as personal » [le scellage sociolinguistique d'une qualité de l'expérience, laquelle se définit dès lors comme étant personnelle] (Massumi 28 ; notre traduction).

L'insistance de Massumi sur « the autonomy of affect » [l'autonomie de l'affect] (35 ; notre traduction), à la façon du nouveau matérialisme, et donc sa distinction nette entre affect et émotion, est utile en ceci qu'elle nous amène à reconnaître l'intensité prélinguistique des forces corporelles et qu'elle fait ressortir la matérialité incarnée et constitutive de la subjectivité. Dans cette ligne de réflexion, nous retenons l'idée selon laquelle l'affect dénote une sensation qui peut être à la fois physiologique et psychologique, émanant tant de l'intérieur que de l'extérieur. Toutefois, nous tenons compte des mises en garde formulées par des chercheuses féministes contre la reprise d'oppositions métaphysiques—soit, « contentious...display [of] a sharp dualism between cognition and emotion, the mind and the body » [l'expression contentieuse...d'un dualisme net entre la cognition et l'émotion, l'esprit et le corps] (Fischer 818 ; notre traduction). Partageant avec des théoriciennes comme Sara Ahmed, Teresa Brennan et Ann Cvetkovitch une réticence à différencier nettement affect et émotion, nous considérons l'affect comme une notion plus puissante pour la littérature en ce qu'elle permet la croisée des frontières conceptuelles. Autrement dit, l'affect rompt les oppositions traditionnelles entre l'intériorité et l'extériorité : entre le corps et l'esprit, le personnel et le collectif, la nature et la culture, et, donc, l'affect et l'émotion.

La contribution d'Ahmed dans *The Cultural Politics of Emotion* rejette aussi la distinction tranchée entre affect et émotion. Plutôt que de renvoyer l'affect à un modèle « inside out » [du dedans au dehors] de l'individualité ou à une perspective « outside in » [du dehors au dedans] des émotions en tant que simples forces sociales agissant sur les sujets (4 ; notre traduction), Ahmed perçoit l'affect et l'émotion comme étant relationnels et interchangeables. Les émotions et les affects, constate-t-elle, « show us how all actions are reactions, in the sense that what we do is shaped by the contact we have with others » [nous montrent que toutes les actions sont des réactions, au sens où ce que nous faisons est façonné par le contact que nous avons avec les autres] (4 ; notre traduction). Selon Brennan également, il n'y a pas d'« emotionally contained subject » [de sujet émotionnellement autonome] (2 ; notre traduction). En effet, Brennan affirme que les affects n'émergent pas seulement « within a particular person but also come from without...via an interaction with other people and an environment » [à l'intérieur d'une personne particulière mais aussi de l'extérieur...par une inter-action avec d'autres personnes et un environnement] (3 ; notre traduction). Le féminisme insiste depuis longtemps sur la fausseté de toute dichotomie entre raison et sentiment, tout comme le font des chercheurs et chercheuses qui ont hérité ou adopté des cadres d'analyse antiraciste, postcoloniale, poststructuraliste et postmoderne.

La littérature, quant à elle, a toujours étudié les émotions (Lombardo et Mulligan 485). Les critiques qui répondent au « tournant affectif » dans les sciences humaines constatent, ou du moins se souviennent, de ce fait. On rappelle aussi que la vie humaine et non humaine est « un faisceau d'affects, de désirs, de croyances, de décisions, d'actions, infiniment plus varié que ce que la psychanalyse freudienne a su voir » (Lombardo et Mulligan 485). Autrement dit, la teneur, les objectifs et les intérêts de la critique se transforment lorsque les pratiques de lecture affective gagnent l'analyse littéraire—comme nous l'avons vu dans des analyses ayant précédé ce recueil, tourné vers l'époque contemporaine. Par exemple, dans les publications scientifiques sur les écritures féministes des années soixante-dix au Canada anglais et au Québec ainsi que sur le lyrisme et l'intimité dans la poésie québécoise des années quatre-vingt, la complexité des sentiments et de la corporéalité, ainsi que du rapport entre le personnel et le collectif, renforce les réflexions sur l'écriture, la représentation et l'agentivité (Dolce ; Dupré ; Knutson). De même, les recherches portant sur l'écriture autochtone sont familières avec la prise en compte de l'affect. C'est le cas, notamment, dans la reprise des théories du traumatisme par la critique métisse Natalie Clark ainsi que dans la « felt theory » [théorie sentie] (notre traduction) de la chercheuse tanana athabascan Dian Million, qui a eu une influence importante.[1] La critique récente au Canada anglais s'est aussi tournée vers l'étude de l'affect dans des travaux sur le néolibéralisme (Derksen), le culte des célébrités (York) et les éthiques du *care* (De Falco). En outre, De Falco et York ont consacré un recueil collectif à l'affect dans l'œuvre d'Alice Munro.

Il y a aussi, actuellement, un moment charnière en écriture et en critique culturelle au Canada avec lequel ce recueil d'essais coïncide ; une contemporanéité qui a rendu ce tournant vers l'affect—expression que nous préférons à celle de « tournant affectif » popularisée par Clough et Heally—d'autant plus crucial et fructueux. Il serait difficile pour nous de ne pas évoquer la série d'évènements, qualifiés de « dumpster fire » [feu de benne] (notre traduction) par l'auteure tuscarora Alicia Elliott, survenus dans le champ des études littéraires canadiennes dans les dernières années ; évènements ravivés par la mise au jour, sous l'égide du mouvement global #MeToo, d'abus, de privilèges et de violences sexuelles systémiques. Ces évènements comprennent les controverses quant au harcèlement sexuel dans certains programmes importants de création littéraire, dont la UBC Accountable Letter est un exemple notable. Signée par un bon nombre d'auteures et auteurs canadiens, cette lettre visait à appuyer un collègue masculin célébré par la critique, et désormais ancien professeur à l'Université de la Colombie-Britannique, ayant fait l'objet de plaintes de la part d'étudiantes pour harcèlement sexuel. Nous avons aussi assisté à la réouverture d'un débat vieux de plusieurs décennies concernant l'appropriation culturelle que subissent les artistes NAC (noirs, autochtones et de couleur) avec l'annonce de la création, peu judicieuse, d'un prix célébrant la « meilleure appropriation » par l'ancien éditeur du *Write Magazine*, la publication officielle du Writers' Union of Canada, dans la préface d'un dossier consacré aux voix autochtones.[2] De même, on ne peut passer sous silence les « ugly feelings » [sentiments laids] (Ngai ; notre traduction) qui ont saturé les discours suivant ces controverses, d'abord sous forme de colère, puis d'une profonde déception, envers des figures phares de la littérature, dont Margaret Atwood et Joseph Boyden, lesquels ont été associés à des esthétiques et des politiques de la libération, mais que d'aucuns perçoivent à présent comme protégeant les leurs de manière nuisible.

Selon nous, il ressort de ces débats continus que la colère ne contre pas nécessairement l'agentivité et les efforts pour le changement. La colère n'est pas *seulement* un « ugly feeling ». Selon Ahmed, la colère est une source cruciale de savoir et d'énergie transformatrice. Au fil de sa lecture de la poète afro-américaine Audre Lorde, Ahmed envisage la colère comme

> *a response to the injustice of racism; as a vision of the future; as a translation of pain into knowledge; as being loaded with information and energy. Crucially, anger is not simply defined in relationship to a past, but as opening up the future. In other words, being against something does not end with "that which one is against" (it does not become "stuck" on the object of either the emotion or the critique,*

though that object remains sticky and compelling). [une réponse à l'injustice du racisme ; comme une vision de l'avenir ; comme une traduction de la souffrance en savoir ; comme étant chargée d'information et d'énergie. Fondamentalement, la colère n'est pas simplement définie en relation avec le passé, mais dans son ouverture vers l'avenir. En d'autres termes, être contre quelque chose ne se termine pas avec « ce contre quoi nous sommes » (cela ne « s'accole » sur l'objet ni de l'émotion ni de la critique, bien que cet objet demeure collant et captivant).] ("not the time for a party" ; notre traduction).

Ahmed nous rappelle de manière fondamentale que « being against something is also being for something » [être contre quelque chose est aussi être pour quelque chose] ("not the time for a party" ; notre traduction)—comme nous l'a démontré une communauté d'écrivaines et d'écrivains de statut minoritaire, de chercheurs et chercheuses, de critiques, de lecteurs et lectrices ainsi que de toutes les personnes qui se sont faites leurs alliées, par le contrepoids nécessaire de leurs réponses aux cadres exclusifs et aux normes institutionnelles.[3] Million, de son côté, réclame la colère en tant que « felt theory », soit une forme d'« emotional knowledge » [théorie sentie ; savoir émotionnel] (notre traduction) essentiel pour une meilleure compréhension des récits personnels anciens et récents dérivés de l'expérience des femmes autochtones en dehors du cadre conventionnel du milieu universitaire blanc ; ce dernier a longtemps rejeté ces œuvres sous prétexte qu'elles étaient trop colériques, « too angry », pour être prises au sérieux par la critique (63).

La production de ce recueil d'essais s'inscrit, à son tour, dans la lignée des aspects génératifs de la résistance critique, du travail de justice sociale, et des impulsions éthiques liées à l'expression affective et poétique. Les germes de cette publication ont été cultivés lors d'un colloque : *Les maladies de l'âme, émotion et affect*, organisé conjointement par le Centre d'études canadiennes de l'Université d'Innsbruck et le Centre de littérature canadienne de l'Université de l'Alberta. S'il y a eu beaucoup de douleur, de colère et de frustration dans la foulée des récentes conversations publiques à propos des littératures au Canada—et principalement des littératures produites en anglais—, à notre sens, le colloque a été largement conditionné par des affects positifs et fructueux liés au développement de communautés de soin, de soutien et d'engagement intellectuel. Ancré dans un tel contexte, cet ouvrage explore les retentissements de la recherche sur les émotions et la cognition pour l'étude de textes canadiens, autochtones et québécois contemporains écrits en français et en anglais. Nous avons invité les 15 collaborateurs et collaboratrices à se pencher sur ces littératures comme corpus d'analyse où explorer les implications affectives des processus de communication littéraire. Quelles sont, avons-nous demandé, les conséquences de la lecture des littératures autochtone, canadienne et québécoise à la lumière de l'affect ? Quels sont les savoirs et les transformations potentielles qui émergent de textes concentrés sur les émotions ? Quelles sont les connexions entre l'affect, tant dans les expériences individuelles que collectives, et la textualité, la corporéité, la matérialité ?

Comme le rappellent Patrizia Lombardo et Kevin Mulligan, « [s]i les choix, les désirs, la volonté, et les décisions ont été depuis longtemps au centre des recherches en sciences humaines et en philosophie, si les pulsions ont été privilégiées par tous ceux qui ont pris au sérieux la psychanalyse, c'est l'*affectivité* qui aujourd'hui attire l'attention » (482). L'impression généralisée de crise, qui imprègne non seulement les études littéraires au Canada, mais plus globalement la culture contemporaine, constitue le contexte dans lequel nous lisons le travail de plusieurs auteurs et auteures aujourd'hui, et ce, en portant une attention particulière à l'affectivité sur laquelle Lombardo et Mulligan insistent. Un tel examen de la contemporanéité nous amène aussi nécessairement face à l'évaluation que fait Slavoj Žižek du vingt-et-unième siècle en tant qu'« apocalyptic zero-point » [point zéro apocalyptique] (notre traduction) ainsi qu'aux avertissements de Lauren Berlant et de plusieurs autres quant à l'attachement « cruel » de l'Occident aux formes néolibérales d'optimisme. Bruno Latour et Chris Cuomo soulignent, quant à eux, le besoin urgent d'interventions écologiques dans l'anthropocène. Sianne Ngai, nommée plus haut, identifie bien les « ugly feelings » de notre actualité, alors que Joan Tronto aborde les éthiques du soin ou du *care* en tant que forme affective, matérielle et autre de savoir, d'agentivité et de démocratie. Ainsi donc, nous nous sommes demandé quels affects caractérisent notre moment littéraire, et comment les personnes situées dans un contexte canadien de colonialisme de peuplement les abordent dans leurs écritures. Et bien que cet ouvrage ne puisse aborder la question directement, étant donné le moment de sa publication et les incertitudes actuelles, nous avons tendance à nous demander aussi : Comment la pandémie mondiale que nous vivons au moment de réviser cette introduction et ce volume aurait-elle pu faire ressortir toutes ces préoccupations ?

Ces préoccupations, en plus d'autres questionnements critiques, ont permis aux auteurs et auteures d'explorer les nouvelles « maladies de l'âme » de ce millénaire, qui n'est plus si nouveau ; une tâche qui, nous l'espérons, contribuera à l'avancement terminologique, méthodologique et théorique du savoir dans les champs d'études sur les affects et l'analyse textuelle au Canada. Les œuvres littéraires examinées dans ces essais critiques font circuler, à leur tour, une pensée des émotions dans leurs engagements littéraires envers le pouvoir des arts d'imaginer des mondes meilleurs.

Affect et écritures au Canada

En ouverture de la première section du recueil, intitulée « Affects négatifs », Matthew Cormier s'intéresse à la notion derridienne d'un « apocalyptic tone in philosophy » [ton apocalyptique en philosophie] (notre traduction) pour aborder les récentes théories des affects (par Ahmed, Berlant et Massumi) et leur incorporation d'une négation de la futurité. Cormier juxtapose avec audace ses conclusions de recherche à la littérature canadienne contemporaine, soit *Station Eleven* d'Emily St. John Mandel et *The Back of the Turtle* de Thomas King, et leurs représentations d'attachements affectifs résultant d'anxiétés actuelles liées au pouvoir du capitalisme et aux menaces environnementales imminentes.

Encore à partir d'un contexte apocalyptique, le chapitre d'Ana María Fraile-Marcos réfléchit aux conséquences d'affects affaiblis et au monde de la banalité quotidienne. Elle analyse le roman *The Heart Goes Last* de Margaret Atwood, en retraçant la manière dont les liens sociaux se défont et se raréfient dans un monde dont les habitants et les habitantes, dans leur soumission au corporatisme, en arrivent à croire en leur propre valeur tout en commettant des gestes néfastes et même meurtriers. Suivant l'interprétation particulière que fait Zygmunt Bauman de la modernité comme un ensemble de croyances profondément humaines, Fraile-Marcos relève les risques bien réels des affects de l'insensibilité et du manque d'empathie. Sa description du monde du roman—un monde réduit à une économie de marché, où les sujets individuels et isolés doivent se débrouiller seuls—et sa lecture des personnages, Charmaine et Stan, décortiquent les enjeux d'un tel monde. Œuvre dystopique qui réfléchit directement au démantèlement des appareils d'États occidentaux, le roman, selon Fraile-Marcos, fait ressortir la part de risque lorsque les choses vont trop loin.

Eric Schmaltz conclut la première section en s'appuyant sur les manières dont l'affect et le capitalisme tardif pourraient s'imbriquer dans l'arène poétique. S'inspirant de la critique de Karen Barad quant à l'importance accordée aux actes linguistiques, Schmaltz se tourne vers une tradition de travail poétique non signifiant au Canada et la poésie de derek beaulieu. Si, comme le suggère Schmaltz, la poésie antérieure et concrète de beaulieu peut être lue à l'aide du concept de poétique du dégoût de Ngai, son œuvre récente, quant à elle, accomplit complètement autre chose.

Schmaltz suggère que ce nouveau travail de beaulieu performe une poétique du subterfuge dans laquelle des éléments visuellement attrayants imitent et ébranlent les processus signifiants non linguistiques associés au monde publicitaire du capitalisme tardif. Cette récupération du champ visuel du pouvoir capitaliste pourrait permettre au lectorat, ainsi qu'à l'auditoire, de trouver un point de sortie possible des pratiques signifiantes normatives, pour passer du dégoût à l'affirmation, au subterfuge et à l'échappatoire.

La deuxième section, « Soin et affects », débute par une analyse littéraire de Maïté Snauwaert sur les éthiques féministes du *care*. En s'appuyant sur le travail de Philippe Ariès quant à la neutralisation de la mort dans la pensée occidentale, Snauwaert explore une résistance littéraire similaire face à la mort, au deuil et au temps. Dans *L'album multicolore* de Louise Dupré et *Nocturne: On the Life and Death of My Brother* de Helen Humphreys, Snauwaert constate un accent particulier sur les circonstances matérielles, ordinaires et corporelles de la mort—d'où se déploie une éthique relationnelle qui transforme l'affect en un travail et une praxis politique du *care*.

Ursula Mathis-Moser propose ensuite une lecture de *Mère-grand* de Tassia Trifiatis, en insistant sur le texte comme vecteur pour la circulation des affects, lesquels sont la source d'un lien intergénérationnel complexe entre les deux personnages principaux du roman. À l'intérieur de leur trajectoire respective et bien spécifique de vie et de fin de vie, la grand-mère et la petite-fille développent une relation qui va au-delà du regard compatissant ou de l'obligation morale, et qui s'inscrit plutôt dans un *care* féministe. Mathis-Moser envisage ce *care* comme une éthique relationnelle de réciprocité et de reconnaissance de l'autre.

Venant clôturer cette section, Daniel Laforest offre une perspective différente du *care* en examinant ce qu'il nomme le « corps biomédical ». Par l'exploration des intersections entre les discours médicaux et les récits de corporéité, Laforest rassemble un corpus d'œuvres littéraires produites au Canada qui documentent la relation entre le corps et la santé. Le bien-être physique, suggère Laforest, est lié à maintes reprises à l'imaginaire dominant de la santé publique : au bien-être d'une politique du corps. Ce contexte pousse le corps humain à agir et à exister selon certaines manières circonscrites qui renforcent la société libérale tardive d'aujourd'hui. Le chapitre cherche donc des formes de résistance biomédicale à la normalisation du corps, en reconsidérant ce que peut constituer le *care* au point de vue médical ainsi que social.

Dans « Affects de la mémoire », la troisième section du volume, Heather Milne s'intéresse à la représentation de la perte et du deuil dans le recueil de poésie *M x T* par Sina Queyras. En portant aussi attention au déploiement d'affects négatifs—ici à travers une poétique féministe—, Milne aborde avec habileté les standards sociaux et les prescriptions imposées quant au chagrin et au deuil. Elle explique les manières dont le travail élégiaque de Queyras insiste sur le caractère irréductible et excessif du chagrin, et décrit comment l'acceptation d'un deuil insurmontable perturbe, voire fait échouer les structures sociales normatives néolibérales (telles que la famille et la nation), ainsi que leurs formes écrites de la mémoire, du temps et de la résolution.

C'est la souffrance—incluant les manières de s'en souvenir et de la transformer—qui sert de point de départ à la lecture que fait Nicoletta Dolce du recueil de poèmes Vétiver, de Joël Des Rosiers, l'une des figures d'écrivains médecins qui occupent de plus en plus la scène littéraire contemporaine. Dans Vétiver, selon Dolce, la poésie procure un espace nécessaire à une réflexion continue sur l'interaction entre la mémoire individuelle et la mémoire collective, cette dernière étant revitalisée par une attitude de réceptivité envers l'« Autre ». Suivant Paul Ricœur, l'opposition entre le soi et les autres est affaiblie par une troisième position, celle du proche, incarnée par Vaïna, dont le silence éloquent est recueilli grâce à la réceptivité soucieuse du « je » lyrique.

La mémoire de la souffrance est aussi un thème récurrent dans les œuvres de trois écrivaines contemporaines au Québec, soit Louise Dupré, Marie-Célie Agnant et Denise Desautels. Leurs textes, comme l'exprime Carmen Mata Barreiro, réagissent contre le trauma et les blessures individuelles et collectives dont les hommes et les femmes font l'expérience à la fin des temps selon la conception de Žižek. Mata Barreiro analyse ces œuvres à partir d'un large éventail conceptuel où se rencontrent les grands noms des domaines contemporains de la philosophie, de l'anthropologie et des études de l'affect. Les visions de la vie et de la mort proposées par ces auteures expriment un éthos qui en viendra à transcender le chagrin et la souffrance et s'ouvrira sur les émotions de maintien de vie, telles que l'empathie et la solidarité. La résistance et le pouvoir—survenant par l'imagination, la mémoire et une lueur d'espoir ici et là—fusionnent avec la dimension politique de leurs œuvres.

Des « affects de la résistance » sont au cœur de la quatrième section, qui débute avec l'analyse par Jeanette den Toonder du roman *Kuessipan*, de l'écrivaine innue Naomi Fontaine. Dans le contexte de la littérature en français écrite par des femmes autochtones, den Toonder situe les paramètres du savoir affectif et de la relationalité au centre de son argumentation. Elle illustre le passage étroit menant de la résistance à la revendication que traverse la narratrice durant sa libération des pressions morales du patriarcat blanc. Le rétablissement d'un équilibre entre le corps et l'esprit, entre l'individuel et le collectif par l'affect en tant que forme de savoir autre donne lieu à une nouvelle conscience de l'agentivité et de la fierté.

Le chapitre subséquent, de Margery Fee, s'inscrit dans une tentative, indique-t-elle, de décoloniser la théorie de l'affect. Reconnaissant, dans l'émergence même de cette théorie, les risques bien réels de reproduire un cadre colonial, Fee s'engage à éclaircir les enjeux de la théorisation de l'affect. Elle le fait par sa lecture d'une série de récits autochtones qui l'aident à maintenir l'argument selon lequel les récits eux-mêmes, comme les affects, sont géographiquement situés, ancrés dans des temps et des espaces qui requièrent une attention particulière de la part de ceux et celles qui lisent et qui écoutent. En résistant à la colonisation de la vie émotionnelle des autres—dans ce cas-ci celle des peuples autochtones—, Fee reconnaît, dans les récits étudiés, ceux de l'écrivaine okanagan/syilx Jeannette Armstrong et de l'auteur nuu-chah-nulth E. Richard Atleo, que le territoire même, ainsi que les acteurs non humains·qui s'y trouvent, doit faire réfléchir aux gestes interprétatifs par lesquels on reconnaîtrait trop aisément des équivalences affectives entre les communautés.

De son côté, Aaron Kreuter poursuit la réflexion sur la résistance affective avec une étude attentive du recueil de nouvelles *The Best Place on Earth* de Ayelet Tsabari. En s'appuyant sur la théorie des économies affectives d'Ahmed, il examine comment l'attachement se nourrit du sionisme, tout en alimentant la résistance aux frontières politiques et ethniques et leur perturbation. Kreuter suggère que l'écriture de Tsabari, une auteure israélienne relocalisée au Canada, défie le lectorat canadien d'examiner le colonialisme à l'œuvre dans les deux pays.

La dernière section du livre, « Écrire au fil de l'affect », propose des formes différentes d'écriture de l'affect grâce à trois contributions de la part d'éminentes écrivaines et théoriciennes. Dans son essai, le premier de la section, Nicole Brossard traite de diverses questions déterminantes : Où est la limite entre émotion et sensation ? Pourquoi le retour aux émotions transcende-t-il la sphère privée et semble-t-il inonder la politique, l'économie, le journalisme, l'éducation et la philosophie ? « L'émotion publique vécue intimement » améliore-t-elle nos relations avec les autres ? Quels rôles jouent les affects dans la littérature ? La littérature peut-elle, devrait-elle se battre avec le réel, ou devrait-elle demeurer personnelle ? À quel moment l'affect devient-il créateur ou littéraire ? Les larmes (de l'auteure) sont-elles universelles ? À travers l'exploration de ces questions, Brossard nous incite à ne pas oublier qu'à une époque où l'on recherche « l'amortalité », l'ubiquité, la mémoire sans faille et l'intelligence artificielle, nous continuons tout de même à verser des larmes et nous cherchons toujours la joie dans la beauté.

Smaro Kamboureli, à son tour, rompt de manière affective avec le cadre formel de l'essai pour critiquer les risques d'une praxis critique. Défiant les lois du genre qui gouvernent jusqu'à la logique du présent ouvrage, Kamboureli explore ses propres expériences récentes pour analyser ce qui est en jeu, du point de vue de l'affect, lorsque les mots de l'auteure sont contraints par le mode dans lequel elle travaille. Ses récits entrelacés—évoquant, d'abord, ses voyages en territoires occupés de Palestine, puis son travail dans des communautés nordiques de Pangnirtung au Nunavut et, finalement, son engagement collectif pour financer et soutenir la venue d'une famille de réfugiés syriens au Canada—sont tous incarnés, parfois compliqués, et remplis de la complexité qui caractérise l'ordre mondial néocolonial que ce recueil tente en partie d'interroger. S'écartant de l'essai comme produit pour aller vers l'essai comme procès, ce chapitre souligne la vulnérabilité inhérente aux actes de création, les risques intrinsèques au passage des frontières ainsi que la difficulté de s'engager dans un monde corrompu.

Le dernier chapitre du volume, écrit par Louise Dupré, inspecte ce qu'elle nomme les fantômes de la voix. Au fil de 19 notes et de 4 poèmes, Dupré développe une poétique de la fin des temps accompagnée de réflexions sur sa propre position d'écrivaine et sur la littérature plus généralement. À notre époque, suggère Dupré, l'écriture ne résout plus les problèmes, ne permet plus de célébrer la beauté et l'harmonie ni de divertir. Mais elle *peut* formuler la souffrance, elle *peut* faire obstacle à la stupeur, réactiver l'agentivité et redonner au sujet son humanité. Contrairement aux « émotions fortes » du monde, l'écrivaine cultive la fragilité ; elle accepte sa propre vulnérabilité et se sent responsable d'un appel à la communauté humaine. En distinguant l'empathie de la compassion, l'identification avec l'autre et le soin à cet autre souffrant, Dupré décrit le processus d'écriture comme une combinaison de deux étapes : d'abord, l'empathie pour la détresse de l'autre et, ensuite, une distance critique pour se concentrer sur la forme du travail littéraire. L'écriture et le texte littéraire, selon Dupré, représentent alors un bastion contre le désastre et un laboratoire où penser le monde autrement.

Envoi

Au moment où nous nous apprêtons à publier ce volume, au printemps 2020, le monde est presque immobilisé par la pandémie de coronavirus. Il s'agit d'un temps d'incertitude profonde. Nous ignorons ce que réserve l'avenir. Nous espérons le meilleur, alors que nous craignons le pire. Les questions d'émotion et d'affect sont plus que jamais pertinentes. Dans nos correspondances avec nos amis et amies, nos familles et nos collègues, des sentiments de grande fatigue, de peur et d'anxiété se manifestent en parallèle à des moments et des gestes d'espoir. Pour les personnes privilégiées et fortunées parmi nous, le soin semble se généraliser et figurer désormais comme antidote à la peur. Pendant ce temps, le meurtre récent de George Floyd par la police de Minneapolis, diffusé par vidéo à des millions de personnes, a enflammé le monde, et a rappelé les morts, également attribuables aux manières policières, de Breonna Taylor à Louisville, Kentucky ; d'Ahmaud Arbery à l'extérieur de Brunswick, Georgie ; de Regis Korchinski-Paquet à Toronto, Ontario ; et de beaucoup d'autres, de trop d'autres en fait. Fondé par trois organisatrices noires en réponse à l'acquittement de l'assassin de Trayvon Martin, le mouvement Black Lives Matter est actuellement omniprésent. Nous observons tout à la fois une action collective de personnes noires, autochones et de couleur, ainsi que des gestes d'alliance de la part de personnes blanches, dans les manifestations de masse anti-racistes se déroulant partout ; des appels à mettre un terme à la violence sanctionnée par les gouvernements et à la suprématie blanche ; et une prise de conscience des dimensions raciales, sociales et économiques critiques qui amplifient les répercussions de la COVID-19, alors que certains groupes minoritaires souffrent et meurent de la maladie de façon disproportionnée. Si nous faisons appel au soin comme contremesure possiblement productive, ce n'est que sous forme d'une éthique intersectionnelle (informée par les facteurs interreliés de la race, du genre et de la classe sociale à l'œuvre dans l'oppression sociale et l'injustice), laquelle porte sur les personnes vulnérables, exclues, assassinées et disparues. Bien que ce volume compte parmi de nombreux hommages, nous espérons qu'il pourra contribuer non seulement aux discours sur les littératures canadienne, autochtone et québécoise, mais aussi à nos conversations futures quant aux manières de construire le meilleur monde possible au cœur d'une période de changement. Nous affirmons que la théorisation et la promulgation d'une politique du soin occupent un rôle premier dans l'élaboration du monde à venir. Les essais qui suivent en tracent la voie.

Notes

1. Voir aussi le dossier « Agency and Affect » de *Canadian Literature*, dirigé par Margery Fee.
2. Pour un résumé des récentes controverses « CanLit », voir *An Open Letter to* UBC ; "Context for the Galloway Case"; McGregor et al. ; Elliott ; et Lederman.
3. Voir, entre autres, le mot-clic #CanLit. Pour des réflexions inspirantes à propos de la colère féministe comme véhicule d'une politique affirmative, voir l'essai de Wunker et la critique poétique de Rose.

Works Cited / Ouvrages cités

Ahmed, Sara. "It is not the time for a party." *feministkilljoys*, 13 May 2015, www.feministkilljoys.com/2015/05/13/it-is-not-the-time-for-a-party.

———. *The Cultural Politics of Emotion*. Edinburgh UP, 2004.

Berlant, Lauren. *Cruel Optimism*. Duke UP, 2011.

Clark, Natalie. "Red Intersectionality and Violence-Informed Witnessing Praxis with Indigenous Girls." *Girlhood Studies*, vol. 9, no. 2, 2016, pp. 46–64.

Clough, Patricia Ticineto, and Jean Halley, editors. *The Affective Turn: Theorizing the Social.* Duke UP, 2007.

"Context for the Galloway Case." *Open Counter-Letter: Stephen Galloway Case at UBC*, www.sites.google.com/ualberta.ca/counterletter/context-for-the-galloway-case. Accessed 5 May 2020.

De Falco, Amelia. *Imagining Care: Responsibility, Despondency, and Canadian Literature.* U of Toronto P, 2016.

De Falco, Amelia, and Lorraine York, editors. *Ethics and Affects in the Fiction of Alice Munro.* Palgrave Macmillan, 2018.

Derksen, Jeff. *After Euphoria.* JRP/Ringier, 2014.

Dolce, Nicoletta. *La porosité au monde : l'écriture intime chez Louise Warren et Paul Chamberland.* Éditions Nota bene, 2012.

Dupré, Louise. *Stratégies du vertige. Trois poètes : Nicole Brossard, Madeleine Gagnon, France Théoret.* Éditions du Remue-ménage, 1989.

Elliott, Alicia. "CanLit is a Raging Dumpster Fire." *Open Book*, 7 Sept. 2017, www.open-book.ca/Columnists/CanLit-is-a-Raging-Dumpster-Fire.

Fee, Margery, editor. *Agency and Affect*, issue of *Canadian Literature*, no. 223, Winter, 2014.

Fischer, Clara. "Feminist Philosophy, Pragmatism, and the 'Turn to Affect': A Genealogical Critique." *Hypatia*, vol. 31, no. 4, 2016, pp. 810–26.

Knutson, Susan. *Narrative in the Feminine: Daphne Marlatt and Nicole Brossard.* Wilfrid Laurier UP, 2000.

Lederman, Marsha. "More than 10 writers remove their names from controversial letter in Steven Galloway case." *The Globe and Mail*, 13 Jan. 2018, https://www.theglobeandmail.com/news/british-columbia/more-than-10-writers-remove-their-names-from-controversial-letter-in-steven-galloway-case/article37598317/.

Lombardo, Patrizia, and Kevin Mulligan. Avant-propos. *Penser les émotions*, dossier de *Critique*, dirigé par Patrizia Lombardo et Kevin Mulligan, juin–juil. 1999, pp. 481–86.

Massumi, Brian. *Parables for the Virtual: Movement, Affect, Sensation.* Duke UP, 2002.

McGregor, Hannah, et al. "Living in the Ruins." Introduction. *Refuse: CanLit in Ruins*, edited by McGregor et al., Book*hug, 2018, pp. 9–28.

Million, Dian. "Felt Theory: An Indigenous Feminist Approach to Affect and History." *Wíčazo Ša Review*, vol. 24, no. 2, Fall 2009, pp. 53–76.

Ngai, Sianne. *Ugly Feelings.* Harvard UP, 2005.

An Open Letter To UBC: Steven Galloway's Right To Due Process. 14 Nov. 2016, http://www.ubcaccountable.com/open-letter/steven-galloway-ubc.

Introduction

Rose, Rachel. *Thirteen Ways of Looking at CanLit*. BookThug, 2015.

York, Lorraine. *Relunctant Celebrity: Affect and Privilege in Contemporary Stardom*. Palgrave Macmillan, 2018.

Wunker, Erin. *Notes from a Feminist Killjoy: Essays on Everyday Life*. BookThug, 2016.

Žižek, Slavoj. *Living in the End Times*. Verso, 2010.

Introduction

I
Negative Affects / Affects négatifs

Theorizing the Apocalyptic Turn in the Literatures of Canada

Un/Veiling the Apocalyptic Direction in Affect Studies

|MATTHEW CORMIER|

Affect-alypse Now

Since the terrorist attacks on 9-11, novels such as Don DeLillo's *Falling Man*, John Updike's *Terrorist*, and Joseph O'Neill's *Netherland*, among a number of others, have attempted to capture, in a kind of "crisis literature," the affects of that day and its aftermath. Even more recently, and alongside current ecological and economical global crises, writers of fiction have turned to imagining apocalyptic narratives and, in a sense, "anticipating affects," seemingly in response to warnings such as Slavoj Žižek's of a coming "apocalyptic zero-point" (x). Novelists in Canada have been particularly active in producing apocalyptic narratives. Notable examples of the past decade or so include Margaret Atwood's *MaddAddam* trilogy, Nancy Lee's *The Age*, Waubgeshig Rice's *Moon of the Crusted Snow*, Thomas King's *The Back of the Turtle*, Emily St. John Mandel's *Station Eleven*, and Nicolas Dickner's *Tarmac*.

Perhaps not surprisingly, then, apocalyptic narratives also pervade current critical and theoretical spaces, especially those related to affect studies. In fact, professors and instructors across Canada and elsewhere enlist the aid of critical affect studies in their classrooms to engage with apocalyptic texts ranging from Eve Kosofsky Sedgwick's *Touching Feeling: Affect, Pedagogy, Performativity* to Rosi Braidotti's *The Posthuman*.

Instead of making use of affect theory to study apocalyptic narratives, however, this chapter explores the influence of the apocalyptic narrative, or the apocalyptic as a genre, on works by affect theorists such as Sara Ahmed, Lauren Berlant, and Brian Massumi, among others. This chapter proposes that fear and anxiety over the future often shape the present, and that this apocalyptic mode of thinking, which consistently appears in twenty-first century fiction written in Canada, is also the context of much of affect theory today.

The Apocalyptic Paradigm in Affect

The same temporal paradigm lies at the heart of both apocalypse and recent affect studies. This paradigm, in relation to the apocalypse, is of a future that never comes, yet preemptively affects the present. It is certainly not new considering its anchoring in the Book of Revelation. There, John of Patmos witnesses the apocalypse in a vision of the death and destruction of humanity, in which a genocidal God saves only a chosen few: "Go your ways, and pour out the vials of the wrath of God upon the earth" (*Bible*, King James Version, Rev. 16.1). Yet the apocalypse is a version of the future, of the end of the world or the ultimate revelation, which never fully materializes. As Tina Pippin's introduction to *Apocalyptic Bodies: The Biblical End of the World in Text and Image* suggests, "every apocalypse is a sequel. A sequel is a work which follows another work and can be complete in itself and seen in relation to the former and also what follows it. The story becomes the neverending story, in ever-evolving renditions" (1). Pippin's analogy of the apocalypse as sequel is effective because it resonates within contemporary film and popular culture. Furthermore, her analogy accurately depicts the most destructive events in humanity's recent history: apocalyptic events such as the Holocaust and 9-11 have definitely shaped the world, but have not ended it. Articulated differently, these events have ended *some* worlds, but not *the* world. They have revealed truths, but surely not an ultimate truth. Thus, the "end of the world" that the apocalypse promises never truly "comes."

This verb, *to come*, is significant in apocalyptic discourse due chiefly to Jacques Derrida's rereading of Immanuel Kant's "On a Newly Arisen Superior Tone in Philosophy" in his own essay, "On a Newly Risen Apocalyptic Tone in Philosophy." A number of critics, including Pippin, base their own arguments on Derrida's claim that, in the Book of Revelation, "there is the apocalypse *without* the apocalypse" (167). Derrida links his claim to the coming of the Messiah: "I shall come," states Derrida, "the coming is always to come" (153). The perpetuity of this future "to come" in the present results in the "the apocalypse as sending of the apocalypse, the apocalypse that sends itself" (155). As a result, and as Derrida clarifies, "[the] event of this 'Come' precedes and calls the event. It would be that starting from which there is any event, the coming, the to-come of the event that cannot be thought under the given category of event" (164). Presently, this "to-come," or "newly risen apocalyptic tone" seems to find its place in affect studies, as well.

In fact, one needs to look no further than to the manner in which affect theorists attempt to distinguish their object of study from that of emotions and cognizance to witness a glimpse of the apocalyptic, temporal paradigm present in affect studies. As Ruth Leys points out, theorists such as Brian Massumi, William E. Connolly, and Nigel Thrift, alongside other recent affect scholars, suggest that

> the affects must be viewed as independent of, and in an impor-
> tant sense prior to, ideology—that is, prior to intentions, meanings,
> reasons, and beliefs—because they are nonsignifying, autonomic
> processes that take place below the threshold of conscious awareness
> and meaning. For the theorists in question, affects are "inhuman,"
> "pre-subjective," "visceral" forces and intensities that influence our
> thinking and judgments but are separate from these. Whatever else
> may be meant by the terms affect and emotion...it seems...that the
> affects must be noncognitive, corporeal processes or states. (437)

Leys, however, proceeds to contest this differentiation convincingly for the remainder of her essay, identifying several flaws in the arguments that these theorists make and the evidence with which they support them. She believes affects and emotions are inseparable; one might even say that the two are caught in an endless back-and-forth, that one "sends" the other, like a future that never comes yet preemptively affects the present. The one depends on the other such that neither is ever wholly itself, and neither ever fully arrives. In this sense, affect and emotion can be understood as "events" in the Derridean sense—that is, as inhabiting the same temporal paradigm as Derrida's messianic apocalypse.

Cruel Promises and Imminent Happiness

Perhaps the most concrete example of the apocalyptic turn in affect studies, stemming from a political narrative on the concept of "threat" contextualized by 9-11, lies with the work of a scholar whom Leys criticizes: Brian Massumi's "The Future Birth of the Affective Fact: The Political Ontology of Threat." In his article, Massumi makes several arguments that reflect the same apocalyptic, temporal paradigm that Derrida discusses, stating that "[t]he future of threat is forever" (53), and that this threat is "affectively self-causing,...If we feel a threat, such that there was a threat, then there always will have been a threat. Threat is once and for all in the nonlinear time of its own causing" (54). Massumi's phenomenological approach to "threat" within the context of 9-11 is particularly intriguing because of the question he poses concerning the event itself: "If 9-11 is not an origin, what is it? How does it figure in the tendentially infinite series to which it belongs? Is it possible to periodize preemptive power?" (62). Massumi goes on to proffer an answer to his own question: "Rather than assigning it as an origin, 9-11 may be thought of as marking a threshold" (62).

Notwithstanding the relevance of this statement with respect to the debated origins of affect and emotion, Massumi's assessment of 9-11 as "marking a threshold" bears similarities to the study Catherine Keller and Stephen D. Moore undertake while dissecting Derrida's work in their discussion entitled "Derridapocalypse." Moore, in one section, turns to the apocalyptic breaking of seals in the Book of Revelation—seals that hold the ultimate apocalyptic secret:

> When the Lamb unzips the very first seal (Rev. 6.2), the secret threatens to leap whole and entire out of the scroll—or so it seemed,... But the denuding of the secret has barely begun. And even when the seventh seal has been broken, and heaven itself has been plunged into suspenseful silence...all that ensues is another series of seven—seven further deferrals of climactic disclosure. (192–93)

At the penultimate moment in the Book of Revelation, however, God instructs John of Patmos, the Book's author, to seal up the revelation, and the great secret persists (Rev. 10.4). As a result, the Revelation never comes, and as Derrida argues, "there is the apocalypse *without* apocalypse." The breaking of the "last" seal is thus perpetual, never truly giving away its secret. This reading resonates with Massumi's understanding of 9-11 as "marking a threshold," or "breaking a seal." In both cases, the event affects the world, yet does not end it or give away "the secret," and the cycle recommences.

Massumi's affective study of "threat" thus shares similarities with apocalyptic narratives: an indefinite future, which seems to never fully materialize, affects the present by preemptively forming it to meet its supposed future, and the cycle continues. If "marking a threshold," as Massumi calls a threatening event, is synonymous with the apocalyptic "breaking of a seal," do correlations between apocalyptic narratives and other affect studies exist? When one examines the future's role in determining the present in works such as Sara Ahmed's *The Promise of Happiness* and Lauren Berlant's *Cruel Optimism*, apocalyptic narratives suddenly seem to have more in common with affect studies than would appear at surface level. As will be further explored, Berlant's notion of optimism, or of the future, as a cruel determinant of one's present easily falls under the rubric of apocalyptic narrative. In a similar vein, Ahmed's study of the pursuit of happiness, or "happy futures," shows that, more often than not, the envisioned future does not occur, and a vicious cycle begins anew.

"Apocalypse," from the Greek *apokalupsis*, which was a translation of the original Hebrew *gala*, seems, as Derrida explains, "to say *apokalupsis*, disclosure, uncovering, unveiling, the veil lifted from about the thing" (119). "Unveiling" is a concept that is also explored in affect studies, where the impossibility of the true unveiling of an object—like the impossibility of the arrival of the anticipated future—is exposed. Ahmed illustrates the link between the unveiling, the future, and affect with the example of happiness. She claims that "to pin hopes on the future is to imagine happiness as what lies ahead" (160); however, the moment of "unveiling," in the apocalyptic sense, the affective object—the moment, that is, of making happiness present—does not just bring happiness, but also fosters negative affects. "[W]hen happiness is present," Ahmed continues, "it can recede, becoming anxious, becoming the thing that we could lose in the unfolding of time. When happiness is present, we can become defensive, such that we retreat with fear from anything or anyone that threatens to take our happiness away" (161). In other words, when happiness is present, the future becomes the potential "threat" that Massumi suggests.

Ahmed cites queer theorists as having the most success in refusing the future because they entertain the possibility of a future without normative hope. This refusal would, in apocalyptic discourse, signify a postapocalypic or dystopic moment. Ahmed does, indeed, turn to what she calls "happiness dystopias" to carry out her argument. Dystopias are traditionally set after or around some sort of apocalyptic event, and thus subvert the popular idea

of the apocalypse as the definite end of the world. In relation to
Derrida's "apocalypse *without* the apocalypse" and Massumi's apocalyptic moment as "marking a threshold" or "breaking a seal,"
dystopian realities are ones that have been dramatically affected
by an event, yet carry on, similarly to the way that 9-11 affected the
United States and the rest of the world. Ahmed wants to consider
"happiness dystopias" in the same vein as queer theorists— as, that
is, "not a vision only of an unhappy future but the possibility of no
future at all" (163). To explore the possibility of loss and unhappi-
ness that lies with the future, she rereads the "classic expressions of
pessimism and optimism in philosophy" (163)—specifically, those of
Schopenhauer and Leibniz—alongside the dystopian film *Children
of Men*. Her conclusion is that

9

> [r]eading between Schopenhauer and Leibniz is possible and neces-
> sary: both speak about conversion of feeling but read the conversion
> as going in opposite directions....To be pessimistic would involve a
> commitment to unhappiness as the endpoint of human action....To be
> optimistic would involve commitment to happiness as the endpoint
> of human action....Optimism and pessimism are ways of attending
> to things, which take good or bad feelings as the point, as being the
> point of human action or what human action points toward, even
> when they recognize ambivalence and contradiction. (177)

Ahmed's views on optimism and pessimism bear similarities to apocalyptic perspectives regarding their own "conversions
of feeling": the apocalypse signifies either the end of *the* world or
simply the end of *a* world, either "the point of human action" or
simply "what human action points toward" (177). The apocalyptic
narrative thus also recognizes its own ambivalence and contradictions, and the conversion or negotiation of feeling acts itself out
between optimism and pessimism.

In the realm of negotiating feeling—what Massumi in his text might call a "zone of indistinction" (65)—lies another work on future promises: Lauren Berlant's *Cruel Optimism*. In an excerpt from *Cruel Optimism* published in *The Affect Theory Reader*, Berlant argues that "[w]hen we talk about an object of desire, we are really talking about a cluster of promises we want someone or something to make to us and make possible for us" (93); therefore, the subject is optimistic that this cluster of promises holds a desirable future. She goes on to specify that "[c]ruel optimism is the condition of maintaining an attachment to a problematic object *in advance* of its loss" (94). Again, as is the case with Ahmed's promise of happiness and Massumi's perpetually imminent threat, the future imposes various types of affect on the present. Just as Derrida claims that "there is the apocalypse *without* the apocalypse," Berlant warns, in the case of optimism, that "an attachment [to the desired object] exists without being an event" (94). This "attachment" is similar to Ahmed's idea of "conversion of feelings" or Massumi's "zone of indistinction" and, as Berlant explains, it depends on "proximate location" or, put otherwise, "an incitement to inhabit and to track the affective attachment to what we call 'the good life'" (97). Affects dependent on degrees of proximity make sense, especially when considering, for instance, Massumi's study of 9-11 as a phenomenological (read apocalyptic, in the Derridean sense) event. For example, places directly involved with or located proximately to the event, such as the United States or the Middle East, were affected more profoundly than others.

Berlant's reading of Charles Johnson's short story "Exchange Value," in which two brothers from a poor socioeconomic background come across a surprising amount of wealth, shows clearly that for some, coming from less fortunate origins means that an overwhelming fulfillment of promises, as happens to the protagonists in the story, can be quite apocalyptic. Berlant explains that, in this case, "exchange value *is* the fantasy and there was never ever any exchange value" (111), and so the attachment to optimism itself becomes either "panic or numbness" (111). Thus, in a compelling turn of events, optimism itself *needs* to be the future that never comes for these characters. In a similar fashion, Berlant's reading of Geoff Ryman's novel *Was*, which imagines a version of *The Wizard of Oz*'s Dorothy in which she is raped and malnourished at home, clarifies the dangers of the attachment of optimism to another person. Berlant argues that when Dorothy's attachment to her substitute teacher, whom she idolizes, falls apart, "Dorothy goes crazy, lives in a fantasy world of her own....To protect her last iota of optimism she goes crazy" (115). Again, optimism itself becomes most precious in this case. These two examples both offer significant perspectives on attachment and investment in particular futures that could be qualified as apocalyptic: for Berlant, wealth does not bring "the good life" to the brothers in "Exchange Value" while the Dorothy in *Was* creates an imaginary world to protect her remaining optimism against a hopeless reality. These moments recall Massumi's notion of "marking a threshold" and, per Berlant herself, their varying proximate locations to the subject mark different affects because once proximity to the anticipated future— or optimism itself—collapses, it becomes an apocalyptic event.

Scholars often define affects as manifestations of the "in-between," arising "in the capacities to act and to be acted upon" (Gregg and Seigworth 1). Perhaps they resonate so closely with the apocalyptic genre for this reason, since the apocalypse is caught "in between" future and present. In fact, affect studies often seem to take on the very ideologies they warn against: they constantly reveal and reveil, ravel and unravel, as they are caught in an apocalyptic, temporal tug-of-war. As the next section will show, these apocalyptic affects have featured prominently in a number of novels in the literatures of Canada since the turn of the twenty-first century.

Affective Apocalypse in the Literatures of Canada

What does this argument concerning the temporal, apocalyptic tendency of affect studies mean for literatures in Canada as objects of study? In 1972, Margaret Atwood informed critics of "Canadian literature" quite explicitly about the theme of survival in her work *Survival: A Thematic Guide to Canadian Literature*. Atwood claims that the "central symbol for Canada—and this is based on numerous instances of its occurrence in both English- and French-Canadian literature—is undoubtedly Survival, *la Survivance*...what you might call 'grim' survival as opposed to 'bare' survival" (27). Atwood's reading of Canadian literature inspires a kind of pathos in the reader: Canadian literature, according to her, produces victimized characters—either victims of class, religion, or, most often, the landscape itself. More recently, Marlene Goldman builds on Atwood's work in *Rewriting Apocalypse in Canadian Fiction*. Goldman opens this same discussion to slightly broader socioeconomic and political debates, speaking of the "Canadian" representation of the "disenfranchised"—or the non-elect—in the nation's literatures (4). In her case studies of several novels, Goldman investigates how writers in Canada keep with the theme of survival, but also employ the biblical, apocalyptic narrative to "address the literary, psychological, political, and cultural repercussions of apocalypse; they also share a marked concern with the traumatic impact of apocalyptic violence and the loss experienced by the non-elect" (11). More recent novels in Canada also show growing concerns for a fictional, apocalyptic event that may or may not break the status quo; these works deal with the perpetually imminent affectivity of forces such as capitalism, politics, religion, and the Anthropocene, to name a few, in a variety of compelling ways.

Take, for a first example, Emily St. John Mandel's apocalyptic novel *Station Eleven*. Goldman asserts in *Rewriting Apocalypse* that "in contrast to the traditional biblical apocalypse, contemporary Canadian fiction refuses to celebrate the destruction of evil and

the creation of a new, heavenly world. Instead, these works highlight the devastation wrought by apocalyptic thinking on those
accorded the role of non-elect" (5); however, this statement appears
to be a product of its time: more recent works of Canadian fiction,
including *Station Eleven*, have certainly "celebrated the destruction
of evil and the creation of a new, heavenly world" for the non-elect.

St. John Mandel's novel features the basic elements of the
apocalyptic narrative that Goldman points out: It fictionalizes a
"transformative catastrophe" in the Georgia Flu pandemic, which
wipes out most of humanity. Its "ultimate truth" is, perhaps, that
art, as life, persists against the odds. The novel revolves around a
group called the Travelling Symphony, a troupe of musicians and
Shakespearian actors. Most of the main characters are connected in
some way to a famous and wealthy actor, Arthur Leander, who dies
from a heart attack on the stage of a *King Lear* production the night
of the Georgia Flu outbreak. From the outset of the novel, therefore, life and art are intimately intertwined. Arthur's son and legacy
of the elect, Tyler, survives the pandemic as he is quarantined with
his mother in an airport. After a number of years, Tyler leaves the
airport with his mother, Elizabeth, to join a group of religious
fanatics before finally reemerging as "the prophet," *Station Eleven*'s
false messiah.

The apocalyptic pandemic in *Station Eleven* is compelling because
it brings about different reactions from those who could have been
considered non-elect or elect before the collapse of humanity.
For instance, the elect all seem to want to preserve as much of the
power they had before the pandemic as they can. This can be seen
in the group of people that join a pilot who decides to fly out to
Los Angeles because, to them, taking the risk of returning home to
their idea of how life was before the pandemic is worth more than
simply staying alive in the airport (247). Tyler, of course, has been
a part of the elect since birth and does not immediately recognize
the severity of the situation: While the non-elect panics, he plays on

his Nintendo console. When the console dies, "Tyler [weeps], inconsolable" (242). The need for the elect to retain power is their main motivator in this postapocalyptic world. In Tyler's case, his continuous reading of a science-fiction comic and the New Testament and his mother's mantra that "everything happens for a reason" (249) push him to seek power. His surrounding flock of religious fanatics becomes the final component necessary to produce a false messiah, "the prophet": Tyler himself. He is a cruel messiah, taking several wives, and gaining by force what he needs from innocent people. Ultimately, however, his cruelty backfires on him, and one of his followers kills him before committing suicide, saving Kirsten, the young protagonist, in the process (303). The elect, false messiah thus fails to maintain power in this postapocalyptic world.

The opposite appears to be true for the non-elect, however, as they seem to find redemption after the pandemic, working to eliminate such preapocalyptic hierarchies. The lives of these people are not atypical of what Goldman calls "the devastation wrought by apocalyptic thinking on those accorded the role of non-elect" (5). Rather, the lives of the non-elect reflect the Travelling Symphony's motto, borrowed from *Star Trek*: "Survival is insufficient" (St. John Mandel 58). Perhaps the best example of the non-elect redemption comes in the form of character Jeevan Chaudhary. Before the pandemic, Jeevan spends some time as a paparazzo, even meeting Arthur Leander himself before realizing that he wants to pursue a more meaningful career and begins training as an emergency medical technician. In the opening scene of *Station Eleven*, the night of the outbreak, Jeevan witnesses Arthur's heart attack during the production of *King Lear* and attempts to resuscitate him to no avail. Years later, however, Jeevan has survived the pandemic and has made a life for himself in a small settlement: he has a wife and a child, and is the "closest thing to a doctor in a one-hundred-mile radius" (270). Jeevan, of the non-elect, thus not only survives, but finds a purpose in this postapocalyptic world: "Even after all these years there were moments when he was overcome by his good fortune at having found this place, this tranquility, this woman, at having lived to see a time worth living" (270). This attitude contradicts that of Tyler the prophet, as Jeevan appreciates his new life after the pandemic and embraces his role, even saving the life of a woman whom Tyler shot and left to die. Apocalyptic catastrophes, therefore, may indeed cleanse the old world for a new one, but the lesson is perhaps that a redefinition of the elect and the non-elect occurs, and is even necessary in some cases. Affects are thus not only in the text itself, but between the text and readership as well, speaking to key, contemporary anxieties.

For Indigenous Peoples, the dynamic of elect versus non-elect is complicated by historical and contemporary colonialism. In fact, most critics agree that Indigenous Peoples have already suffered the apocalypse at the hands of colonizers and thereby have, in the imaginaries of those colonizers, been placed into the category of the non-elect (Dillon; Coleman). Drawing on the work of Lawrence Gross, Grace L. Dillon points out that

> *Native Apocalypse is really that state of imbalance, often perpetuated by "terminal creeds."...Imbalance further implies a state of extremes, but within those extremes lies a middle ground and the seeds of* bimaadiziwin, *the state of balance, one of difference and provisionality, a condition of resistance and survival. Native apocalyptic storytelling, then, shows the ruptures, the scars, and the trauma in its efforts ultimately to provide healing and a return to* bimaadiziwin. (9)

With the apocalypse's cyclical nature, then, one could consider Indigenous apocalyptic stories as the cycle between imbalance and balance, with their aim being to return to a sense of *bimaadiziwin*. One such cause of imbalance or "terminal creed" has always been the exploitative essence of capitalism as a colonial and, therefore, apocalyptic enterprise for Indigenous peoples. This is particularly true in Canada, a land rich with natural resources. These resources have always been in demand, and thus exploited in the national captitalist apparatus; however, these resources must be respected and protected to ensure balance.

Thomas King's *The Back of the Turtle* is an example of an affective, apocalyptic text from Canada, dealing chiefly with the dangerous link between capitalism and the Anthropocene, and its effect on Indigenous Peoples. King blends biblical, apocalyptic symbols and Indigenous creationism to write an intriguing novel. If one character in particular bears a striking resemblance to *Station Eleven*'s Tyler, it is Dorian Asher in *The Back of the Turtle*. Dorian is the head of Domidion, a leading multinational corporation with interests in oil as well as agribusiness. He is, therefore, one of the most influential men in the world. Moreover, in King's novel, Dorian is responsible for several major apocalyptic catastrophes, yet he always evades the blame—he represents this capitalistic imbalance in the *The Back of the Turtle*.

The most significant catastrophe for which Dorian is responsible frames the entire novel: an environmental disaster, fueled by capitalistic greed, that wiped out Samaritan Bay, the beach of the Smoke River Reserve in British Columbia. In the novel, a new agriculture product, GreenSweep, is accidentally released into the water system by Domidion employees, effectively killing the wildlife and ecosystem in general. Although Dorian is not directly responsible for this disaster—as CEO, his goal is to influence from behind the scenes—it is the pressure exerted on Domidion employees by the company's higher-ups that leads to the leak (320). Moreover, Dorian's attitude and actions in the face of this and subsequent catastrophes reveal his true manipulative nature. When, for example, toxins spill into the Athabasca river, Dorian opts to distract the media from his company:

"I want us to go on the offensive."

"Sir?"

"With the spill." Dorian hit the mute button. "I don't want us running for cover on this. I don't want us looking guilty, because we're not."

"It is our facility."

"Yes," said Dorian, "of course it is. But the occasional spill is the price we pay for cheap energy, and I think we should say this." (305)

Just as with the case of GreenSweep, Dorian does not offer one thought to the repercussions of the spill; the only importance is the public visage of Domidion. With the GreenSweep incident, not only was the ecosystem affected, but the residents as well. People became sick from the contaminated water; tourism, the reserve's largest source of revenue, ceased altogether, drying up the economy; families were forced to abandon their homes. These exchanges are what the false messiah figure deals in: destruction for power or, more specifically in this case, a capitalistic enterprise that creates an imbalance by sacrificing environmental resources.

While Dorian is the active false messiah in *The Back of the Turtle*, he is also a personification of the capitalist pursuit of power that plagues humanity. In once scene, Gabriel Quinn, the scientist who created GreenSweep in the novel, realizes that his bacterium was responsible for destroying the home of his sister and mother. His realization leads him to contemplate a vast number of other catastrophes throughout history, which he records by inscribing the information on the walls of his residence. Upon finding these inscriptions, Winter Lee, Dorian's assistant, informs the latter of their nature:

"Chernobyl. Idaho Falls. Chalk River." Dorian read the names on the screen. "Pine Ridge, South Dakota?"

> "It's an Indian reservation," said Winter. "It was used as a bombing range during World War II."
>
> "Rokkasho and Lanyu?"
>
> "Nuclear and biological waste dumps."
>
> "Renaissance Island." Dorian's face softened, as though he had run into an old friend. "The Russian anthrax facility." (23)

Two elements of this passage are disturbing. First, the disasters named evoke the long history of the messianic pursuit of power through capitalistic exploitation and acts of war: the false messiah figure is, clearly, enduring in the world. Second, Dorian's reaction to this list after recognizing the significance of Renaissance Island, "as though he had run into an old friend" (23), suggests that he is the heir to this long line of destructive forces. What Dorian truly represents, however, which is perhaps the evilest false messiah figure of all in the novel, is capitalism. That is, as a false messiah, Dorian embodies the false promises of capitalism more broadly: promises that not only do not come to be, like Ahmed's promise of happiness or Berlant's cruel optimism, but that are also sources of havoc and destruction.

Capitalism, the false messiah personified as Dorian in King's novel, swallows all in its insatiable maw. As Žižek states in the documentary Žižek!, "it's much easier to imagine the end of all life on earth than a much more modest radical change in capitalism." In much the same vein, King implies in *The Back of the Turtle* that there will always be Dorians, and that the threat of capitalism, especially in the context of the Antropocene, is always imminent. Even King's idea of salvation is limited in the space of the capitalist ideology. At the end of the novel, Gabriel, an employee of Domidion (and the inventor of GreenSweep), pushes the last of the chemical into the ocean on a ship. Gabriel's name evokes the biblical angel Gabriel, both a guardian angel and the messenger of the coming of the messiah—but his action in *The Back of the Turtle* does not bring any saviour to earth. Instead, it leaves a ship full of deadly cargo sailing aimlessly on the open seas, sure to make land again some day. Like the apocalypse, therefore, capitalism is a cycle: a cycle of power and victims, a cycle of imbalance.

Future Affect-alypse

As this chapter shows, both affect studies and literatures in Canada—theory and practice—have been turning progressively more towards an apocalyptic discourse over the past decade. The growing fear and anxiety over various threatening versions of a future to come has shaped current critical and creative minds alike. Cruel optimism, promises of happiness, and the future of threat all play out in a variety of ways in works by certain Canadian, Québécois, and Indigenous writers.

On a final, serious note that ties several of these ideas together, the plausible reason behind the rise of apocalyptic discourse in both affect studies and the literatures of Canada is that critical and creative thinkers sense the urgency of Žižek's warning of a nearing apocalyptic zero-point. If affects are dependent on degrees of proximity, as Berlant suggests, one can understand Atwood's preoccupation with "speculative fiction": scenarios that could realistically play out with technologies available currently. In fact, while the novels mentioned in this chapter are apocalyptic, they also fall under the rubric of speculative fiction. Similar narratives could unfold in real-time at any moment. This chapter certainly argues that the future writes the stories of the present; however, perhaps the ultimate lesson that these speculative fictions give us is that humanity nonetheless still has time to write *different* stories. Although the apocalypse is cyclical, perhaps these works are meant to warn their readers, to nudge them in better directions, to break the cycle of apocalyptic thinking and strive for a new paradigm in which they can create their own fates, like *Station Eleven*'s Jeevan. This is essential because, in the words taken from *Star Trek*, "survival is insufficient" (St. John Mandel 58). As King has said repeatedly (especially in *The Truth About Stories*), "the truth about stories is that that's all we are" (2). But perhaps those stories do not need to tell us who we will be.

Works Cited

Ahmed, Sarah. *The Promise of Happiness*. Duke UP, 2010.

Atwood, Margaret. *Survival: A Thematic Guide to Canadian Literature*. 1972. House of Anansi Press, 2012.

Berlant, Lauren. "Cruel Optimism." *The Affect Theory Reader*, edited by Melissa Gregg and Gregory J. Seigworth, Duke UP, 2010, pp. 93–117.

The Bible. King James Version, Bible Gateway, 2008, www.biblegateway.com/versions/King-James-Version-KJV-Bible/#vinfo.

Coleman, Claire G. "Apocalypses are more than the stuff of fiction—First Nations Australians survived one." *ABC NEWS*, 7 Dec. 2017, www.abc.net.au/news/2017-12-08/first-nations-australians-survived-an-apocalypse-says-author/9224026.

Derrida, Jacques. "On a Newly Arisen Apocalyptic Tone in Philosophy." Translated by John Leavey, Jr. *Raising the Tone in Philosophy: Late Essays by Immanuel Kant, Transformative Critique by Jacques Derrida*, edited by Peter Fenves, Johns Hopkins UP, 1993, pp. 117–71.

Dillon, Grace L. "Imagining Indigenous Futures." *Walking the Clouds: An Anthology of Indigenous Science Fiction*, edited by Grace L. Dillon, U of Arizona P, 2012, pp. 1–12.

Goldman, Marlene. *Rewriting Apocalypse in Canadian Fiction*. McGill-Queen's UP, 2005.

Gregg, Melissa, and Gregory J. Seigworth. "An Inventory of Shimmers." *The Affect Theory Reader*, edited by Melissa Gregg and Gregory J. Seigworth, Duke UP, 2010, pp. 1–25.

Keller, Catherine, and Stephen D. Moore. "Derridapocalypse." *Derrida and Religion: Other Testaments*, edited by Yvonne Sherwood and Kevin Hart, U of Chicago P, 2005, pp. 189–207.

King, Thomas. *The Back of the Turtle*. HarperCollins, 2014.

———. *The Truth About Stories: A Native Narrative*. House of Anansi Press, 2003.

Leys, Ruth. "The Turn to Affect: A Critique." *Critical Inquiry*, vol. 37, no. 3, Spring 2011, pp. 434–72.

Massumi, Brian. "The Future Birth of the Affective Fact: The Political Ontology of Threat." *The Affect Theory Reader*, edited by Melissa Gregg and Gregory J. Seigworth, Duke UP, 2010, pp. 52–70.

Pippin, Tina. *Apocalyptic Bodies: The Biblical End of the World in Text and Image.* Routledge, 1999.

St. John Mandel, Emily. *Station Eleven.* HarperCollins, 2014.

Updike, John. *Terrorist.* Random House, 2006.

Žižek! Directed by Astra Taylor, Zeitgeist Films, 2005.

Žižek, Slavoj. *Living in the End Times.* Verso, 2010.

21

2 Free Will, Moral Blindness, and Affective Resilience in Margaret Atwood's *The Heart Goes Last*

|ANA MARÍA FRAILE-MARCOS|

THIS CHAPTER SUGGESTS that Margaret Atwood's speculative novel *The Heart Goes Last* reflects on the possibilities and limitations of affect to elicit resilience and positive social change. Despite the mixed reviews it received, the novel became a best-seller immediately after its publication, showing the extent to which the book resonates with contemporary readers.[1] Set in the United States in the wake of an all-too-familiar financial crash caused by unfettered neoliberal capitalism, *The Heart Goes Last* starts out by portraying the dire situation of Stan and Charmaine, a young couple who sees their middle-class status crumble away when they lose their jobs overnight as "the whole system fell to pieces, trillions of dollars wiped off the balance sheets like fog off a window" (Atwood, *Heart* 7). In this critical situation, it becomes evident that the twentieth-century social contract guaranteeing the ideal of modern progress and the good life no longer holds, and the protagonists are revealed as utterly vulnerable. As a result, Stan and Charmaine partake in the "state of normalized anxiety" that, according to resilience scholars Brad Evans and Julian Reid, has become "the prevailing mode of contemporary affect" (92). In this context of risk and insecurity, the novel presents the heart as a metonymy for affect, underlining from its title onwards the centrality of emotion and desire in prompting responses to the shocks that threaten stability and survival, and therefore in building resilience. At the same time, it is a meditation on the resilience of affect itself as a force undergirding ethical behaviour and free will. In this sense, *The Heart Goes Last* can be read as a cautionary tale that warns about the conflicting ways in which affect mobilizes us through its ability to call upon our various desires for safety and well-being; desires that, as Evans and Reid point out, "invariably become amplified in times of crises" (92). I posit that resilience—understood broadly as either the *capacity* of beings and systems to withstand adversity and endure by absorbing shocks and adapting to conditions of crisis, or as "the *process* of harnessing biological, psychosocial, structural and cultural resources to sustain wellbeing" (Panter-Brick and Leckman 335; emphasis mine)—emerges in Atwood's novel as a new affect linked to anxiety and emphasizing the tensions between agency, free will, and moral blindness.[2] Taking my cue from Zygmunt Bauman's and Hannah Arendt's philosophical analyses of the contemporary moment, I will track the novel's critique of the cold sensitivity underpinning resilience strategies in times of crises inherent to the period of late modernity.[3]

In *Moral Blindness: The Loss of Sensitivity in Liquid Modernity*, Zygmunt Bauman links moral blindness and cold sensitivity to our changing understanding of evil in the context of the hegemonic ideology of modernity. He defines "modernity" as "an eminently human product, acknowledged as a human choice, as well as a mode of thinking and acting selected and practised by humans" (Bauman and Donskis 19), resulting from the shift towards placing "the management of world affairs under human management" (19). Modernity also signals a shift in the answer to the question unde malum? (whence evil?), pointing to the plebeian masses still under the influence of religion or tradition and to dictators and despots "deploying coercion and violence to [allegedly] promote peace and freedom" (20) as the sources from which evil emerges. Bauman argues, nonetheless, that the sources of evil mutate and reproduce, staying "stubbornly undisclosed" (20). Nowadays, evil is not confined to war or totalitarian ideologies but, as Bauman and

Donskis note, "it more frequently reveals itself in failing to react to someone else's suffering, in refusing to understand others, in insensitivity and in eyes turned away from a silent ethical gaze... It lurks in every normal and healthy human being...Evil takes on the mask of weakness, and at the same time it is weakness" (9–10).

Bauman uses the term "insensitivity" as a metaphor drawn from the sphere of the anatomical and the sensorial to denote "moral insensitivity," "a callous, compassionless and heartless kind of behaviour, or just an equanimous and indifferent posture taken and manifested towards other people's trials and tribulations (the kind of posture epitomized by Pontius Pilate's 'hand-washing' gesture)" (13). This insensitivity can currently be appreciated in the restrictive immigration and asylum policies defended by some EU countries and the Trump administration; the increasing support for far-right populisms; Brexit; the lack of a global agreement on protecting the environment and tackling global warming; the bland response to femicides in the West and elsewhere; insensitivity to racism and police brutality; the expansion of postpolitical, antifeminist ideals; and the unpreparedness or lack of response of certain world leaders to the COVID-19 coronavirus crisis, to name just a few recent developments.

If being insensitive makes us immune both to our own and other people's pain, it also disables our defences against social trouble. It "means the danger is lost from sight or played down for long enough to disable human interactions as potential factors of communal self-defence—by rendering them superficial, perfunctory, frail and fissiparous" (Bauman and Donskis 914). In the era of late or "liquid" modernity, this deactivation of sensitivity is achieved through the process of "individualization," translated as "the demand to do away with the proximity and interference of others" (14), and the subsequent revaluation of "pure relations," founded on the questionable notion of "mutual" satisfaction, with no unconditional obligations to others that may restrict one's own choices. Hence, Bauman concludes that "'[p]ure relations' augur not so much a mutuality of liberation, as a mutuality of moral insensitivity" (15).

Bauman goes on to suggest that the consumer–commodity relation, characteristic of liquid modernity, in which we seek to satisfy our needs or desires by purchasing consumer goods that are exchangeable and expendable—no loyalty attached to them— is transplanted to the realm of interhuman relations, precluding morality. He goes on to discuss the *how*, or the *technology*, of evil-doing. Claiming that evil has historically been instigated in the West either by coercion or seduction, Bauman singles out George Orwell's *1984* and Aldous Huxley's *Brave New World* as two classic literary representations of these two different "methodologies of enslavement" (21). Whereas Orwell's novel portrays the demise of the Western principles of personal freedom and personal autonomy, Huxley's enforces serfdom by deploying temptation and seduction instead of violence, leading to what Bauman calls— borrowing from Étienne de la Boétie—"voluntary servitude" (21).

Acquiescence with evil, or resistance to it, is also a central concern for Hannah Arendt in her controversial book *Eichmann in Jerusalem*, where she coins the phrase "the banality of evil." In her analysis of the personality of the Nazi war criminal Adolf Eichmann, a major organizer of the Holocaust, Arendt used his court testimony and historical evidence to underline his normalcy: The only unusual trait that Eichmann displayed, the doctors who examined him contended, "was being more 'normal' in his habits and speech than the average person" (Arendt 25–26). By refusing to take moral responsibility for one's actions or turning a blind eye on the unethical behaviour of others, the average person may easily turn from being a victim into a collaborator and perpetrator of evil. We may wonder if this acquiescence with power is reasonable when one fears for one's own life. Cannot adjusting to a new order be counted as a mechanism of resilience and survival? If free will is relinquished under conditions of duress, is the individual accountable? Arendt adamantly opposes the premise that, given the circumstances, any ordinary person may become a criminal or collaborate with criminal behaviour. She claims that free will and moral choice survive even under the harshest totalitarian regimes, and points at the possibility of alternative strategies of resilience.

In the analysis that follows, I will show how Atwood's *The Heart Goes Last* explores the connections between affect, resilience, and moral insensitivity under neoliberal capitalism. Drawing on Bauman and Arendt, I look at the ways in which the neoliberal mechanisms of seduction at work in the novel preclude free will— even when creating the illusion of choice—and result in moral blindness and the sanction of evildoing.

Blurring the boundary between dystopia and utopia, the novel opens in the midst of a depression that shows the failure of the neoliberal dream. Like many middle-class Americans, Stan and Charmaine had "started out so well" (Atwood, *Heart* 6). Charmaine used to work providing entertainment for an upscale chain of retirement homes and clinics for the elderly. When the crisis hit, many people "could no longer afford to park their old folks there" (8), and she found herself out of work. Stan was also doing well before the economic crash, working at Dimple Robotics. In their precrisis technological society, robots are replacing humans in many areas of the labour market, and a lot of effort is put into providing them with a semblance of emotion. Stan's job "testing the Empathy Module" in the robots bagging groceries aimed to give them a credible smile so that customers would be more inclined to "spend extra for it" (6). Both Charmaine's and Stan's jobs hint at the callousness of a productive system that sets aside the elderly and the young when it has no use for them and exploits human affect to turn emotions into capital. When the financial crisis hits and they are laid off, the couple's dreams turn into a nightmare as they are evicted from their home, have to sleep in their car, and live off scraps of garbage. Although Charmaine manages to get a precarious job waiting tables at a bar where the main fare on offer is sex and drugs, they still need to sell their blood to supplement her tips. In these circumstances, they become the easy prey of the gangs, vandals, and lunatics who approach their car, particularly at night, threatening to rob, rape, and even kill them.

In this grim reality, the couple feels vulnerable, disoriented and lost: "Where can they turn? There's no safe place, there are no instructions. It's like he's being blown by a vicious but mindless wind, aimlessly round and round in circles. No way out" (4), Stan laments. Unable to fulfill the role of family provider and protector that the patriarchal ideology assigns to men, Stan internalizes the system's failure as his own and sees himself as a loser (6). For her part, Charmaine tries to build up resilience against the deranged vandals who accost her and Stan when they become destitute by adhering to her deceased grandmother's dictums. Grandma Win's pronouncements root her in the past, reinforcing a strategy of evasion from their present problems and the illusion of stability and security: "The best thing with crazy people, Grandma Win used to say—the only thing, really—is to be somewhere else" (3). Confronting Stan's and her own irritability, Charmaine "tries her best to stamp on that feeling and look on the bright side" (4). She remains determined to believe that most people are good, that the individual alone is responsible for their own life—"you make your own reality out of your attitude" (145)—and that their problems will go away if they undertake simple actions that make them feel better, such as taking a shower, "because, as Grandma Win was in the habit of saying, *Cleanliness is next to godliness and godliness means goodliness*" (4). Similarly, the cheerful pastel patterns that she favours in her domestic upholstery and clothes reflect her faith in the certainty and security that traditional values offer, because, as she foolishly reasons, "[t]he past is so much safer, because whatever's in it has already happened. It can't be changed; so, in a way, there's nothing to dread" (189).

However, it is soon revealed that this strategy of resilience, which stresses the adaptation of the individual to adverse circumstances, does not have the potential to change and improve them. In Charmaine's case, her resilience conceals the bleak reality of her mother's suicide, an abusive alcoholic father, and a violent and unsafe environment in the streets of her childhood (252). Thus, Charmaine's resilience consists of coping with adversity, rather than overcoming it. Stan, too, deceives himself when he embraces the seemingly straightforward, innocent, and order-obsessed identity that Charmaine strives to build for herself:

> *He wouldn't have her any other way. That's why he married her:*
> *she was an escape from the many-layered, devious, ironic, hot-cold*
> *women he'd tangled himself up with until then....Transparency,*
> *certainty, fidelity: his various humiliations had taught him to value*
> *those. He liked the retro thing about Charmaine, the cookie-ad thing,*
> *her prissiness, the way she hardly ever swore. (48)*

In their own ways, both Stan and Charmaine entertain "fantasies of normal life" (Atwood, *Heart* 47) that epitomize the "cruel" attachments to neoliberal optimism, namely, the optimistic refusal to acknowledge that "the world can no longer sustain one's organizing fantasies of the good life" (Berlant 4). Lauren Berlant explains "cruel optimism" as

> *a relation of attachment to compromised conditions of possibility*
> *whose realization is discovered either to be impossible, sheer fantasy,*
> *or too possible, and toxic. What's cruel about these attachments,*
> *and not merely inconvenient or tragic, is that the subjects who have*
> *x in their lives might not well endure the loss of their object/scene of*
> *desire, even though its presence threatens their well-being, because*

whatever the content of the attachment is, the continuity of its form provides something of the continuity of the subject's sense of what it means to keep on living on and to look forward to being in the world. (24)

The protagonists in Atwood's novel see an opportunity to renew their faith in the achievement of the good life through social contract when they hear of the Consilience/Positron project. In stark contrast to the soaring unemployment figures for the region and the widespread chaos and violence, this project offers the vision of a society of full employment and "middle-class comfort" (Atwood, *Heart* 40) in the new city of Consilience. The city's slogan, "CONSILIENCE = CONS + RESILIENCE. DO TIME NOW, BUY TIME FOR OUR FUTURE!" (41), points to the transformation of the former Upstate Correctional Institute into the economic engine of this society. Signaling the move from the negativity of the repressive and punishing correctional system into the positive energy that leads to the rise of a resilient community, the prison's name is changed to Positron, "a term that technically means the antimatter counterpart of the electron" (41).

The downside of the Consilience/Positron scheme is that the prospective twin-city dwellers must agree to relinquish some of their essential freedoms: the freedom of movement—they will not be able to leave Consilience; the freedom of communication—they are asked to cut off all contact with the world outside its walls, to refrain from communicating among themselves about their jobs and personal experiences, and to accept Consilience's information channels; and the freedom to choose their job and use the products of their labours as they please. These demands foster the preexisting processes of individualization and "pure" relations described by Bauman, prompting the alienation between spouses and close friends, and promoting moral insensitivity. Even though the decision to become part of this experimental project is presented as a free choice, "the right choice" (38), the city of Consilience/Positron is soon revealed as a space of serfdom and disempowerment where no dissent is tolerated. Two of the project's founders, Ed and Jocelyn, help establish this dystopian regime disguised as a utopian dream. While the critics of this project consider it "an infringement of individual liberties, an attempt at total social control, [and] an insult to the human spirit" (38), Ed, the unscrupulous, greedy CEO of Consilience/Positron, dismisses any criticism by arguing that "you can't eat your so-called individual liberties, and the human spirit pays no bills" (38), thereby emphasizing an understanding of resilience that favours physical well-being to the detriment of freedom and morality. However, Jocelyn, a member of Surveillance at Consilience/Positron, becomes disenchanted with the project's illegal and immoral activities—harvesting human organs, DNA, and baby blood—and secretly works to expose them and bring the project down.

Keeping with the novel's title, Positron Prison becomes "the core, the heart, the meaning of it all" (189), the space where governance and money-making converge in a form of biopower allegedly directed to the creation of a "new" utopian society. The living arrangements for Consilience's denizens involve swapping home occupancy every other month with an "alternate" couple, and becoming prisoners every other month at Positron. Enforcing serfdom by seduction, or voluntary servitude, the twin city is therefore sustained by an enslaved labour force that contributes willingly to the "common good." In exchange for relinquishing their freedom, those signing up are promised "A MEANINGFUL LIFE" (41) in the shape of the American Dream–version of a 1950s commercial. The 1950s aesthetics adopted by the city's designers intends to evoke "the decade in which the most people had self-identified as being happy" (41). The "overall look and *feel*" (41; emphasis mine) of the twin city, therefore, aims to capitalize on the emotion of happiness, which the project's promoters view as an asset for profit: "Who wouldn't tick *that* box?" (41), Ed thinks. However, as the novel unfolds, this technology of seduction that demands the demise of the Western principles of personal freedom and autonomy for the sake of security and existential meaningfulness soon reveals itself as a technology of evil.

Thus, in a desperate attempt to escape violence, precariousness, and vulnerability, Stan and Charmaine are seduced into renouncing their freedom in exchange for a piece of the consumerist lifestyle they have learned to desire. Reflecting the inherent indissolubility of the concepts of utopia and dystopia, Atwood discloses the "ustopian" nature of this social and economic experiment ("Atwood: road to Ustopia").[4] Whereas Conscilience's inhabitants seek safety and a peculiar understanding of well-being in consumerism, Consilience itself thrives on the biopolitics derived from surveillance, forced labour, advanced biotechnology, and robotics. Simultaneously, an increased loss of sensitivity arises that leads to the unscrupulous control over the living and the technologies of death through genetic manipulation, sex exploitation, and trade in human organs, all in the name of supporting environmental sustainability and the so-called good life.

The Positron Project embraces the popular discourse on resilience that relies on concepts such as optimism, flexibility, fitness, and innovation, adopting the aura of a moral imperative "in the interests of society at large" (Atwood, *Heart* 39). Such a discourse is both engaging and troubling (O'Brien 1): on the one hand, it appears as a template for resilience, offering social and individual transformation to thrive in the face of massive upheaval; on the other hand, it also profits from and fosters turbulence and the feelings of fear, insecurity, and uncertainty it mobilizes. A disturbing implication of resilience is that "if resilience is enhanced through 'real' disasters, then the experience with these events is not necessarily completely undesirable—indeed they are opportunities to enhance resilience and test the morphogenetic properties of society" (Zebrowski). This chilling thought resonates with the capitalist logic of creative destruction adopted by neoliberal economics, which holds that the economy should be allowed its natural rhythms of volatility, as any interference to regulate or redistribute wealth and profit would harm the system's resilience. Such logic is difficult to challenge "because it offers a sliver of hope: that all is not lost, that ecosystems, imagined as complex amalgams of human and more-than-human lives, can adapt to and even flourish through change" (O'Brien 2).

The novel's protagonists are caught up in these contradictions. They are seduced by promises of material comfort—linked in the West to the ideals of egalitarian freedom and democracy—and at the same moment told they must yield their freedom in order to access it. At a juncture when "[p]eople were starved for hope, ready to swallow anything uplifting" (Atwood, *Heart* 41), the couple's cruel optimism fosters an inability, or even an unwillingness, to think for themselves and articulate their own ideas, which easily leads them to a lack of empathy and to insensitivity.

As Arendt shows in her analysis of seemingly normal individuals such as Eichmann, this is a pattern that paves the ground for the rise of totalitarianisms. According to Arendt, Eichmann's "stock phrases and self-invented clichés" reveal an inability to speak that "was closely connected with an inability to think, namely, to think from the standpoint of somebody else" (Arendt 28). In *The Heart Goes Last*, Charmaine is particularly ready to engage with Berlant's cruel optimism in the terms described by Arendt. Like Eichmann, Charmaine creates an unrealistic worldview through her reliance on stock phrases and the euphemistic official discourse of those who run Consilience/Positron. If, rather than trying to articulate her experience in her own words, Charmaine resorts to her late grandma's hopeful sayings and truisms when she feels most vulnerable and uncertain, Positron's ethical outlook of turning negativity into positivity resonates from the start with her expectations.

However, whereas Charmaine becomes an instant believer in this utopian project, Stan is suspicious about the messianic experiment: "Stan has never heard so much bullshit in his life. On the other hand, he sort of wants to believe it" (37). As a result, Stan, too, lapses into moral insensitivity, and is momentarily seduced into complicity and acquiescence with the system. He develops moral blindness while working at the prison chicken farm, one of the main sources of quality food in the Project's autarchic structure as well as, allegedly, a model of good practices in its treatment of the animals. Yet the cynicism of the money-making administrators becomes apparent when it is revealed they wish to introduce a new process of meat production that would see "headless chickens nourished through tubes, which has been shown to decrease anxiety and increase meat growth efficiencies; in addition to which it eliminates cruelty to animals, which is the sort of multiple win that Positron has come to stand for" (79). Stan is repulsed by the idea: "Headless chickens, no fucking way I'd eat that" (79). His ethical standards are also tested when he is coerced by other inmates, who crave sex, to become a "chicken pimp." Though he is reluctant at first, he complies: "Better that than dead" (66), he thinks. Sometimes "he wonders if he's ashamed of himself for his chicken pimping, and discovers that he isn't. Worse, he ponders giving the chicken option a try himself" (67), which makes him even more insensitive and complicit with the establishment. Stan, then, is both coerced and seduced into moral blindness.

Another main source of income for the twin city is the manufacturing of sex robots—also known as prostibots, although their official (euphemistic) name is Possibilibots, or "female sex aids" (165)—at Positron Prison. This industry proves to be one of the most lucrative ones, successfully exporting all over the country and overseas to places such as Southeast Asia and the Netherlands. The ethics of this profitable production is questioned further with the manufacturing of "kiddybots," dressed in white nighties or flannel

PJs, a teddy bear "tucked into the package for extra-realistic effect" (201). When Stan protests that this product line is "sick," he gets several justificatory answers from his coworkers: "[T]hey aren't real" (201), "Maybe these bots are sparing real kids a whole lot of pain and suffering," and, "Jobs are at stake" (202). When Stan still insists, "How can you go along with this? It's not right!" (202), he is cajoled by the offer of "a trial run" (202), thereby making him complicit with the insensitive commodification of sex, pedophilia, and sexual exploitation.

Accepting this logic of abuse towards animals and machines is just one step away from the commodification of women, children, and other vulnerable human beings. After Stan finds out about Charmaine's infidelity, for instance, he thinks "Maybe all women should be robots…the flesh-and-blood ones are out of control" (178). His wish becomes a reality through the laser experimentation carried out at Positron, which aims to transform women into willing sex slaves by means of innovative neurosurgery.

There are also suspicions among the Consilience/Positron denizens that children's blood is being used for rejuvenating treatments for those who can afford them, and that people are being abducted and killed by those who want to sell their organs. The commodification of human bodies and body parts thus appears to be linked to Charmaine's secret mission at Positron, which echoes the collaboration of civil servants and other normal citizens with Hitler's "Final Solution," although Positron's "ethos" is purely financial. The same as Eichmann, Charmaine eschews her moral responsibility towards other human beings and embraces the law without questioning it. Even if she is aware of the rumours that Positron thrives on trafficking human organs and she envisions that her job will involve putting men to death as part of this scheme, she refuses to think about it, deflecting any moral consciousness based on remorse and guilt, and replacing it by embracing the legislation in place at Consilience/Positron: "'I just do my job,' she says defensively.

'I follow the prescribed routine. In all cases'" (162). Instead of being repelled by her job as an executioner, she feels important and useful, and convinces herself that she is contributing to the common good. She even rationalizes her part in killing a person as an ethical act she performs efficiently and compassionately, portraying herself as "an angel of mercy" (69). This logic relies not just on her grandmother's stock phrases, but also on the adoption of Positron's euphemistic parlance: the "Procedure," for instance, is how they refer to the injection of the lethal drug that puts alleged criminals to death, making her engagement in Positron's policies more palatable. Yet, when Charmaine is asked to "relocate" (i.e., execute) her own husband (153), her love for Stan makes it impossible for her to play dumb and disregard or justify the necropolitical methods sustaining the Consilience/Positron experimental society any longer.[5] For the first time, she eschews euphemisms and acknowledges her role as a killer, although she still refuses to take responsibility for her acts: "She hadn't meant to kill him. She hadn't meant to kill *him*. But how else could she have acted?" (180).

Although Charmaine would like to renounce her free will, and consequently her responsibility and accountability to others, the strength of her emotions serves as a counterpoint to both moral blindness and to the acceptance of the lack of freedom of choice, showing instead that such freedom cannot be renounced. Charmaine's struggle with her emotions marks a climactic moment in the novel, and indicates that as entrenched as the modern belief in the superiority of reason appears to be, the heart as a metonym for emotions hints at their persistence and unavoidability in the face of rationalization: "They wanted her to use her head and discard her heart; but it wasn't so easy, because the heart goes last and hers was still clinging on inside her all the time she was readying the needle, which is why she was crying all the time" (180). However, although love tugs at Charmaine's ethical conscience and individual free will, she manages to overcome her emotions (162) in a double move of self-preservation and law-abidance, and executes her orders to put Stan to death.[6]

Guilt and remorse also unsettle Charmaine's ethics, and she struggles to reaffirm her belief that happiness lies in accepting her own nature and the order of things, rather than acting as a free agent following an ethical conscience (189). Thus, she resorts again to Grandma Win's reassuring dictums: "She tries not to think about Stan not being here any more, because what is is, as Grandma Win used to say, and what can't be cured must be endured, and laugh and the world laughs with you but cry and you cry alone" (251–52). Charmaine's wish to renounce free will seems to be granted when she is told she is to be submitted to the new laser neurosurgery that works to subdue her will to the wishes of whoever happens to be the first face she sees once she comes to—very much like in Shakespeare's comedy *A Midsummer Night's Dream*.[7] That face happens to be Stan's, who had not in fact been killed by her injection. Believing that she has been dispossessed of her free will, Charmaine uncritically accepts becoming Stan's sex object, the inevitability of her love for him, and her role in creating the heteronormative middle-class family bent on ownership and consumerism—and, as in Stan's case, thriving on the production of Possibilibots. Eschewing any responsibility for her actions, she seems to find happiness (that is, stability and security) once again in simply obeying the dictates of another, as she thinks that everything has "worked out for the best, because what's past is prologue and all's well that ends well, like Grandma Win used to say" (294). However, Charmaine cannot suppress her moral scruples, wondering whether the end justifies the means: "If you do bad things for reasons you've been told are good, does it make you a bad person?" (304). Rather than dwell on this ethical and ontological question, Charmaine prefers to "put that side of things right out of her mind," not only because it could spoil the middle-class life she eventually achieves for herself and Stan, but because, as she justifies to herself, it "would be selfish" (304), as it could endanger their precarious balance. Nevertheless, disturbing questions about free will keep on intruding on her mind: "She has a lingering doubt. Does loving Stan really count if she can't help it? Is it right that the happiness of her married life should be due not to any special efforts on her part but to a brain operation she didn't even agree to have? No, it doesn't seem right. But it *feels* right. That's what she can't get over—how right it feels" (294).

When at the end of the novel Jocelyn offers to disclose a piece of information that will let Charmaine know herself better, Charmaine is given a choice: "'You can choose,' says Jocelyn. 'To hear it or not. If you hear it, you'll be more free but less secure. If you don't hear it, you'll be more secure, but less free'" (305). Jocelyn's revelation that Charmaine never actually had the operation rocks the foundations of Charmaine's settled world, as she has to confront the inevitable question of freedom again: "You prefer compulsion? Gun to the head, so to speak? ...You want your decisions taken away from you so you won't be responsible for your own actions?" (306). Discovering that she has never lost her capacity for free will opens new horizons for Charmaine, who realizes that she is no longer tied to Stan and the family they have created, but needs to accept the accountability and responsibility that come with freedom of choice.

Atwood's novel supports the notion that neoliberal capitalism thrives by exacerbating our desires and drives while, paradoxically, increasing our insensitivity and moral blindness, which makes us complicit with the technologies of evildoing. As representatives of the ordinary citizen who in times of economic crisis see themselves pushed down the social ladder and relegated to the margins of society, Stan and Charmaine must prove their resilience in order to survive. They succeed in this endeavour by letting themselves be seduced into becoming the necessary collaborators of the system that makes them vulnerable in the first place and then deprives them of their freedom. By deciding to join the Consilience/ Positron project, Stan and Charmaine embrace both normalcy and the monster within us as they agree to justify their own involvement in the technologies of evildoing in the name of the greater good of their individualism, self-preservation, and survival. Despite its general lighthearted tone, this satirical novel that turns into a farcical comedy of errors maps a sort of *affective indifference* for the technological, animal, or human Other. Yet, at the same time as the novel traces the average person's loss of moral sensitivity when caught up in the various crises of the current "liquid" moment, it also stresses the resilience of conscious emotion, offering the irrepressible agency of affects to counter moral blindness and preserve free will. It is, then, affective resilience that opens a space for doubt, contestation, and resistance.

Notes

1. *The Heart Goes Last* began as a four-part story for the e-publisher Byliner.com. After its publication as a novel, it appeared at the top of the CBC Books list of bestselling Canadian fiction, and near the top of other rankings, such as those provided by *The Globe and Mail*, *The Toronto Star*, and *BookNet Canada*.

2. Etymologically, the term *resilience* derives from the Latin verb *resilire*, meaning to leap back, rebound, or return to form.

3. For a discussion of the various strains of resilience, see Fraile-Marcos's Introduction to *Glocal Narratives of Resilience*.

4. For Atwood, utopia and dystopia are intertwined, and one cannot exist without the other ("Atwood: road to Ustopia").

5. According to Achille Mbembe, modernity has privileged an understanding of sovereignty as ultimately expressed by the production of agreed-upon norms by a society of free and equal people who are "posited as full subjects capable of self-understanding, self-consciousness, and self-representation" (13). However, Mbembe convincingly explains that there is another form of sovereignty based on necropolitics, or the control over life and death, which is predominantly expressed as the right to kill. At this point in the novel, Charmaine must

recognize that the Consilience/Positron experiment actually revolves around "the capacity to decide who may live and who must die" (Mbembe 11).

6. The epigraph of the novel consists of quotes from Shakespeare's *A Midsummer Night's Dream*, Ovid's "Pygmalion and Galatea," and Adam Frucci's "I Had Sex with Furniture." At first glance, these three works seem unrelated. However, the three together effectively encompass key themes of Atwood's novel, which are epitomized in this moment of the story: control, yearning, and detachment.

7. In Shakespeare's *A Midsummer Night's Dream*, Oberon, King of the Fairies, makes plans to enchant Titania with a magic love "juice" that will make her fall in love with the first creature she sees.

Works Cited

Arendt, Hannah. *Eichmann in Jerusalem: A Report on the Banality of Evil*. The Viking Press, 1964.

Atwood, Margaret. "Margaret Atwood: the road to Ustopia." *The Guardian*, 14 Oct. 2011, www.theguardian.com/books/2011/oct/14/margaret-atwood-road-to-ustopia.

———. *The Heart Goes Last*. McClelland & Stewart, 2015.

Bauman, Zygmunt, and Leonidas Donskis. *Moral Blindness: The Loss of Sensitivity in Liquid Modernity*. Polity, 2013.

Berlant, Lauren. *Cruel Optimism*. Duke UP, 2011.

Evans, Brad, and Julian Reid. *Resilient Life: The Art of Living Dangerously*. Polity, 2014.

Fraile-Marcos, Ana María. Introduction. "Glocal Narratives of Resilience and Healing." *Glocal Narratives of Resilience*, edited by Ana María Fraile-Marcos, Routledge, 2020, pp. 1-20.

Mbembe, Achille. "Necropolitics." *Public Culture*, vol. 15, no. 1, 2003, pp. 11–40, www.doi.org/10.1215/08992363-15-1-11.

Panter-Brick, Catherine, and James F. Leckman. "Editorial Commentary: Resilience in Child Development – Interconnected Pathways to Wellbeing." *The Journal of Child Psychology and Psychiatry*, vol. 54, no. 4, 2013, pp. 333–36.

Zebrowski, Christopher. "Governing the Network Society: A Biopolitical Critique of Resilience." *Political Perspectives*, vol. 3, no. 1, 2009, http://www.politicalperspectives.org.uk/wp-content/uploads/2010/08/Vol3-1-2009-4.pdf.

3

From Disgust to Desire
A Poetics of Subterfuge

|ERIC SCHMALTZ|

IN THE OPENING OF HER ESSAY "Posthumanist Performativity:
Toward an Understanding of How Matter Comes to Matter," Karen
Barad argues that "language has been granted too much power"
(801). Much more than provocation, Barad identifies a critical
pitfall in cultural studies: we too often allow "linguistic structuring
to shape or determine our understanding of the world" (802). In so
doing, Barad suggests, we permit language an excessive power to
determine and represent what is real. I admit that this is a seemingly counterintuitive way of opening an essay included as part of
a collection on literary affects; however, Barad's intriguing argument highlights key issues related to the primary subjects of this
chapter: affect and concrete poetics.[1] In particular, Barad's point
regarding the "excessive power granted to language" (802) can be
related to the ways that humans' affective capacities are frequently
reduced to that which is quantifiable in linguistic content, thereby
oversimplifying the inherent complexities of affect.[2] Secondly, in
the context of concrete poetry, acute critical focus on language
has circumscribed discussions of Canadian concrete poetry's
broader significance. Critics like Stephen Scobie, Caroline Bayard,
and Gregory Betts have offered necessary examinations of these
types of works by focusing on issues of language as they relate to
Derridean deconstruction, Saussurean linguistics, and the politics
of postmodernism; however, there remains to be written an analysis of Canadian concrete poetry and its vital relationship to affect.

This essay, therefore, intervenes into the entanglement presented by the relationship of concrete poetry, affect, and the possibilities of expression beyond what is circumscribed by dominant (read: linguistic) formations of reality, especially the reality of life under late capitalism—a term I use here to describe the conditions of contemporary life in the West, including economic disparities, the rise of mass communication technologies, multinational corporations, and rampant consumerism. I focus my analysis on the concrete poetry of derek beaulieu. The chapter proceeds in three phases, beginning with a necessary account of the tradition of concrete poetry in Canada that relies upon Sianne Ngai's pertinent analysis of poetics and disgust. Once situated, I will begin to map the consonances between the concrete poetry that constitutes the Canadian tradition and the work of beaulieu. This chapter culminates by identifying the emergence of a type of poetry that I find in beaulieu's oeuvre—one that shifts away from Ngai's notion of a poetics of disgust toward a less repellant, but perhaps more attractive, new poetic stratagem that responds to late-capitalist conditions. I refer to this poetry as *a poetics of subterfuge*—a poetics that co-opts capitalist affects such as material desire as a way of reclaiming agency within a space of an oppressive political economy.[3]

This article, in other words, uses beaulieu's concrete poetry as a case study that highlights affect as a crucial—but oft overlooked—element of Canadian concrete poetry. It provides not only an account of concrete poetry in its distinctive Canadian iteration, but demonstrates how concrete poetry has also evolved in Canada since the twentieth century. In so doing, this chapter follows one vector of Canadian concrete poetry, accounting for its beginnings as a poetry that rejects the excessive power ascribed to language and its reality-shaping capacities (disgust), and for its transformation into a new poetry that co-opts the aesthetics and affects of consumer culture (desire).

Sianne Ngai's theorization of "a poetics of disgust" neatly folds affective discourse into discussions of poetics, especially poetics that respond to the conditions of late capitalism and its standardization and capitulation of human life. In her essay "Raw Matter: A Poetics of Disgust," Ngai identifies the limits of affective discourse, responding to what she calls the "bourgeois morality endemic to capitalism," which "imposes a limit on our ways of expressing outrage" and *has the effects of deliberately curbing our potential to articulate our abhorrence to it*" (98). In particular, Ngai is responding to the ubiquitous critical paradigm that emphasizes libidinality and desire as a key aspect of investigation for both cultural studies and innovative poetry. She describes desire as "pluralized," "polymorphous," "eclectic, all-inclusive, [and] polysemic" (99), and in turn identifies these characteristics as the "cultural and political norm of late capitalism" (99). For Ngai, "desire as a critical paradigm may have been of service by *generating* critique; but in the pluralist form it assumes today, it seems to shut critique *down*" (99). According to Ngai, innovative poetries that have flourished under late-capitalist logic have been largely preoccupied with desire, but this approach is no longer adequate as a response to the tumultuous conditions generated by this phase of capitalism. In other words, "it's time to get over your polymorphously perverse skins: an erotics is *not* emancipation, from meaning or the law" (101). In response to the tired discourse of desire, Ngai situates disgust as an "approach with theoretical possibilities that have not yet been exhausted or simply recuperated by changes in the social logic of capitalism" (100) because it cannot be "assimilated or internalized by either the libidinal or the law" (101). Instead, disgust is a turn away from the system, and a push toward an external reality. A poetics of disgust is a "resistance to pluralism and its ideology of all-inclusiveness which allows it to recuperate and neutralize any critical discourse emphasizing conflict, dissent or discontinuity" (102). In particular, a poetics of disgust "thwarts seductive reasoning," "thwarts close reading" (102) and can be further characterized by, among other things, what Ngai calls its negative fascination—terms I will revisit later in this chapter.

Ngai theorizes a poetics of disgust in response to the endemic of late-capitalist logic in 1998; however, disgust as an affective vector that informs the politics of poetics thrived in Canada in the concrete poetry of the 1960s. Poets like bpNichol, bill bissett, Steve McCaffery, Judith Copithorne, Martina Clinton, and many others developed a unique iteration of concrete poetry amid a series of seismic cultural shifts occurring around the globe that, in large part, corresponded to a rapidly mutating capitalist economy. These shifts were finely captured in the writings of Canadian literary critic and media theorist Marshall McLuhan, whose writings recognize the ways new technologies rapidly redesigned the West as it transitioned into a period that he refers to as the "electric age." In *The Mechanical Bride*, McLuhan writes, "Ours is the first age in which many thoughts of the best-trained individual minds have made it a full-time business to get inside the collective public mind. To get inside in order to manipulate, exploit; control is object now" (v). Among the crucial aspects of human life that get subsumed by capitalism and the rise of mass consumer culture are language and affect. Advertising comes to rely specifically on channelling subjects' desires in order to coerce them into becoming a compliant agent of consumerist capitalism, which in turn relies on specific, standardized uses of language. It should come as no surprise then that Steve McCaffery would declare in his "Lyric's Larynx" that "Capitalism begins when you / open the Dictionary" (13–14). Knowingly or not, McCaffery's statement largely summarizes the suspicions around language that many Canadian concrete poets would come to feel, and which led them to develop a practice that rejects conventions of literacy including spelling, grammar, syntax, linear reading patterns, and even commonplace modes of dissemination.

The works of Canadian concrete poets have come to be described by critics utilizing a variety of discourses, but many of these are emphatically language-centric discourses. Caroline Bayard refers to the works by Canadian concrete poets as "productions which showed anagrammatic dispersion and affirmed only the de-centring of all systems, the rejection of truth, origin, nostalgia and guilt" (53). Similarly, Johanna Drucker characterizes Canadian concrete poetry by its "hybrid eclecticism, with its synthetic capacity to absorb material from any of a wide variety of conceptual, critical, and linguistic sources" (130). These criticisms do not attend to the affective dimensions of Canadian concrete poetry. More recently, Lori Emerson describes Canadian concrete poetry using the term *dirty concrete*, a term that some Canadians have used to describe their own work. She describes dirty concrete poetry as "asyntactical [and] nonrepresentational" (92), poetry that also resists "clean lines and graphically neutral appearance" (99). Emerson's definition explicitly accounts for both the aesthetic and political aspects of Canadian concrete poetry. It is a poetry that resists cleanliness and neutrality, and instead revels in what is typically described as an excess of capitalist life: dirt. Furthermore, Emerson's attention to the term *dirty concrete* usefully invites us to return to the affective discourse presented by Ngai and her notion of a poetics of disgust since they both account for its repellant aesthetic and its momentary disruptions of linguistic communication.

Amid a plethora of available examples of Canadian concrete poetry, McCaffery's *Carnival, The Second Panel, 1970–1975* (hereafter referred to as *Carnival II*) is exemplary of both Emerson's descriptions of dirty concrete and Ngai's poetics of disgust.[4] As Stephen Cain notes, McCaffery's poetry on the whole "resolutely resist[s] categorization and containment" (5), thereby combatting capitalism's mission for standardization and capitulation.

The form of *Carnival II*, as a material work, itself rejects both the status of book as commodity and the expectation that a bound codex be read according to a sequential, linear reading process. McCaffery instructs his readers to cut the pages of *Carnival II* away from the spine, then assemble them into one large panel. In a sense, to "read" this book, you must first destroy it *as* book. The panel arrangement also invites different shapes of reading, described by McCaffery in connection with *Carnival II*'s companion piece, *Carnival, The First Panel, 1967–1970*, as "essentially cartographic; a repudiation of linearity in writing and the search for an alternative syntax in 'mapping'" (Nichol, "Annoted" 72). This is a description that I find can be aptly applied to *Carnival II* as well. McCaffery is accounting for the seeming disorder created by the multidirectionality of the text as well as the use of black and red typewriter tapes, rubber-stamps, xerography, hand-lettering, and stencils. Adding to this disorder is the frequent use of textual overlay, abstract figures, and shapes on the page that are usually created from heavy overlay or fragmented lettering.

From the above description, it should be apparent that *Carnival II* can be productively read in alliance with Ngai's theorization. *Carnival II* foregrounds negative affect, mobilizing affects like disgust as key elements of the work. For example, *Carnival II* "thwarts seductive reasoning" and "thwarts close reading" (Ngai 102) since it privileges inarticulateness and resists the commodity form. Furthermore, *Carnival II* is a work that facilitates what Ngai refers to as "negative fascination," wherein the viewer is stuck "[n]ot wanting to look at it, but staring nonetheless" (103). In this way, *Carnival II* is a repellant work: it repels the reader from close reading while also providing a fascinating typographic landscape that explodes the rigid grid formation of the typewriter, resulting in an anarchic, heteroglossic text.

The negative affect of disgust is generated by *Carnival II* from a manipulation not of semantic language, but of language's materials. The text, therefore, returning to Barad's commentary that opened this essay, displaces language's power as a reality-shaping force, and instead situates a textual plane upon which thoughts and affects are shaped by an assemblage of language materials, geometry, movement, and colour. With that being said, by looking at some of the fragmented semantic content that *Carnival II* does contain, one can glean that the text privileges at least one other negative affect and guides us toward a glimpse of the emancipatory end that a poetics of disgust aims to accomplish. In a statement that perhaps summarizes the project of *Carnival II*, McCaffery writes, "the message being that we are all poets one and all as long as we have lungs the moving into the body's ritual of repeated semaphore / a perception of clarity beyond all measure of meanings" (6). This semaphore could rightly be characterized here as an affect: *disorientation*, commonly mobilized by not only capitalism but also avant-garde artists and writers who sought emancipation through their art. It is also useful to recall Charles Russell's point regarding the use of disorientation by avant-garde artists in their search for "the concept of self-liberation—aesthetic, personal, and political" (Russell 34) so that the audience may "perceive things of previously unimagined beauty, or experience states of abruptly expanded consciousness" (35). *Carnival II*, then, mobilizes negative affects like disgust and disorientation with the intention of offering an experiential plane upon which the individual may find liberation (even just momentary) from the totalizing capacities of capitalist machinery.

It is in beaulieu's early concrete poetry that I find the lingering spirit of the previous generation's inclination toward disgust; his *Fractal Economies* (2006)—a compelling, multimedia collection of concrete poetry—perhaps best demonstrates this affect. As an appendix to the collection, beaulieu includes an essay entitled "an afterword after words: Notes on Concrete Poetry" which serves as both an overview of concrete poetry as it manifested around

the globe, but also a statement on his own poetics. In a theorization that straddles both Ngai's notion of a "poetics of disgust" and
a Barthesian theory of semiotics, beaulieu argues "that concrete
poetry can also be closely read in conjunction with the idea of
concrete poetry as an 'inarticulate mark'" (80) and goes on to say
that it "momentarily rejects the idea of readerly reward for close
reading, the idea of the 'hidden or buried object,' interferes with
signification and momentarily interrupts the capitalist structure of language" (80). This is precisely the type of concrete poetry

that beaulieu practices and endorses, leading him to create poetry
that privileges disgust in a way that is analogous to poets like
McCaffery.

Again, parallel to McCaffery's work, beaulieu is similarly inclined
toward producing poetry that resists standardization and categorization by using a variety of tactics and media to compose his
work. beaulieu's poem suite "Velvet Touch Lettering" employs dry-
transfer lettering to formulate clusters of fractured letter shapes
at the centre of each page. By invoking "touch," beaulieu is foregrounding not only his process—the lettering is transferred to
paper through repeated rubbing motions—but also the importance of affect to this type of poetry.[5] The poem is demonstrative
of disgust as an affective function in concrete poetry. The letter
clusters of "Velvet Touch Lettering" are cracked, incomplete, and
illegible. These poems closely follow Ngai's mandate for a poetry
that "thwarts close reading" (102)—perhaps causing critics to be
frustrated and repelled by the poem's evasion of semantics. There
is also affect generated by the materiality of the poem upon which I
can only speculate. The transferred lettering creates a texture upon
the page's surface, and each cluster of cracked lettering creates a
unique texture itself—one that differs from more legible uses of
the medium. If one were to touch an original, completed composition of a poem from "Velvet Touch Lettering," one would endure
a specific sensual experience uncommon to most other poetries

produced in the twenty-first century—the surface of the poem would not be smooth like a freshly printed lyric. Instead, the poem would have a rougher texture created by a slight friction upon the tip of one's finger since the dry-transfer lettering is not entirely flush with the page and cracked rather than whole. This gesture, in its subtle way, thwarts the illusion of the reading surface as the place from which one merely gleans all necessary language information. The visual, and implicitly tactile, concrete poetry of *Fractal Economies* rejects the conventional communicative act to redefine the way humans determine their reality in the world. By privileging affect—especially the negative affect of disgust—over language, beaulieu's concrete poetry demands the reader to account for the ways in which reality is shaped by means that exceed conventional linguistic expression.

McCaffery, like other Canadian concrete poets, disavowed his belief in the political possibilities of concrete poetry for initiating change. This shift represented a movement away from the political ambitions of his early work.[6] In beaulieu's contemporary work, we see a similar movement away from concrete poetic practice, but unlike McCaffery, this shift represents a deepening of, rather than abandonment of, his political aims. The late theorist Mark Fisher argues that the West is entrapped by "the widespread sense not only that capitalism is the only viable political and economic system, but also that it is now impossible even to imagine a coherent alternative to it" (2). Facing this prospect, a wide range of calls for new poetic and political strategies have been demanded, including more aggressively situated anticapitalist poetries. It is from this perceived sense of realism, I suggest, that beaulieu moves away from a poetics of disgust toward what I call a poetics of subterfuge.

As a collection, *Fractal Economies* gleefully revels in the affective possibilities presented by a poetics of disgust. Though he continues to explore concrete poetry as one of his main modes of composition, the most noticeable mutation in beaulieu's work is his seeming swerve from a poetic of disgust that "interferes with signification" to "momentarily interrupt the capitalist structure of language" (beaulieu 80) toward a poetics developed in concert with late-capitalist aesthetics. In this context, a poetics of subterfuge marks a turn away from disgust as an affective vector. Instead of trying to maintain a poetics of disgust as a rejection of standardized linguistic communication and thereby the conditions of late capitalism, beaulieu is, by the mid-2010s, cutting deeper into that logic. Put differently, beaulieu aligns his poetics with capitalist conditions and returns, despite Ngai's explicit criticism of it in her 1998 essay "Raw Matter," to desire. But this turn to desire is made, I argue, in the name of social change. The desire beaulieu turns to is not necessarily the libidinal desire that is located within the depths of the self; rather, it is the desire manufactured by the machinery of late capitalism: fabricated objects, lifestyles, and attitudes that subjects are compelled to desire. Adopting the deceitful implications of "subterfuge," a poetics of this sort co-opts these desires, transforming them from their designated function that perpetuates capitalist reality into a broader aesthetic and political project.[7] In this way, the poet is no longer one who seeks to provide a pathway out from the conditions of capitalism but rather one who opens a passage deeper into them.[8]

From this vantage point, the poet is no longer a powerless participant in the day-to-day affairs of capitalist life, but rather can begin to use capitalist machinery to reshape this reality: Poems are composed using design fads and trends, commodity aesthetics, signage, advertising slogans, memes, and viral content. Poems are no longer composed by the creative misuse of writing and media technologies; rather, these poems rely on the sophisticated use of these new technologies to create works that can be inconspicuously deposited into the sociomaterial sphere of our moment. To this end, beaulieu freely gives his work away online in digital formats while also working in collaboration with other digital artists to animate his page-based work into graphic image formats (.gifs), which are also freely circulated online. This poetics of subterfuge cuts not only into the suspended moment during which a reader contemplates a poem, but into the day-to-day in the same way the capitalist subject is inundated with signage, advertising, emails, memes, and messages.

To my knowledge, beaulieu has not explicitly stated the political aims of his most recent work, as he did in *Fractal Economies*; however, this new phase follows a trajectory akin to his political ambitions in "an afterword after words." This phase of beaulieu's concrete poetry continues to challenge language's power in its reality-shaping capacities by resisting the production of semantic meaning and discernible signification, but adapts the aesthetics of late-capitalist consumer culture to inform the formation of his work. In other words, beaulieu continues to produce works that attempt to "thwart close reading" (Ngai 102), but the aesthetic of his work is not repellant or dirty; rather, it is quite clean and graphically neutral. beaulieu's poetics of subterfuge cuts into the present, creating an opening through which the possibility of reconfiguration—a possibility that, according to theorists such as Fisher, is missing in current political common sense—arises.

In some ways, beaulieu was already anticipating his aesthetic, affective, and political swerve in *Fractal Economies*. The type of repellant visual concrete poetry that he espouses there comes with limitations that he already recognized at that point in his career; in "an afterword after words" he acknowledges that "theorizing a language outside of capitalist exchange is problematic" and admits to being satisfied with "momentary eruptions of non-meaning which are then co-opted back into representation" (84). Since *Fractal Economies*, it seems that beaulieu, like other politically minded poets such as McCaffery before him, has come up against a common problem: an inability to use poetry to affect the sociomaterial conditions of life. In the former—beaulieu's repellant concrete poetry—the reader is faced with a nonsignifying poetry that may disorient readers, defying thier expectations of language that signifies, while the work in beaulieu's later poetic phase offers readers a more familiar aesthetic. These later works still maintain his prevailing interest in nonsignifying and illegible uses of language, but these works are more closely aligned with current design trends. Designer Matt Knapik, for example, collaborated with beaulieu to transform a selection of his concrete poems into surface patterns, which appeared as part of *Uppercase* magazine's second instalment of its "Surface Pattern Design Guide." While they have not yet been integrated into consumer products, these designs could easily be used in textiles, wallpaper, and flooring. beaulieu would then have found a way to discreetly insert his work—which productively confronts language and its perceived power to determine reality—not only into the media-saturated digital world, but into the physical homes of linguistically enthusiastic home-owners.

Similarly, in his 2014 book *Kern*, beaulieu produced a series of concrete poems that could easily be used as artful designs for consumer products and branding. The works within this book are pleasing to the eye, possessing a symmetry and an even placement on the page that is unlike previously published works. In the afterword to *Kern*, beaulieu admits to pursuing the new poetic direction which this essay identifies: "I believe" he writes, "that Concrete poetry should be as easily understood as airport and traffic signs, but instead of leading the reader to the toilet, the directions they impart should be spurious if not completely useless...Airport signage is designed for instant and momentary recognition and comprehension as ultimate goals" (n.p.). First, note that beaulieu is signaling a departure from his poetics of disgust since, as he declares, he is no longer composing with the aim of "leading the reader to the toilet," and, second, he admits to deriving his aesthetic from standardized objects and media in contemporary society that easily communicate a direction to the viewer. Even though beaulieu seeks a viewership, not a readership, he still admits that when viewers look, they receive something despite the spuriousness of the directions the works impart.

But what does the reader receive? Surely, the signage must lead somewhere. If not to the toilet, then where? Perhaps it is not a place, but a feeling.

I suggest that beaulieu's new poetic phase arrives with the hope of mobilizing capitalist desire against late capitalism itself. beaulieu suggests that in his recent concrete poetry he is "co-opting the discourse, and the form, of the advertising logo" (*Kern* 23), to which I would add the advertising slogan, design trends, and the affects that undergird these objects. beaulieu has also co-opted the affects of capitalist discourse and the forms it generates. There is something pleasing about his very symmetrical and evenly placed works. More specifically, the advertising slogan and the advertisement have one goal: to create desire within the capitalist subject, the desire to consume an object and to accept an invitation into a particular brand of lifestyle. beaulieu's poetics operate in a similar fashion: instead of repelling readers, beaulieu is inviting them into something. beaulieu's poetics may correspond with trends in design, but the kernel of his project remains the same: to imagine alternative possibilities of linguistic expression and its role in shaping life in the face of an unceasing, manipulative, oppressive, ever-mutating capitalist project.

beaulieu's poetic shift—from a poetic of disgust that he inherits from previous generations of Canadian concrete poets toward a newly realized poetics of subterfuge—signals an alternative way of grappling with life under late capitalism. His work no longer seeks to repel readers in order to inspire in them a turn away from the conventions of language and its capacity to shape reality. For beaulieu, this seems to no longer be satisfying as a poetic political project. Instead, some of beaulieu's most recent concrete poetry cuts deeper into capitalist consumer culture to cultivate a poetics that co-opts capitalist aesthetics and affects as a means of seeking agency within a manipulative and oppressive political economic system. In so doing, beaulieu maintains his initial thrust to "momentarily [interrupt] the capitalist structure of language" ("an afterword" 80), but does so by encouraging readers to see possibilities of agency by adopting, reconfiguring, and creating with the aesthetic and affective tools of the current moment. Though this may not be the solution to all of the ailments created by late capitalism, beaulieu's poetry is significant because it encourages us to see possibility within this logic as we continue—voluntarily or not—to live within it.

Notes

1. *Concrete poetry* is a porous term; however, in its common usage, it refers to a strain of poetry that emerged in the mid-twentieth century in places like Austria, Brazil, Britain, Japan, and Switzerland. Concrete poetry is practiced by poets who privilege visual elements—letter shapes, page layout, typographic design, pattern formation, colour, and so on—over other types of poetic elements.

2. For more on this point, see Brian Massumi's *Parables of the Virtual*.

3. I thank Kit Dobson for coining this term at the 2016 Maladies of the Soul, Emotion, Affect: Indigenous, Canadian and Québécois Writings in the Crossfire of a New Turn conference in Banff, Alberta.

4. For other pertinent examples, see bissett, bpNichol, Copithorne, Dutton, and UU, among others.

5. See Ahmed's theorizations of touch and affect in *Strange Encounters: Embodied Others in Post-Coloniality*.

6. See Gregory Betts's "Postmodern Decadence" and Ryan Cox's "Trans-Avant-Garde."

7. In some ways, a poetics of subterfuge is a return to the Situationist International's notion of *détournement* (see Knabb) but this poetics privileges not just the co-optation of capitalist media culture, but a co-optation of the desires produced

by late capitalism and, at times, relies upon the platforms and structures of late capitalism to create and circulate the work.

8. That being said, these tactics do not situate a political program. Indeed, these tactics could easily accommodate a wide range of political projects including the perpetuation of late-capitalist logic.

Works Cited

Ahmed, Sara. *Strange Encounters: Embodied Others in Post-Coloniality*. Routledge, 2000.

Barad, Karen. "Posthumanist Performativity: Toward an Understanding of How Matter Comes to Matter." *Signs: Journal of Women in Culture and Society*, vol. 28, no. 3, 2008, pp. 801–31.

Bayard, Caroline. *The New Poetics in Canada and Quebec: From Concretism to PostModernism*. U of Toronto P, 1989.

beaulieu, derek. Afterword. "an afterword after words: notes toward a concrete poetic." *Fractal Economies*, Talonbooks, 2006, pp. 79–93.

———. *Fractal Economies*. Talonbooks, 2006.

———. *Kern*. Les Figues, 2014.

Betts, Gregory. "Postmodern Decadence in Canadian Sound and Visual Poetry." R E: *Reading the Postmodern: Canadian Literature and Criticism After Modernism*, edited by Robert David Stacey, U of Ottawa P, 2010, pp. 151–79.

bissett, bill. *Pass th Food Release th Spirit Book*. Talonbooks, 1973.

bpNichol. *Konfessions of an Elizabethan Fan Dancer*. Writers Forum, 1967.

———. "The Annotated, Anecdoted, Beginnings of a Critical Checklist of the Published Works of Steve McCaffery." *Open Letter*, vol. 6, no. 9, 1987, pp. 67–92.

Cain, Stephen. Introduction. "Clinamen/Context/Concrete/Community/ Continuum." *Breakthrough Nostalgia: Reading Steve McCaffery Then and Now*, special issue of *Open Letter*, edited by Stephen Cain, vol. 14, no. 7, Fall 2011, pp. 5–16.

Copithorne, Judith. *Runes*. Coach House, 1979.

Cox, Ryan. "Trans-Avant-Garde: An Interview with Steve McCaffery." *Rain Taxi*, Winter 2007/2008, www.raintaxi.com/trans-avant-garde-an-interview-with-steve-mccaffery/.

Dutton, Paul. *The Plastic Typewriter*. Underwhich Editions, 1993.

Drucker, Johanna. *Figuring the Word: Essays on Books, Writing, and Visual Poetics*. Granary Books, 1998.

Emerson, Lori. *Reading Writing Interfaces: From the Digital to the Bookbound*. U of Minnesota P, 2014.

Fisher, Mark. *Capitalist Realism: Is There No Alternative?* Zero Books, 2009.

Knabb, Ken, editor. *Situationist International Anthology*. Bureau of Public Secrets, 2006.

Massumi, Brian. *Parables of the Virtual: Movement, Affect, Sensation*. Duke UP, 2002.

McCaffery, Steve. *Carnival: The First Panel, 1967–1970*. Coach House, 1973.

———. *Carnival: The Second Panel, 1970–1975*. Coach House, 1978.

———. "Lyric's Larynx." *North of Intention: Critical Writings 1973–1986*, edited by Karen McMormack, 2nd ed., Roof Books, 2000, pp. 178–84.

McLuhan, Marshall. *The Mechanical Bride: Folklore of Industrial Man*, 50th Anniversary ed., Duckworth Overlook, 2011.

Ngai, Sianne. "Raw Matter: A Poetics of Disgust." *Disgust and Overdetermination: A Poetics Issue*, special issue of *Open Letter*, edited by Jeff Derksen, vol. 10, no. 1, Winter 1998, pp. 98–122.

Russell, Charles. *Poets, Prophets, and Revolutionaries: The Literary Avant-garde from Rimbaud Through Postmodernism*. Oxford UP, 1985.

Scobie, Stephen. *bpNichol: What History Teaches*. Talonbooks, 1984.

Pattern Recognition, issue of *Uppercase*, no. 32, January–February–March 2017.

UU, David. *Touch*. Ganglia, 1968.

II
Care and Affect / Soin et affects

4 Apprendre à dire la fin

Care *et poétique du deuil dans* L'album multicolore *de Louise Dupré et* Nocturne *de Helen Humphreys*

|MAÏTÉ SNAUWAERT|

POUR LES POPULATIONS PRIVILÉGIÉES des sociétés occidentales, l'expérience du deuil est l'un des marqueurs les plus forts d'une fragilité persistante.[1] Tandis que l'espérance de vie s'allonge et que la médecine repousse toujours plus loin l'échéance d'avoir à mourir, le deuil constitue souvent la première confrontation avec la mort. Ce d'autant plus, comme le remarquait Roland Barthes dans les notes préparatoires de son dernier cours au Collège de France, qu'« [ê]tre mortel n'est pas un sentiment "naturel" » (*La préparation I et II* 26). Et tant il est vrai que la mort est soigneusement évitée, comme l'a montré l'historien des mentalités Philippe Ariès dans sa magistrale étude des attitudes occidentales face à la mort, peu démentie depuis trente ou quarante ans (Allouch ; Carlat).

Pourtant, un nombre croissant d'auteurs, au Québec et au Canada, mais aussi en France, en Angleterre, aux États-Unis, semblent s'inscrire en faux contre cette euphémisation de rigueur. Dans des récits de deuils vécus, des textes personnels et poignants aux poétiques singulières, ils témoignent de l'expérience de deuil comme d'un avant-poste de la confrontation avec la mort, en survivants à la fois hébétés et lucides de la disparition de l'être aimé, conscients autant de l'ampleur de leur perte que de la teneur nouvelle de leur sursis. Avec lucidité et précision, ils disent la réalité du corps qui faiblit et de la conscience qui s'atténue, la vie biologique du corps qui s'achève, les soins apportés, la prise en charge médicale, l'environnement matériel des derniers moments—presque systématiquement la chambre d'hôpital, lieu commun du mourir occidental—ou encore la rigidité cadavérique et les effets personnels à liquider. Je voudrais suggérer que ces auteurs repoussent par là le silence et l'euphémisme qui entourent le « dernier tabou » qu'est devenue la mort en Occident, selon Edgar Morin. C'est qu'en examinant le projet de vie qui meurt avec le mourant, ils révèlent un « vivre » en crise : non apaisé ni clos, mais au contraire pris en coupe, mettant poétiquement en évidence la rupture et la déliaison opérées par le deuil. Si ces apocalypses personnelles paraissent en deçà des catastrophes mondiales, elles conduisent à affronter celles-ci avec une lucidité et des moyens symboliques renouvelés, en sortant de l'ombre des émois affectifs producteurs de chaos qu'une censure pudique a depuis un siècle et demi conservés dans le seing privé.

Or le monde fortement concret qui émerge de ces descriptions parfois cliniques et terriblement réalistes s'ancre dans des proses narratives—là où l'élégie avait jusqu'à présent dominé la scène littéraire du deuil (Gilbert). Y compris chez les poètes—et c'est pourquoi j'en choisis ci-dessous deux exemples—, ces textes ne vont pas vers l'agrandissement du poème, mais élisent la prose pour dire d'une part la matérialité du mourir ; d'autre part, le quotidien rompu par le deuil, qui nécessite pour survivre d'instaurer d'autres routines. Il est remarquable que cette matérialité et ce souci de l'autre soient parmi les caractéristiques majeures des approches regroupées aujourd'hui sous le nom d'éthique du *care*. Soulignant la différence entre justice et *care* dans le travail séminal de la psychologue américaine Carol Gilligan, la sociologue française Patricia Paperman écrit que dans le second, le raisonnement « prend la forme d'une narration où les détails concrets, spécifiques des situations toujours particulières prennent sens et deviennent intelligibles dans les contextes de vie des personnes » (« éthique et voix » 31). Les récits de deuil contemporains se présentent comme délibérément attachés à cette dimension concrète, à proportion même du fait qu'elle est généralement passée sous silence socialement. Mariko Konishi remarque aussi que « [Carol] Gilligan met l'accent sur l'interdépendance de l'amour et du *care* plutôt que sur l'autonomie et l'isolement de l'individu au-delà de sa connexion aux autres (Gilligan, 1982, 17) » (267). Là encore, ces récits mettent de l'avant une éthique de l'attention et de la relation, attachée à faire valoir l'ancrage affectif et corporel des situations morales. Ces écrits de deuil que ma recherche vise à constituer en corpus apparaissent ainsi comme marqués au sceau du *care* : dédiés à prendre en charge les morts— non plus *la mort*, dans sa généralité abstraite, mais les formes concrètes et historicisées de son épreuve et de son affrontement. Le « tournant éthique », alors, sur le fond duquel s'inscrit cette préoccupation de la littérature pour le défunt, demande à être exploré non seulement dans ses répercussions sur, ou ses échos dans, les théories de l'affect, mais aussi, ce qui va m'intéresser ici, à travers le spectre de l'éthique du *care*, qui pourrait avoir contribué à lui donner jour.

Cette activation morale du lien au moment même où la vie est en train de se défaire guidera mon examen de deux textes canadiens issus de ce corpus émergent, l'un en anglais : *Nocturne. On the Life and Death of My Brother* de Helen Humphreys ; l'autre en français : *L'album multicolore* de Louise Dupré. Je tâcherai de mettre en évidence comment cette éthique du lien est, à son tour, paradoxalement mise en œuvre par une poétique de la déliaison.

Repousser le tabou de la mort

Dans ses *Essais sur l'histoire de la mort en Occident du Moyen Âge à nos jours* en 1975, dédicacés « [à] nos morts, repoussés dans l'oubli », Philippe Ariès mettait en évidence l'euphémisation de la mort à mesure qu'elle verse historiquement au compte du médical. Il remarquait au chapitre « La mort interdite » : « La mort, si présente autrefois, tant elle était familière, va s'effacer et disparaître. Elle devient honteuse et objet d'interdit » (67). Ce, au point

61

que, de phénomène socialisé, elle va progressivement, selon lui, se « réensauvager ». Illustrant son propos par une analyse de *La Mort d'Ivan Ilitch* de Léon Tolstoï, nouvelle emblématique de ce changement de paradigme dans l'appréhension de la mort et du *mourir*, il concluait : « Bref, la vérité commence à faire question » (67). Jean Baudrillard lui emboîtait le pas l'année suivante (1976) :

> Il n'est pas normal d'être mort aujourd'hui, *et ceci est nouveau. Être mort est une anomalie impensable, toutes les autres sont inoffensives en regard de celle-ci. La mort est une délinquance, une déviance incurable. Plus de lieu ni d'espace/temps affecté aux morts, leur séjour est introuvable, les voilà rejetés dans l'utopie radicale—même plus parqués : volatilisés.* (196)

À l'instar de ce « dernier » des « Grands Refoulés » occidentaux, selon l'expression d'Edgar Morin (13), le deuil aussi bien est devenu tabou, et ce constat avait peu changé à l'aube du vingt-et-unième siècle. Dans la préface de sa somme *Death's Door. Modern Dying and the Ways We Grieve*, vaste enquête culturelle et littéraire faisant suite à la publication d'un *grief memoir* suscité par la mort subite de son mari, Sandra M. Gilbert remarquait au sujet de cet opus :

> *I think I felt driven to claim my grief and—almost defiantly—to name its particulars because I found myself confronting the shock of bereavement at a historical moment when death was in some sense unspeakable and grief—or anyway the expression of grief—was at best an embarrassment, at worst a social solecism or scandal.* (xix)

L'année suivante, Dominique Carlat lui faisait écho dans *Témoins de l'inactuel. Quatre écrivains contemporains face au deuil* : « Quiconque se consacre trop souvent au souci des morts et manifeste son affliction semble s'exclure du commerce social. Il doit donc s'attendre à être menacé d'ostracisme » (16). Pourtant, remarque aussi Carlat, la littérature est l'une des rares sphères où ce silence et ce rejet n'ont pas cours (17).

Dans les récits de deuil de Helen Humphreys et de Louise Dupré se fait jour en effet un affrontement sincère avec le mourir, clair et frontal dans ses formulations. Celui-ci passe par l'examen attentif des circonstances du mourir, en tant qu'il affecte le mourant et ses survivants. Le récit précis et parfois cru des derniers moments ou des premiers instants après la mort trouve son ancrage dans une description clinique des états du corps, des dispositifs techniques, des traitements. Exemplairement, *Nocturne* de Helen Humphreys s'ouvre en préambule par ces lignes :

> *This is what happened after you died.*
> *We took the plastic bag with your clothes, and the plastic bag with your pills. The bag with the pills weighed more. (1)*

Le détail poignant et éminemment concret de la différence des poids dit à la fois la matérialité de la maladie, la contrainte du traitement exercé vainement sur le corps, et le peu qui reste d'une vie, la fugitivité même de ses traces. De façon allusive, il renvoie aussi au poids du corps mort, dont l'absence pèse sur ceux qui restent.

De même, dès l'ouverture de son texte, Louise Dupré se fait témoin du corps mort de sa mère, prenant acte au présent de sa matérialité, comme pour ancrer un évènement qui par ailleurs échappe à l'entendement, rencontre sur le plan psychologique l'incrédulité : « Je la regarde dans son lit, blanche, aussi blanche que le drap. Elle vient de mourir, ma mère, et je ne le crois pas » (11). Remontant doucement le fil des dernières heures, c'est l'aspect à la fois clinique et moral d'un mourir contrôlé que le récit trouve à dire :

> *Durant la soirée, la douleur s'était jetée sur elle telle une bête, elle s'était mise à lui dévorer les viscères. J'avais demandé à l'infirmière d'appeler le médecin. Il avait consenti à augmenter la dose de*

morphine, on ne laisse pas une femme de quatre-vingt-dix-sept ans
mourir dans la souffrance. Elle avait fini par s'assoupir. (11–12)

L'attachement au circonstanciel et à sa description détaillée, au corporel objectivé dans ses fonctionnalités, à la pratique médicale anime ainsi ces textes : « The mechanics of your death were simple. Your blood pressure dropped, and your heart raced, faster and faster, trying to pump blood through your leaking blood vessels » (Humphreys 125). Il s'agit de dire ce qui est—ce qui a été—, cette « mécanique de la mort » qui est trop souvent tue. Cette insistance sur le tangible contribue à démystifier l'instant de la mort :

> *Je peux enfin penser à ma mère, je peux penser à sa mort. Longtemps*
> *j'ai imaginé un scénario théâtral. Elle me regarde, je lui tiens la*
> *main, c'est dans une conscience absolue qu'elle pousse son dernier*
> *soupir. Je n'aurais jamais cru que la mort puisse être d'une telle*
> *banalité. On reçoit une injection de morphine et on s'endort, comme*
> *après une rude journée.* (Dupré 13)

Loin du drame romantique de « la mort », l'ordinaire du mourir se voit affirmé par ces textes à la fois pour briser le tabou, et pour recueillir en quelque sorte le corps mort par l'écriture, afin de ne pas l'abandonner au silence social, plus assourdissant que celui de la tombe.

Une éthique littéraire du lien

La dimension de *care* qui traverse ces textes consiste alors à prendre à leur compte, à leur charge, un discours et des affects que chacun préférerait éviter. À savoir, pour les endeuillés, à endosser la confrontation désarmée et désarmante avec le corps mort de l'être aimé, qui vient de surcroît leur révéler dans toute sa matérialité leur propre échéance sinon prochaine du moins inévitable. Ce *care*, alors, c'est aussi un *care* pour les vivants : qui permet à chacun de se préparer le moins mal possible à ce qui l'attend, et dont ces auteurs nous rapportent la réalité depuis le terrain. « Car la mort de chacun, par rapport à soi-même, est toujours au futur, écrit Vladimir Jankélévitch...non pas une étape intermédiaire sur le chemin de cette vie, mais le plus lointain de tous les avenirs » (18). À l'opposé de ce futur improbable, le présent de Louise Dupré et le vocatif de Helen Humphreys *présentifient* leur expérience de témoins du mourir. Le caractère réaliste et clinique de leurs descriptions de première main, la prise en charge de celles-ci par un discours de sujet, à la première et à la deuxième personnes respectivement, produisent un récit dédramatisé mais pathétique, au sens fort où le définit Georges Molinié. Dans *Le goût des larmes au XVIIIᵉ siècle*, Anne Coudreuse rappelle que le stylisticien « analyse le pathé- tique comme une progression possible du lyrisme ». Et le citant : « L'expression lyrique est d'abord l'expression de soi à soi sur soi », tandis que le pathétique mettrait en jeu « une émergence brutale de l'actant de deuxième personne » (Molinié, cité par Coudreuse). Ainsi, ajoute-t-elle, « [d]ans le discours pathétique, c'est la deuxième personne (explicite ou implicite) qui construit et détermine la première : il n'y a pas d'ego pur, car le pathétique n'est pas compa- tible avec le solipsisme » (239). Cette distinction paraît ici capitale et opératoire pour les récits de deuil, dans lesquels même le souci de soi (de sa mort à venir, soudain découverte comme *possible*) émerge de la préoccupation envers l'autre, disparu.

Or de façon similaire, « l'éthique du *care* », proposée d'abord par Carol Gilligan, met la vulnérabilité de l'humain au cœur des pratiques sociales et des décisions morales et politiques, et oppose, au sujet autonome de l'éthique de la justice, le modèle d'un sujet interdépendant, pris à tout instant dans un réseau de relations. Elle promeut « une idée forte de responsabilité entre soi et les autres » (Paperman, « éthique et voix » 31), fondée « non sur des principes mais sur une question : comment faire, dans telle situation, pour préserver et entretenir les relations humaines qui y sont en jeu »

(Laugier, « L'éthique » 58). Le texte de Humphreys est traversé de cette éthique de la relation, jusqu'à l'instant extrême, crucial, de l'ultime responsabilité, lorsqu'elle doit décider si son frère, au stade terminal de la maladie, doit être débranché du ventilateur et autres machines qui le tiennent en vie, selon le rituel technologique de la mort en Occident :

> I should have known what you wanted—you of all people—because we'd been children together, and adults together, because in some inescapable way we knew each other better than anyone else. I still keep your secrets, for God's sake, even now, when there's no real need to keep them.
>
> But I didn't know what you wanted me to do for you. Marty, I didn't have a fucking clue. (192)

Dans ce contexte délicat, l'expression crue vient faire sonner la violence d'avoir à prendre une telle décision, d'avoir à se rendre jusqu'à ce dernier stade de l'intimité, à connaître l'autre à ce point. « Le sujet du *care* est un sujet sensible en tant qu'il est affecté, pris dans un contexte de relations, dans une forme de vie—qu'il est attentif, attentionné, que certaines choses, situations, moments ou personnes comptent pour lui » (Laugier, « Le sujet » 81). Lorsque soudain son frère ouvre les yeux, la narratrice de *Nocturne* n'a d'autre choix que de soutenir son regard, d'être cette interlocutrice ultime qui va le prendre en elle jusqu'à la fin, tout en assumant la responsabilité *et* de la décision *et* de l'incertitude :

> Your eyes were such a beautiful dark brown, the same shade as your hair. I could tell that you were looking to me for information, but I wasn't sure what information you needed. I don't know if you wanted me to tell you that you were minutes away from dying, but, rightly or wrongly, I didn't do this.

Mostly I just held your gaze, without tears or words. I held your
gaze, and then we shut you down. (192)

Ce récit est celui de la dernière extrémité, de ce qu'en aucun
cas nous ne sommes habitués à lire ou à entendre, que nous soup-
çonnons tout en nous persuadant que cela n'arrive qu'aux autres.
C'est aussi le récit du dernier accompagnement, qui consiste ici
à regarder *le* mort en face, sans mots ni affect autre que celui de
la présence entière : « Mostly I just held your gaze ». À nouveau la
violence de l'expression finale—« and then we shut you down »—
rend compte de la violence intrinsèque qu'il y a à devoir décider de
la mort de quelqu'un, qui plus est à être seule en charge de ce bris
de relation ultime qui s'avère aussi moment relationnel ultime. En
dernière analyse, c'est la violence intrinsèque du mourir—d'avoir
à mourir, que l'on doive s'y résoudre, ici presque *pour l'autre*—qui
est mise ici en évidence, avec lucidité et franchise, sans lyrisme
mais avec le pathétique fort qu'on a défini précédemment, où
« la deuxième personne...construit et détermine la première »
(Coudreuse 239) dans la situation de ce dernier échange.

Pathétique, affect et *care*

Par *care* on voudra donc dire ici : la prise en charge morale et
pratique d'un travail affectif nécessaire au social, qui a des conséquences pour le politique. Car si nul ne se soucie des morts au
sein de la sphère publique, le coût affectif du deuil demeure, que
chacun doit alors endosser individuellement et privément, en
raison sans doute de la menace que constituerait pour l'ordre social
« le désordre du corps affecté », selon la belle hypothèse d'Anne
Coudreuse dans *Le goût des larmes* (215).

Cependant, pour toute l'ardeur actuelle de la théorie critique
envers l'affect et les émotions, et l'identification depuis une dizaine
d'années d'un *affective turn* mis en évidence par Patricia Clough et

Jean Halley, il faut rappeler avec Clara Fischer leur généalogie dans les théories féministes des années soixante-dix et quatre-vingt. Fischer intitule la première section de son article « The Affective Turn: A New Name for Some Old Ways of Thinking? » (810), et remarque en particulier :

> *I worry that the emphasis on newness or retrieving risks rewriting and omitting existing accounts of feeling and lived materiality. The idea of needing to return to the body and affectivity as valid theoretical subjects implies there once was a period when theorists did not concern themselves with such. This, however, is not borne out by retrospective readings of feminist work on embodiment and emotion.* (812)

Michael Hardt écrit d'ailleurs dans l'avant-propos de *The Affective Turn* : « Specifically, the two primary precursors to the affective turn I see in US academic work are the focus on the body, which has been most extensively advanced in feminist theory, and the exploration of emotions, conducted predominantly in queer theory » (ix). Aujourd'hui, cette valorisation du corps et des émotions se fait notamment entendre dans la prise en considération par la philosophie morale et politique de la vulnérabilité comme partie prenante de l'expérience humaine (Butler ; Laugier, « Le sujet »).

On pourrait à ce titre suggérer que l'éthique féministe du *care* a contribué, dès l'ouvrage *In A Different Voice* de Carol Gilligan, en 1982, à réinstaurer l'importance politique des affects dans l'appréciation de la capacité morale des femmes, et la pertinence de leur expérience pratique incarnée dans la constitution de savoirs spécifiques nécessaires à l'entretien du tissu social. « Affect theorists' focus on embodiment should be viewed alongside certain critical theorists' calls for a return to matter and materiality more generally », rappelle encore Fischer (812). Or l'éthique du *care*, on l'a vu,

réclame la prise en compte de la vie matérielle, l'attention au particulier, la reconnaissance de l'importance des relations—toutes
dimensions et valeurs aujourd'hui préconisées par les théories de
l'affect. On peut ainsi émettre l'hypothèse, qui reste à explorer, que
l'éthique du *care* a contribué à l'émergence de l'*affective turn* aux
États-Unis, de par son ancrage féministe et son refus des dichoto-
mies corps/esprit, raison/passion, etc. (Hardt ix).

L'album : une poétique de la déliaison

Afin de rendre compte de la matérialité du mourir et des affects
désordonnés du deuil, s'instaurent des poétiques qui, pour narratives qu'elles soient, mettent de l'avant une non-linéarité, le
sentiment chaotique d'un temps brisé. Les deux textes actualisent
ainsi des formes de ce que Roland Barthes définissait comme
« l'Album » dans son cours au Collège de France sur *La préparation
du roman* :

> *Il y a deux éléments, deux critères qui font l'Album...Le premier,
> c'est le circonstanciel...Le deuxième, c'est le discontinu...Et donc ce
> qui caractérise l'Album, c'est l'absence de structure : l'Album c'est un
> ensemble factice d'éléments dont l'ordre, la présence ou l'absence sont
> arbitraires...dans l'Album, c'est le contingent qui règle la présence ou
> le déplacement du feuillet. Et c'est là un procédé absolument contraire
> au Livre. (343)*

Dans la narration en quelque sorte épistolaire adressée au frère
disparu, les entrées de *Nocturne* sont ainsi directement dictées par
la circonstance : « My event today was » (80), « Last night we went
to » (81), « I was thinking today about » (81). Cet aléatoire rend
justice à la temporalité imprévisible du deuil, perceptible en tout
premier lieu dans le tissu des jours et du journalier ; à son écla-
tement du temps ; comme aussi à l'accident de la mort, toujours
incroyable même lorsqu'elle est annoncée par la maladie : « At the

moment of your death you left us so quickly that it was almost the most shocking thing » (Humphreys 1). Chez Louise Dupré, de même, la découpe morcelée des séquences est tributaire des moments du deuil, avec un accent fort mis sur le quotidien : « Je me suis levée ce matin... » (18), « J'attendais ce moment. Depuis six mois. Cette nuit enfin, ma mère est revenue vers moi pour la première fois » (65), « *Laisse-toi toucher par la grâce du jour*. Cette phrase me trottait dans la tête avant même d'ouvrir les yeux ce matin » (187). La réinauguration pénible du deuil, chaque jour au moment de l'éveil, est en effet l'un des tropes de l'expérience et par conséquent du récit de deuil. C'est aussi parce que la peine recommence sans cesse—et au moins chaque matin—avec la redécouverte de la mort que le quotidien est si fortement affecté par le deuil.

En outre, les souvenirs de la disparue, surgis aléatoirement, se présentent à la conscience de manière désordonnée et non chronologique, ce dont rend compte le titre même de *L'album multicolore*. Tôt dans le texte, on lit : « Sans cesse me reviennent des phrases de ma mère, elles surgissent des profondeurs de l'oubli et se mettent à danser devant moi » (45). Or au début de sa dernière partie, aucun ordre surplombant n'est venu s'instaurer pour régir ce caractère impromptu des affects du deuil : « Ma mère m'apparaît à chaque instant. Il suffit d'un rien, sa vieille machine à coudre qu'il faut épousseter, un mot qu'elle disait souvent ou une femme sans âge qui marche à pas menus sur le trottoir » (183). Il s'agit toujours d'exhumer, de faire revenir de par-delà la mort, qu'on le veuille ou non : « Et je m'acharne à rebâtir, à partir de ces petits morceaux de souvenirs, le puzzle de tout un monde aujourd'hui englouti » (45). En dépit de la composition orchestrée de cet album avec ses trois parties titrées, le multiple et le discontinu l'emportent dans cette « procession magnifique et bigarrée de pensées désordonnées et rhapsodiques » qu'évoquait Roland Barthes au sujet de l'album en citant Baudelaire (*La préparation* 344).

Chez Helen Humphreys, l'écriture souffre de même de la rupture opérée par le deuil, mais sa pratique quotidienne apparaît comme une routine du corps et de l'esprit depuis longtemps apprise, qui pour cette raison survit :

Right after you died I tried to write, but there seemed nothing to say. But I've been a writer all my life and, like the muscle memory in an athlete, my writing memory is hard to stop, even when the motivation is gone. I had nothing to say, no story to tell, but I needed to write, and so I worked for a couple of hours every morning simply copying out the salient details from an encyclopedia of apples published in 1905. (98)[2]

Le livre *The Apples of New York, Volume I* et « a notebook with notes that I made when you were dying and shortly afterwards » (65) sont ainsi reconnus dans le texte même comme sources du nocturne que l'auteure compose à la mémoire de son frère pianiste. Le travail anodin de copiste fournit en vérité sa chambre d'écho au deuil, son espace de déploiement, espace de disponibilité matériel et mental, temporel et physique : « I didn't get very far with my apple notations, only to the Arthur apple, but the routine helped » (98–99). Car l'écriture est un embrayeur d'affects, si bien que la copie apparemment atone ouvre en réalité la voie à une autre expression : « So I wrote down the descriptions of the apples from the encyclopedia, and often, interspersed with the descriptions, I wrote down what I could of how I was feeling » (99). L'écriture manuscrite, en tant que pratique physique et occupation mentale (ou distraction aussi bien), autorise à la fois une libération des affects du deuil, et leur expression en partie conscientisée.

À l'instar du *multicolore* de l'album de Louise Dupré, l'aspect de l'ensemble est désordonné : « When I look through the notebook now, it's a jumble of things » (99) ; mais ce rythme achoppé rend compte pertinemment de l'expérience du deuil, dont l'épreuve se fait sur le mode de la syncope et du brisé, « all rhythm and breaks, broken » : « *Grief enjoys shorthand, that's what I'm thinking today. Narrative is too fluid. Grief is all chop, all rhythm and breaks, broken. It is the lurch of the heart, not the steady beating of it* » (99, extrait copié de son carnet). Bien qu'il soit un récit, *Nocturne* opère ainsi partiellement en deçà du narratif, à travers un rythme de phrase attentif à demeurer fidèle à l'expérience de rupture occasionnée par le deuil. Les extraits du carnet, copiés à leur tour et figurant en italique dans le texte, participent à constituer la poétique accidentée de l'album qui est celle de *Nocturne*, tout en substituant à la contingence de la mort et à la désunion du temps opérée par la mort la nécessité d'un choix poétique fort : « My only structural constraint is that I have decided on forty-five segments for this piece, one for every year you were alive » (187).

Si l'absence de structure n'est donc pas totale, comme dans la définition que donnait Roland Barthes de l'album, elle est toutefois délibérément minimale, à l'opposé du pouvoir d'agglomération du livre : « Vouloir le Livre, en tant qu'"architectural et prémédité" », selon l'expression de Mallarmé, « quelles que soient les époques, quelles que soient les idéologies, c'est vouloir un univers *Un*...structuré et hiérarchisé, intelligible, organisé », écrit Barthes. Tandis que l'album, continue-t-il, « à sa manière, représente au contraire un univers non un, non hiérarchisé, éparpillé...un pur tissu de contingences, sans transcendance » (*La préparation* 350). Or de fait, non seulement les émotions du deuil affleurent-elles à tout moment sans qu'on le veuille, resurgissant sporadiquement lorsqu'on les croyait calmées : « On pense s'être accoutumé à l'absence, écrit Louise Dupré, mais il suffit d'un rêve pour se retrouver devant la nudité de la mort » (69), mais la forme-album fait objection à toute idée d'un sens à la mort. Le récit de ces affects imprévisibles et à fleur de peau témoignent plutôt de ce chaos profond qui refuserait, si même la possibilité lui en était donnée, de s'unifier. Devant la dépossession du deuil, il faut plutôt accepter l'au-jour-le-jour de l'écriture comme on accepte le « chaque matin » de la douleur. L'album, à l'instar du cahier de notations servant subrepticement de journal, dit et montre ce disjointement des jours, ce déchirement du temps, depuis le quotidien rompu jusqu'à l'avenir anéanti. Il met l'accent sur l'aléatoire des réminiscences et la volatilité des affects du deuil, ainsi que sur la très grande fragilité dans laquelle se découvre l'endeuillée.

Promotion du fragile

L'un des traits de la promotion du fragile, parente de la reconnaissance de la vulnérabilité dans l'éthique du *care*, c'est l'abandon d'un vocabulaire de la lutte—facilité, chez Louise Dupré, par le grand âge de sa mère : « Ma mère a rusé tant qu'elle a pu mais, quand elle s'est retrouvée devant le grand mur noir, une nuit glaciale de décembre, elle ne s'est pas battue. Elle s'est laissée glisser dans son dernier sommeil » (249). Si chez la poète qu'est Louise Dupré, le texte peut encore donner leur place à l'euphémisme et à la métaphore, ce n'est jamais en sacrifiant le réalisme de la routine de l'accompagnement, des derniers gestes de prise en charge aussi anodins qu'immenses, de la fragilité et de la précarité de la vie vieillissante : « Ma mère se levait la nuit, il fallait m'assurer qu'elle ne tombe pas. L'image de cette vieille femme dans le noir, dans sa robe de nuit rose élimée, devant sa marchette, a pris toute la place dans ma mémoire » (246). Il ne s'agit donc pas de choisir l'élégie, genre noble historiquement associé à l'expression du deuil (Gilbert), et qui agrandirait le disparu voire la disparition, mais la prose narrative, plus réaliste, terre-à-terre, qui embrasse et accepte la réalité de la faiblesse et du déclin, constitutifs du genre humain. Est en jeu également la remontée d'une chaîne de pensées liée à la mort d'une mère, dans ses associations symboliques comme dans sa matérialité, si profondément liée aux enjeux propres de la maternité : corporalité, reniement de soi, sacrifice et douleur ; repliement de ses possibilités, de ses élans ; gestes et paroles de soin ou gestes manqués d'affection.

Plus profondément encore, et de façon similaire chez Humphreys, il s'agit de façon très poignante de relater la disparition de l'être qui a connu ces narratrices *toute leur vie*. Le récit de deuil devient alors une méditation sur les différents âges de la vie, donnant lieu à un sentiment aigu de soi et de ses possibles : « Pour la première fois, j'entrevois ma propre mort dans un lit d'hôpital par une nuit glaciale de décembre » (17). Accompagner le mourir conduit à se voir soi-même dans ce corps fragile du futur, à considérer sa propre place dans le temps : « Je flotte sur la ligne du temps humain, je me déplace entre la naissance et la mort, entre le passé de ma mère et mon avenir à moi, j'essaie d'apprivoiser l'idée de ma propre fin » (242). C'est alors en effet sa propre précarité qui apparaît, sa vulnérabilité à la fois liée à l'âge et universelle, dans l'ignorance où nous sommes à tout moment du *temps qui nous reste* : « Pourrai-je compter sur une longue vie ? » s'interroge la narratrice de *L'album multicolore*, et elle ajoute : « Sentiment d'urgence, il ne me reste peut-être que quelques années pour écrire, témoigner, transmettre ce qui m'importe » (242). On lit chez Humphreys une inquiétude similaire quant au caractère impromptu et contingent de la mort, maintenant compris et senti différemment : « I am both more and less afraid of dying since you died. I am less afraid of the actual event, but more afraid that it will happen sooner than I want it to—as was the case with you » (80). Ultimement, l'œuvre de disparition a commencé son lent travail de contamination, à présent inoubliable depuis qu'elle a été éprouvée de près : « When you were dying, after we'd had the machines unhooked and the breath was struggling out of you, I put my forehead against yours because I thought that I could absorb the last bit of life from you and take you in through my skin...But instead what happened is that a part of me left with you, swift and unrecoverable » (48).

Témoins de disparitions éprouvantes, et plus simplement témoins de cette épreuve capitale qu'est la disparition, les auteures de ces récits de deuil n'hésitent pas à rapporter leur expérience depuis la première ligne de front, autant qu'à se mettre elles-mêmes en scène en tant que sujets d'un apprentissage de la mort, par là apprenant et nous apprenant à dire la fin.

Le journal de deuil, un genre de *care*

Cet échevèlement du vivre provoqué par le deuil, c'est dans la défaite du temps qu'il se traduit, dans son désajointement, pourrait-on dire, *unhinged* en anglais, qui en rend les coutures visibles. L'éthique du texte—qui informe directement sa poétique—est de ne pas embellir, de ne pas, malgré le souci de composition, trop orchestrer, mais de donner le temps brisé pour ce qu'il est, la vérité pour ce qu'elle est : vérité du corps qui lâche, de la dignité qui parfois s'en va ; ou encore, chez l'accompagnante, peur de se tromper, épuisement moral et nerveux, inquiétude des choix à faire, voire déroute quant aux questions métaphysiques.

A contrario de l'élégie, l'écriture de ces récits de deuil n'est pas là pour transcender la mort ou en fournir des allégories consolantes, mais pour restituer ce qui se passe à l'arrière-plan, qui est vu par si peu. Pour mettre dans la lumière ces moments invisibles cantonnés à l'intimité des familles, exclus du social. L'écriture est là pour se faire témoin mais aussi, en quelque sorte, pour se coltiner le *sale travail* de mourir. C'est ce « changement de regard sur la vulnérabilité », comme le propose Patricia Paperman dans son article publié sous ce titre, que mettent en évidence ces textes et qui soutient l'hypothèse selon laquelle ils sont traversés ou soutenus par une éthique du *care*, à même de nous rendre consciemment présents à notre futur sort commun : « Retrouver le contact avec l'expérience, et trouver une voix pour son expression : c'est la visée première, perfectionniste et politique, de l'éthique. Il reste à articuler cette expression subjective à l'attention au particulier qui est aussi au cœur du *care*, et à définir ainsi une *connaissance par le care* » (Laugier, « Le sujet » 185).

De ce point de vue, on peut considérer que ce genre nouveau du « journal de deuil », selon la formule de Roland Barthes dans des feuillets publiés de façon posthume sous ce titre (*Journal de deuil*), constitue, au sein de l'*affective turn* qui caractérise l'éthos occidental contemporain, un genre de *care*. Car en attirant l'attention sur une réactivation morale du lien au moment où la vie est en train de se défaire, ces textes littéraires permettent de renouer avec des considérations qui surgissent comme impératives dans les moments où la vie est en crise, mais que les éthiques du *care* revendiquent comme centrales à l'expérience humaine à tout instant. En mettant en jeu une éthique de l'attention au négligé et au particulier, ils œuvrent au dévoilement d'un sujet tabou—le mourir—à travers sa matérialité corporelle ancrée dans le quotidien—un trope spécifique de la littérature des femmes. En préférant le pathétique du souci de l'autre au lyrisme de l'expression de soi, ils mettent en évidence, poétiquement et syntaxiquement, la rupture et la déliaison opérées par le deuil, le désagencement du temps qui s'ensuit pour l'endeuillée, temps qui n'apparaît plus comme lisse et limpide, mais à vif et saillant, temps dernier qui ouvre sur la béance de la disparition de soi. Enfin, se refusant à esthétiser la disparition, ils proposent des descriptions parfois brutalement cliniques du moment de la mort, afin d'accéder à un réalisme qui s'inscrive en faux contre l'euphémisme et les autres formes du silence social. Similairement, l'accompagnement du mourant qu'ils décrivent apparaît sans héroïsme ; la tâche d'aider à mourir, au contraire, est présentée comme l'une des plus difficiles et poignantes, l'une des plus nécessaires aussi, à laquelle nous sommes le moins préparés. Ces textes remédient en partie, par procuration pour nous lectrices et lecteurs, à cette lacune, en rapportant depuis le front l'expérience vécue des auteures en la matière, sans honte ni gloire, mais avec justesse et humilité, avec humanité. Une affiliation peut alors être établie entre ces textes littéraires et la pensée militante des éthiques du *care*, qui vise à réhabiliter les formes de vie mineures ou fragilisées—la maladie, la vieillesse, la vie sur le point de disparaître, le deuil—afin de les replacer au cœur du social, de reconnaître avec lucidité leur universalité et leur inévitabilité.

Ce que font ces textes dans le paysage littéraire contemporain, c'est alors de rendre de nouveau possible—visible, lisible, audible— un discours sur la mort et le mourir, prosaïque à tous les sens du terme, qui n'embellit ni n'atténue, mais au contraire apprend à faire face, à dire les choses par leur nom, à reconnaître les processus par lesquels tous nous passerons. Pour tout leur caractère personnel, ils constituent donc des interventions dans le champ public, par leur mérite de faire exister ce qui était tu, de donner forme et dignité à ce à quoi, comme les imbéciles que dénonçait Montaigne dans « Que philosopher c'est apprendre à mourir », nous préférons d'ordinaire ne pas penser.

Notes

1. Cette étude s'inscrit dans le cadre d'une recherche subventionnée par le Conseil de Recherches en Sciences humaines du Canada : « Apprendre à mourir au 21ᵉ siècle : la contribution littéraire » (2016–2020).

2. Ce qui a finalement donné lieu à un livre à présent publié : *The Ghost Orchard*.

Ouvrages cités

Allouch, Jean. « Le deuil, aujourd'hui ». *Cliniques méditerrannéennes*, n° 76, 2007, pp. 7–17.

Ariès, Philippe. *L'homme devant la mort*. Éditions du Seuil, 1977.

———. *Essais sur l'histoire de la mort en Occident. Du Moyen Âge à nos jours*. Éditions du Seuil, 1975.

Barthes, Roland. *La préparation du roman. Cours au Collège de France 1978–79 et 1979–80*. Éditions du Seuil, 2015.

———. *Journal de deuil*. Éditions du Seuil/IMEC, 2009.

———. *La préparation du roman I et II. Cours et séminaires au Collège de France (1978–79 et 1979–80)*. Éditions du Seuil, 2003.

Baudrillard, Jean. *L'échange symbolique et la mort*. Gallimard, 1976.

Butler, Judith. *Precarious Life: The Powers of Mourning and Violence*. 2004. Verso, 2006.

Carlat, Dominique. *Témoins de l'inactuel. Quatre écrivains contemporains face au deuil*. José Corti, 2007.

Clough, Patricia Ticineto, and Jean Halley, editors. *The Affective Turn: Theorizing the Social*. Duke UP, 2007.

Coudreuse, Anne. *Le goût des larmes au XVIIIᵉ siècle*. 1999. Desjonquères, 2013.

Dupré, Louise. *L'album multicolore*. Héliotrope, 2014.

Fischer, Clara. "Feminist Philosophy, Pragmatism, and the 'Turn to Affect': A Genealogical Critique." *Hypatia*, vol. 31, no. 4, Fall 2016, pp. 810–26.

Gilbert, Sandra M. *Death's Door: Modern Dying and the Ways We Grieve*. W.W. Norton & Company, 2006.

Gilligan, Carol. *In A Different Voice: Psychological Theory and Women's Development*. 1982. Harvard UP, 1993.

Hardt, Michael. Foreword. "What Affects Are Good For." *The Affective Turn: Theorizing the Social*, edited by Patricia Ticineto Clough and Jean Halley, Duke UP, 2007, pp. ix–xiii.

Humphreys, Helen. *The Ghost Orchard: The Hidden History of The Apple in North America*. HarperCollins, 2017.

———. *Nocturne: On the Life and Death of My Brother*. HarperCollins, 2013.

Jankélévitch, Vladimir. *La mort*. Flammarion, 1977.

Konishi, Mariko. « Regards croisés entre l'éthique du *care* et le concept japonais d'*amae* ». Traduit par Julie Perreault. *Le care. Éthique féministe actuelle*, dirigé par Sophie Bourgault et Julie Perreault, Les Éditions du remue-ménage, 2015, pp. 261–73.

Laugier, Sandra. « L'éthique d'Amy : le *care* comme changement de paradigme en éthique ». *Carol Gilligan et l'éthique du care*, dirigé par Vanessa Nurock, PUF, 2010, pp. 57–77.

———. « Le sujet du *care* : vulnérabilité et expression ordinaire ». *Qu'est-ce que le care ? Souci des autres, sensibilité, responsabilité*, dirigé par Pascale Molinier et al., Éditions Payot & Rivages, 2009, pp. 159–200.

Molinié, Georges. *Éléments de stylistique française*. PUF, 1986.

Molinier, Pascale, et al., directrices. *Qu'est-ce que le care ? Souci des autres, sensibilité, responsabilité*. Éditions Payot & Rivages, 2009.

Morin, Edgar. *L'homme et la mort*. Éditions du Seuil, 1970.

Paperman, Patricia. « L'éthique du *care* et les voix différentes de l'enquête ». *Recherches féministes*, vol. 28, n° 1, 2015, pp. 29–44.

———. « Éthique du *care* : un changement de regard sur la vulnérabilité »,
Gérontologie et société, vol. 33 / 133, nº 2, 2010, pp. 51–61.

Snauwaert, Maïté, et Dominique Hétu, directrices. *Poétiques et imaginaires du* care,
dossier de *temps zéro*, nº 12, avril 2018, https://tempszero.contemporain.info/
document1588.

79

5

Grand-mère et petite-fille, « des doublons désaccordés »
Réflexions sur une éthique du care *dans* Mère-grand *de Tassia Trifiatis*

|URSULA MATHIS-MOSER|

Préliminaires

De Marie-Claire Blais à Tassia Trifiatis, en passant par Dany Laferrière, Marie-Célie Agnant, Ying Chen, Mathyas Lefebure et d'autres, des figures de grand-mères habitent notre imaginaire, figures qui renvoient presque toujours à cet autre qu'on appelle petit-fils ou petite-fille, avec qui elles interagissent et évoluent. Dans ces récits, la dialectique entre plénitude et sagesse de l'âge et tâtonnements indécis de l'enfant—avec, éventuellement, un inversement de rôles au bout du chemin—s'avère rarement suffisante pour couvrir toutes les facettes des relations intergénérationnelles, dont Tassia Trifiatis a ainsi caractérisé la complexité : « Sur la ligne des temps qui nous ont regardées, parfois c'est moi qui étais petite et d'autres fois c'était elle. Des doublons désaccordés » (5). Dans ce qui suit, je suivrai le trajet de ces « doublons désaccordés » dans *Mère-grand*, tout en alliant une analyse du roman de la jeune auteure québécoise à une réflexion sur l'éthique du *care*. En même temps, j'explorerai un aspect spécifique des implications émotionnelles et affectives du procédé de communication littéraire, à savoir *le texte* comme *véhicule d'affects ou d'émotions*. Ce faisant, au lieu d'interroger les émotions et l'habitus mental de la grand-mère, je visiterai les liens affectifs dicibles ou non qui se tissent entre la grand-mère et la troisième génération, et la manière dont ils se traduisent à même le texte. Quant à l'habitus affectif de l'*auteure*—deuxième instance dans le processus de communication littéraire—, quant à sa poétique et à son usage des anciennes catégories aristotéliques (Lessing 1768) de la compassion et de la peur, Tassia Trifiatis étant encore peu connue en Europe, la récolte d'articles ou d'entrevues qui pourraient nous renseigner à ce propos est négligeable. Finalement, quant à la réponse émotionnelle du *lecteur*—troisième instance—, faute de recherches empiriques, il n'y aura que mes propres observations-réactions de lectrice qui s'inscriront dans cet article, à mon insu.

Fondements méthodologiques et théoriques

Ma lecture du roman de Tassia Trifiatis se situe dans le cadre d'une réflexion sur l'éthique du *care*, dont les fondements remontent à Carol Gilligan et à sa monographie *In a Different Voice*, publiée en 1982 et saluée par la critique comme fleuron du féminisme de la différence.[1] Face à l'éthique en cours à l'époque, basée exclusivement sur l'observation de comportements d'hommes et valorisant la séparation, l'individuation et l'autonomie d'action et de décision comme attitudes à adopter à l'adolescence, lorsque se définit la relation entre le moi et l'autre, Gilligan repère, dans ses entrevues avec des femmes, une éthique complémentaire qui mise sur l'attachement continu, sur la relation et sur l'intimité. Le soi-disant retard (Lawrence Kohlberg) de la jeune fille dans son développement moral par rapport au jeune homme apparaît ainsi sous une autre lumière : il s'agit d'un choix, d'un mode de pensée,[2] d'une interprétation différente d'une même situation, qui permet de vivre avec au lieu de vivre contre autrui. Loin de sacrifier à l'essentialisme et de « formuler une généralisation sur les deux sexes »,[3] Gilligan souligne cette complémentarité qui seule permettrait d'accéder à la maturité : « [T]he counterpoint of identity and intimacy that marks the time between childhood and adulthood is articulated through two different moralities whose complementarity is the discovery of maturity » (Gilligan 164).[4] Il va de soi que les découvertes de Gilligan se prêtent à merveille à l'analyse d'un livre comme *Mère-grand*, où il est question non seulement du passage de la plénitude de la vie à l'antichambre de la mort, mais aussi de celui justement de l'adolescence à la maturité.

Mais l'éthique du *care* est beaucoup plus que la simple mise en perspective—dans une situation existentielle concrète—de valeurs morales comme le soin, l'entraide, la responsabilité, la relation avec autrui ou la compassion. Elle constitue un réseau complexe d'approches et de positionnements qui ne cessent d'élargir les idées de base. Nel Noddings, par exemple, oriente son travail de philosophe et de pédagogue vers une valorisation du *care* comme fondement de tout processus décisionnel éthique (Smith). Femmes *et* hommes peuvent et doivent prendre le *caring* comme base de leur conduite morale, même si ce que Noddings nomme *natural caring* relève souvent et surtout de l'expérience féminine. Les trois éléments qui déterminent la rencontre sous le signe de l'éthique du *care*—l'attention réceptive, le flux de l'énergie de la personne qui dispense les soins vers celle qui les reçoit et la reconaissance de cet acte de *caring*, voire la réciprocité—sous-tendent d'ailleurs visiblement les liens affectifs entre petite-fille et grand-mère évoqués dans *Mère-grand* de Trifiatis. L'éthique du *care* évolue enfin vers le politique, vers l'économie, etc. ; elle concerne l'expérience quotidienne de tous et de toutes et elle concerne aussi toutes les disciplines, de la psychologie aux sciences politiques, comme le propose Joan Tronto (« Care démocratique » 37) : selon elle, le *care* implique « tout ce que nous faisons en vue de maintenir, de continuer ou de réparer notre "monde" de telle sorte que nous puissions y vivre aussi bien que possible. Ce monde inclut nos corps, nos individualités (*selves*) et notre environnement, que nous cherchons à tisser ensemble dans un maillage complexe qui soutient la vie ».[5] Cette conception élargie de l'éthique du *care* détermine aussi le fond du roman de Tassia Trifiatis, qui met le lecteur face à l'arsenal complet d'instances de soin, qu'elles soient privées ou étatiques.

Une dernière observation enfin, avant d'entrer dans l'analyse de *Mère-grand*. Ce chapitre se veut une continuation des débats menés à l'Université d'Innsbruck en 2015, lors du congrès « Écriture de la crise : dans la tourmente et au-delà », en présence des écrivaines Nicole Brossard, Louise Dupré et Aritha van Herk. Ces dernières ont mis en relief, dans leurs présentations récemment parues en anthologie (Mathis-Moser), trois aspects fondamentaux de toute pensée du *care*. Louise Dupré (95) fait appel à une qualité morale essentielle lorsqu'elle constate : « Le monde a besoin de bonté ». L'ultime souhait-conseil de Nicole Brossard (153) est de « *rester vivant* », condition *sine qua non* pour ne pas succomber à l'abstraction ; et Aritha van Herk (207) place au centre de ses réflexions la rencontre, la relation avec autrui : « Parfois il faut simplement rencontrer la rencontre—la rencontre telle qu'elle est, pleine d'inquiétude et de peur et pleine aussi de l'imprévisible effet de la panique dans le fleuve du plaisir ou du plaisir dans le fleuve de la panique ». Plongeons donc dans l'univers de Tassia Trifiatis en suivant les pistes esquissées ici.

Mère-grand et les liens affectifs

« Rencontrer la rencontre—la rencontre telle qu'elle est », c'est en fait l'une des clés de lecture du roman. Son intérêt principal dépasse la simple histoire d'une aïeule ou la simple pathographie[6] pour présenter les interactions complexes entre une grand-mère et sa petite-fille depuis l'enfance de cette dernière jusqu'aux derniers moments de la grand-mère. Rédigée à la première personne par la jeune femme, l'histoire se déploie en 45 chapitres—dont 42 subdivisés en deux[7] et 44 renvoyant aux rencontres dominicales des protagonistes—à l'intérieur desquels se mêlent sans ordre chronologique observations, réflexions et souvenirs. Même si les fragments de cette histoire sont cohérents en ce qui concerne les rares dates de vie de la grand-mère et de la petite-fille, l'idée centrale du livre reste l'évocation d'un processus sans cesse mouvant avec, comme moments structurants, de courts enchaînements associatifs qui, ironiquement, rappellent les mécanismes de la démence. Le fait que l'intensité émotionnelle du processus prime sur la reproduction d'une histoire suivie est mis en évidence par de brèves insertions textuelles en italique où le moi fait appel à un tu—à la fois la grand-mère et le lecteur[8] (Azdouz 49)—et condense l'impact émotionnel du fragment en question. Ainsi, le lecteur devine :

—*l'inquiétude du moi face à l'incompréhensible* (« Mais depuis quand, Mère-grand ? T'en souviens-tu, toi, de la date de ta disparition ? » [29]) ;
—*le besoin de protéger l'autre* (« Mère-grand, mon objet d'art, viens que je te protège d'un vernis anti-coupures » [16] ; « Viens que je récolte les cheveux de ta tête, Mère-grand. J'en ferai mon châle de tous les jours » [115]) ;
—*ainsi que le besoin de proximité et le désir de continuation* (« Connaîtrais-tu un endroit qui me permettrait de te garder près de mon oreille à jamais, Mère-grand, afin que tu me parles en vieux tout au long de ma vie ? » [10]).

Certaines de ces insertions déploient un langage métaphorique très poétique rapprochant la grand-mère de l'eau : « *Tu es la chute d'eau de mon enfance, Mère-grand* » (73), ou encore : « *Rivière ! La vie de ma grand-mère n'a pas été un fleuve tranquille. Elle est une mer à qui tu ne ressembleras jamais. Baisse les yeux quand tu la guettes* » (129).

Dans cette « évocation par écrit » de moments de rencontre— « *Tu ne comprends plus mes paroles, alors je t'écris* » (6)—, dans ce dialogue avec une partenaire de plus en plus muette, le roman mise sur deux stratégies pour donner du relief aux protagonistes. D'une part, il simule deux pôles, dont l'un—« la femme devenue enfant » (123)— serait en retrait, en décadence, et l'autre—« [l]'enfant devenue femme » (123)—, sur le chemin de la connaissance, en voie d'épanouissement.[9] Citons la première page :

C'est lorsqu'elle a oublié mon nom que j'ai compris le sien. Lorsqu'elle vagabondait sur deux roues, j'ai compris qu'elle serait toujours ma maison. Lorsque les fractures l'ont rapetissée, j'ai vu qu'elle m'a élevée. Puis il n'y eut plus rien à dire, alors je l'ai regardée. Lorsqu'elle s'est tue, je lui ai demandé de parler moins fort. J'ai été soulagée quand elle ne s'est plus rendu compte de sa solitude. (5)

D'autre part, les protagonistes ne parcourent pas une évolution morale linéaire d'un pôle vers l'autre. Elles sont tout à la fois, et ce, à des moments différents de leurs vies : dans toutes les phases de leur relation, il y a des manifestations d'égoïsme,[10] où le moi s'affirme contre autrui, ainsi que des moments de focalisation sur l'autre. Aussi, dans cette focalisation sur l'autre, la grand-mère ainsi que la petite-fille peuvent agir en guérisseuses et en guerrières : la grand-mère guérit la douleur de Joseffa lors du départ de son père, cette dernière guérit celle de sa grand-mère à la mort de son mari.[11] Si la grand-mère, juchée sur ses hauts talons, se jette à la poursuite de la petite-fille pour la protéger des dangers de la ville, cette dernière se jette à la défense de sa grand-mère en cassant la télévision de l'hôpital pour libérer la vieille femme aux « yeux...bleu-peur » (117) attachée contre son gré à sa chaise-roulante.

Chevauchement donc de comportements centrés sur autrui et sur le moi, dont résulte l'impression d'une rencontre humaine complexe qui se situe sur le plan du quotidien et touche le lecteur. Même complexité ambivalente, d'ailleurs, à un deuxième niveau, celui de la transformation de l'étouffante symbiose entre les deux femmes en une maturité affective qui—la grand-mère sombrant dans la démence—se manifeste surtout du côté de Joseffa. « [S]uppléante de [l]a mère » (17), d'abord, remplaçant le père absent (50, 54) et se transformant « tour à tour en homme, en femme, en animal » (57), la grand-mère acquiert une présence surdimensionnée.[12] Dans son ombre croît l'amour inconditionnel d'une enfant qui, « l'âme plissée » (12) comme les vieux, parle « le vieux »

(11) et tombera dans une dépression juvénile lorsque, à l'âge de dix ans, elle sera forcée de suivre sa mère en Grèce pendant un an. Ce n'est qu'à l'adolescence que le fil unissant le « drôle de couple » (54) que constituent la grand-mère et la petite-fille semble interrompu pendant un certain moment. D'autre part, ce séisme connaît des répliques moins fortes tout au long du livre lorsque l'auteure évoque d'autres mouvements de fuite et tentatives de séparation suivis du sentiment de culpabilité, de retrouvailles et de repositionnements. Et pourtant, si Joseffa oscille entre séparation et identification jusqu'à être déchirée « entre [s]on désir qu'elle [la grand-mère] meure et [s]on désir d'atteindre avec elle le fond de sa démence » (68), elle fait aussi l'apprentissage d'un amour qui va au-delà du seul *ego*. Contrairement à une libération « masculine » valorisant unilatéralement la séparation, l'individuation et l'autonomie du moi, vivre signifie désormais inclusion de l'autre dont on « prend soin ». Ainsi, la grand-mère—muette depuis longtemps—, souffrant d'une incontinence dévastatrice et invitée par Joseffa à passer Noël chez elle, finit par prononcer la parole qui marque l'entente profonde installée entre les deux femmes :

> *Joseffa ?*
> *Une cloison nous séparait.*
> *Quoi ?*
> *Grand-maman a... a savait pas que...*
> *Que quoi ?*
> *Ben... que tu l'aimais de même. (135)*

Et Joseffa, la prenant dans ses bras après avoir tout nettoyé et regardant « ses nouvelles ecchymoses » (135), répond : « Moi non plus je le savais pas, grand-maman » (135). C'est sur cette acceptation et de donner et de recevoir les soins les plus intimes que s'installe une nouvelle forme d'amour.

La mise en discours des liens affectifs

Grande histoire d'émotions et d'affects, le roman de Tassia Trifiatis est inventif aussi en ce qui concerne la mise en discours de ces affects. Notons en passant avec Aritha van Herk (196) que Seigworth et Gregg définissent l'affect comme « *force* or *forces of encounter* », comme « a body's *belonging* to a world of encounters or; a world's belonging to a body of encounter ». Quelles sont les stratégies d'écriture de l'écrivaine pour évoquer ces *forces of encounter* et *belonging* ? On constatera d'abord que par rapport à d'autres procédés de style, la désignation littérale, directe, d'émotions reste marginale. Étant donné la narration homodiégétique, les émotions apparaissent à travers le regard, les mots et la conscience d'une jeune femme cultivée et éloquente, qui n'hésitera pas à nommer aussi les émotions négatives et à se servir parfois d'un lexique cru, technique ou volontairement désillusionnant. Ainsi la grand-mère se verra-t-elle attribuer la pitié de soi et la jalousie ou des manières non moins douteuses, comme l'impolitesse et la médisance (94). La jeune femme, pour sa part, s'autoétiquettera comme surmenée, étouffée et surprotégée jusqu'à détester la grand-mère. En sens inverse, il sera question de compassion, d'accablement, d'impuissance, de solitude, de fidélité, de responsabilité, de désir de l'autre, d'amour et en tout premier lieu, d'une énorme peur de la perte : « J'ai peur, grand-maman », admet l'enfant, « [t]u me promets que tu vas vivre vieille ? » (98–99). À quoi fera écho l'ultime scène du livre, où on retrouve la vieille femme au pied du canapé de sa petite-fille : « Elle avait eu peur : tentative de partir à ma recherche » (134).

Ceci dit, le roman excelle dans ce qu'on pourrait appeler l'évocation indirecte de l'affectif qui passe entre autres par le corps. Comme le démontre la recherche scientifique, « [l]es émotions ne touchent pas uniquement à l'activité mentale mais affectent aussi le corps » (Roux), si bien que l'évocation de phénomènes corporels dans le texte permet d'éclairer la vie affective des personnages.

Dans *Mère-grand*, Tassia Trifiatis se sert du corps à tous les niveaux. Réaction spontanée lorsque la grand-mère ouvre ses bras à Joseffa, trop longtemps absente (108) ; réaction involontaire lorsque la petite Joseffa produit des otites pour signaler : « [c]'était la langue de ma grand-mère à moi que je voulais » (41) ; étouffement instinctif de sanglots aussi lorsque la grand-mère, en pleine démence, recouvre, pour une fois, son talent de cuisinière (13).[13] On pourrait multiplier les exemples[14] : le corps signale le désir de communion même là où l'on ne parle pas ou plus : rappelons les (auto)blessures de Joseffa (87, 116) aux moments critiques de la maladie, les clins d'œil de la grand-mère (36, 100) ou encore le désir de cette dernière que la jeune femme continue de coucher dans son lit comme à l'époque de son enfance.[15] Le lecteur ne s'étonnera donc pas du fait que la révolte de Joseffa contre le système de soins médicaux éclate au moment même où on lui demande « d'enlever ses mains de [l]a couche » (123) de sa grand-mère. « Aucun misérable mortel, s'écrie-t-elle, ne peut m'empêcher de toucher à sa peau... Jusqu'à ma mort, je partagerai sa couche » (124). Et c'est justement cette couche qui procurera aussi aux deux protagonistes—à travers leur corps, corps rapetissé et incontinent de la vielle femme et corps jeune encore de la petite-fille—un moment de bien-être, de rencontre et de bonheur :

> [J]e m'allongeais avec elle dans son lit d'hôpital et nous restions
> l'une à côté de l'autre sans parler en nous serrant la main...Ce jour-là,
> ma grand-mère avait mouillé son lit. Je ne m'en suis rendu compte
> qu'une fois étendue auprès d'elle. Et je n'ai pas cherché à fuir. À ses
> côtés, mon pantalon devenait de plus en plus trempé, mais je suis restée.
>   —On est donc bien couchées !
>   —Oui, grand-maman.
>   —Grand-maman, elle a chaud à côté de sa belle fille...
>   —C'est vrai qu'on est bien, grand-maman. (85)

Le corps s'avère donc plus fiable que l'esprit, qui ne signale qu'un malheur d'hygiène. Puisque « le corps a des yeux pour voir, des oreilles pour entendre, une mémoire pour fabuler et des mots pour comparer », comme le dit si bien Nicole Brossard, il apprend « à se frotter à autrui » (137). Et il est donc tout à fait cohérent que Joseffa prie sa grand-mère « de parler moins fort » (5) au moment même où elle s'est déjà « tue ».

Mais le roman nous parle aussi sur un autre plan, celui des analogies métaphoriques, voire des isotopies. Métaphore ne signifie pas ici uniquement le choix d'un terme concret pour exprimer une réalité abstraite, mais plutôt un élément discursif qui invite à aller au-delà des apparences, à deviner. Si l'un—en imposant une image—confère au texte son caractère vivant, l'autre engage son côté mystérieux et incite le lecteur à s'embarquer dans la construction mentale et affective du sens possible. Si, dans un autre contexte,[16] Tassia Trifiatis parle donc d'un « mutisme plein de sentiments » (103), c'est justement une métaphore pour le processus métaphorique lui-même : sans qu'ils soient dits, les sentiments s'installent. Or, de son titre jusqu'aux grandes isotopies de l'eau, de l'espace clos et du religieux, qui le recouvrent d'un vernis réseautique, le roman *Mère-grand* fait ample usage des moyens stylistiques en question. Si le titre renvoie d'abord au « parler vieux » dont Joseffa adolescente se distancie violemment (125), il fait également référence à la grand-mère (mère) surdimensionnée et élémentaire, tout en faisant éclater l'expression figée—certes métaphorique à ses origines—grand-mère. Mais « Mère-grand » est aussi la désignation choisie par la narratrice dans les passages intimes en italique qui condensent le contenu émotif du roman.

En ce qui concerne les isotopies, chacune mériterait d'être étudiée dans le détail. Quant à l'isotopie du religieux, il faudrait s'interroger sur les titres des chapitres, qui évoquent 44 des 52 dimanches de l'année liturgique,[17] sur la fonction des lieux cités de la Bible, de Jérusalem et son mur des Lamentations jusqu'au lac de Tibériade, etc. On pourrait intégrer dans une telle lecture isotopique les anciens us et coutumes religieux, tels que les veillées de prières, la bénédiction d'un enfant, le rôle de centres charismatiques ou encore les métaphores placées au premier chapitre, « Avent », chapitre qui à la fois résume une longue histoire d'amour et constitue son point de départ : « Le dimanche, elle a été mon église...Chaque dimanche, elle a été un crucifix sur le mur de ma journée » (5). Mais même sans examen détaillé, j'ose présumer avec André Brochu (15) que le développement et l'exploitation de ces images « n'a pas d'intention proprement religieuse », mais sert en tout premier lieu à étoffer la rencontre humaine. Ainsi, la bible illustrée dont la grand-mère fait cadeau à la petite Joseffa acquiert une signification nettement affective lorsque Joseffa avoue s'être endormie avec elle le soir :

—*C'est qu'elle sentait ton parfum parce que tu la collais sur tes seins pour me faire la lecture.*

Nous étions trop timides pour nous regarder. (70)

L'isotopie de l'espace clos a partiellement été étudiée par Julie Robert dans sa monographie *Curative Illnesses*, où elle analyse la narration éternellement récurrente « of moving from [the grand-mother's] house to ever-smaller and more institutionalized confines » (179–80), trajet qui reflète la diminution des fonctions vitales. En fait, la rencontre humaine entre la grand-mère et la petite-fille prend toute son ampleur dans la confrontation avec l'espace qui se rétrécit « [d]e la maison à l'appartement, de l'appartement à la chambre. De la chambre au lit, du lit au coffre » (88). Récurrence presque obsessionnelle aussi : la boîte à déménagement, qui s'avère l'instrument de la graduelle dépossession de la grand-mère. Après qu'elle est arrivée dans une « boîte décorée appelée logis » (64), qui sera son « mouroir » (12),[18] l'ultime boîte à déménagement s'appellera cercueil. À chacun de ces multiples

« déménagements », la grand-mère se métamorphose, comme quelqu'un « qui portait les vêtements d'une autre » (7) et à chaque fois aussi on lui enlève plusieurs de ses miroirs qui, du temps de sa vitalité, lui avaient reflété son image. L'image de l'espace clos réapparaît enfin lorsqu'il est question de la mémoire et de la progression de la maladie. Si la démence enferme la vieille femme dans un monde fait d'hallucinations, auquel même Joseffa n'a pas d'accès, la figure de la boîte est joliment reprise par l'auteure pour signaler la vie intérieure de cet espace clos séparé du monde : « j'ai constaté, dit Joseffa, que la mémoire de ma grand-mère était une poupée russe à laquelle il manquait quelques demoiselles » (68).

Pourtant, l'évocation métaphorique de la grand-mère ne passe pas seulement par l'objectal, elle s'alimente aussi d'autres images extrahumaines et s'insère par là dans la pensée de Michel Serres (41), selon laquelle nous « vivons en compagnie de Flore et de Faune, des roches, des mers et des montagnes, sans frontière ni douane ». Ainsi, la grand-mère est à la fois celle qui arrose les plantes et celle qui devient plante elle-même, « comme les autres légumes » (96) ; son cou ressemble à un « tronc qui vo[it] l'automne descendre. Le tronc d'un saule pleureur » (114). Poursuivie par les animaux fantômes les plus affreux—rats, souris, puces, serpents et oiseaux ensanglantés—, la grand-mère, « cygne » (88), fière lionne guerrière, finit en « lionne fatiguée » (144), en animal « arraché à son milieu » (63). À la toute fin, elle sera même réduite à des mouvements mécaniques lorsque « madame Chose » « lisse de l'invisible », tout en répétant « machinalement des tâches domestiques » (84), des gestes dépourvus de sens.

Reste l'isotopie de l'eau qui, elle, envahit le roman tout entier. Il y a d'abord le lac, sous deux formes : le lac Tibériade au Québec et le lac de Tibériade en Israël, « des doublons désaccordés » (5), comme la grand-mère et la petite-fille. En se superposant dans le texte, ces deux lacs évoquent l'enfance et l'imaginaire des deux femmes. Pour la grand-mère, le lac Tibériade des Laurentides porte surtout des connotations bibliques :

> *Il était une source d'eau où baignait une fierté biblique qu'elle s'appropriait...Y voir les hommes pêcher lui faisait imaginer les paraboles de son église. Le passé de ce lac des Laurentides était certes moins glorieux que celui de la Terre sainte, mais aux yeux de ma grand-mère, il était un miroir apostolique.* (20)[19]

Mais pour Joseffa, à l'inverse, le lac de Tibériade en Israël rend vivante et prolonge en quelque sorte la grand-mère absente : « C'était l'eau qui portait le nom de ma grand-mère. Loin d'elle, j'ai mis ma main dans celle du lac...la première fois que je revoyais ma grand-mère en trois longs mois » (52). Pour Joseffa, la grand-mère « [est] un lac » (60), lac immuable et beau qui s'oppose à l'éphémère de la ville, mais elle est aussi « une mer » (129) qui n'a rien à voir avec le « fleuve tranquille » (129). Joseffa aime ces grandes eaux et s'en ennuie, tout comme sa grand-mère « a aimé d'amour » (20) son lac des Laurentides. Pourtant, de retour en Israël à l'âge adulte, au moment de la « dégringolade » (23) de sa grand-mère, Joseffa hésitera étrangement à revisiter le lac de Tibériade et finira par retrouver sa grand-mère dans l'aridité du désert (59). Par rapport au lac et à la mer, la rivière fait figure de pis-aller : placer les vieux auprès d'un plan d'eau correspond à leur ghettoïsation, car « il s'agissait d'une rivière dont les bords servaient à entasser les vieux » (47). En même temps, cette rivière dont le courant invite à « se dépêcher » représente le Styx qu'il faut traverser et sur lequel la grand-mère fera résolument tirer les rideaux (129).

Mais l'isotopie de l'eau permet aussi d'autres filiations qui, sans être l'objet d'un rigoureux développement, frappent par leur diversité iridescente. Ainsi le lac, bien que de couleur brune, est-il identifié à l'« atout majeur » de la grand-mère—ses yeux d'un bleu éblouissant « qui changeaient de teinte » sous l'effet des larmes. C'est de ce regard et des eaux du lac que l'enfant cherche à s'imprégner—renonçant au geste lacanien jubilatoire—, tandis que la grand-mère cherche sa propre image dans les miroirs accrochés aux murs de la maison avec une satisfaction quasiment narcissique (49). D'autres chaînes d'associations métaphoriques : les larmes, le sel des pleurs et celui de la mer, ou encore l'eau comme liquide du corps comparable au sang, mais qui coule aussi « sur son menton jusqu'à son cou » (73) ou s'accumule métaphoriquement « dans son bulbe crânien » : « Il y avait Tibériade dans la tête de ma grand-mère et celui-ci n'empêchait pas sa noyade » (33).[20]

Le *care* et l'organisation sociétale des soins

Pour explorer « les bruits de l'âme » (131), Tassia Trifiatis se sert donc de deux techniques majeures, celle de l'écriture du corps et celle de l'analogie métaphorique. C'est grâce à elles que le lecteur assiste à l'éclosion de la rencontre affective complexe de deux femmes sous une histoire tout à fait quotidienne, rencontre qui se nourrit du désir réciproque de prendre soin de l'autre et qui durera « deux vies », même si elle est racontée dans l'espace réel de quelques dimanches. Reste à revenir brièvement vers cette autre facette de l'éthique du *care* évoquée tantôt : l'organisation sociétale (et politique) des soins. Dans *Mère-grand*, la narratrice illustre amplement la « prise en charge par l'État » (104) de l'individu dépendant qui traverse forcément plusieurs stations : « la résidence pour personnes semi-autonomes, la résidence pour personnes non autonomes, l'hôpital, l'hôpital de réadaptation, le retour à l'hôpital (elle ne pouvait pas se réadapter), le centre de soins de longue durée, puis le milieu de vie pour aînés » (104). Les termes désignant ces « [h]altes-garderies pour vieux » (45) sont interchangeables comme les lieux eux-mêmes, tous régis par la volonté systémique de gérer la vie ou ce qui en reste selon les règles de justice et de compétence technique. « Notre vie intime est...constamment

affectée par les lois qui régissent la vie privée », remarque de même
Nicole Brossard (143) dans sa communication de 2015 à Innsbruck.
Or, dans le roman, la narratrice est loin de nier l'utilité des soins
institutionnalisés, mais elle en note aussi impitoyablement les
failles. De nombreux passages montrent le sujet humain devenu
objet à administrer, pour lequel on règle la distribution de nourri-
ture comme le besoin de distraction et de bonheur : « des brillants
en forme d'étoiles » décorent les ongles de la grand-mère (15), des
« mèche[s] de cheveux mauve » (15), les autres pensionnaires. On
met « de l'ambiance. Les grands hits des années quatre-vingt sur de
la purée de sénilité » (83), on les gâte avec des mini *cupcakes*—« une
ode à l'arc-en-ciel » (104)—et avec « des oursons fluorescents en
provenance du magasin à un dollar » (104). « Des tout-inclus dans
l'exotisme de l'Avant-Mort » (45), c'est ainsi que la narratrice baptise
ces lieux qui portent « de jolis surnoms tels que "Joie de vivre",
"Jardin de l'espoir", "Harmonie", "Soleil d'antan" » (111).[21] Bien que
cela soit exprimé de manière non idéologique, voire non militante,
nous ne sommes pas loin ici de la critique de l'optimisme néolibéral
qu'ont formulée, chacune à sa manière, Barbara Ehrenreich, Sara
Ahmed, Lauren Berlant et d'autres (Kleindienst). Autre veau d'or
adulé de nos sociétés néolibérales : la compétence et le savoir techniques. C'est ici que la narratrice passe à la révolte. Elle s'oppose
aux « technicien[s] de vieux » (123) payés pour changer les couches,
aux adeptes d'une « science de la vieillesse » (123) qui ne manquent
pas d'employer les termes politiquement corrects comme « *culotte
d'incontinence* » (124), qui chassent en professionnels la senteur de
l'urine (126), qui construisent les résidences à bonne distance de
la civilisation et donnent à « leurs vieux » une jolie vue sur un plan
d'eau en guise de compensation. Leur devise se résume ainsi : « Ici a
été reconstruite artificiellement la vie sur terre » (111). Restent enfin
l'intérêt économique de l'affaire et la paix de l'âme que s'achètent
les familles. Tassia Trifiatis le constate calmement mais sans
merci : « Le rythme de travail des adultes responsables étant devenu

fou, d'autres adultes responsables avaient cru bon de faire fortune sur le dos des vieux et de leurs enfants rendus au bord de l'épuisement. » (45)

Pour le relationnel

Cette brève incursion dans le monde des soins institutionnalisés fait ressortir que Tassia Trifiatis et sa narratrice se font une autre idée du *care* et de la rencontre humaine. L'histoire de la relation entre la grand-mère et la petite-fille démontre que le *care*, la sollicitude perdent leur légitimité et leur crédibilité s'ils se situent exclusivement du côté de l'abstraction, du principe ou du système. Selon Carol Gilligan et beaucoup d'autres, le *care* se développe dans le contexte du relationnel et ici, dans le roman, même dans celui de la réciprocité, puisqu'on ne peut pas penser la grand-mère sans penser la petite-fille. À la différence de ce que préconisent les spécialistes en uniformes, il s'agit de *rester vivant*, pour reprendre les mots de Nicole Brossard, et *rester vivant* peut impliquer beaucoup de choses : le jugement, le choix, la délibération, l'action. Dans le cas de Joseffa, ce sera la volonté d'« additionner » « l'amour, la décence, la pitié et le ramassage [du courage précédant l'action] » (106) ; pour Louise Dupré, ce sera la pratique de l'empathie et de la compassion. Pour Aritha van Herk, enfin, nous l'avons déjà dit, *rester vivant* a à voir avec la rencontre et son « imprévisible effet de la panique dans le fleuve du plaisir ou du plaisir dans le fleuve de la panique » (207).

Notes

1. Verso de la couverture, *The Boston Globe* : « Gilligan's book is feminism at its best... ».
2. Gilligan 2 : « a distinction between two modes of thought ».
3. Gilligan 2 ; ma traduction : « to focus a problem of interpretation rather than to represent a generalization about either sex ».

4. Cf. aussi Gilligan 174 : « The morality of rights is predicated on equality and centered on the understanding of fairness, while the ethic of responsibility relies on the concept of equity, the recognition of differences in need. While the ethic of rights is a manifestation of equal respect, balancing the claims of other and self, the ethic of responsibility rests on an understanding that gives rise to compassion and care. » « While an ethic of justice proceeds from the premise of equality—that everyone should be treated the same—an ethic of care rests on the premise of nonviolence—that no one should be hurt. »

5. Cette citation se trouve aussi dans Fisher et Tronto 40.

6. Contrairement à Robert, nous pensons qu'une telle lecture serait réductrice.

7. Les chapitres 1, 27 et 45 sont d'une seule pièce. Le chapitre 1 est à la fois le résumé d'une longue histoire d'amour et son point de départ ; le chapitre 27 traite du passage de l'humain au machinal ; le chapitre 45 représente en quelque sorte le contrepoint de ce dernier, le « Noël » et point culminant de l'histoire.

8. À propos de la réponse affective du lecteur, cf. Kelly, qui souligne l'importance des « direct appeals to the reader...asking for companionship and conversation » (205).

9. D'autres exemples de ce jeu d'oppositions : les toasts que préparait la grand-mère sont désormais préparés par la petite-fille (61) qui a grandi, tandis que la grand-mère ne cesse de rapetisser (62). L'espace vital de la grand-mère se rétrécit, tandis que celui de la petite-fille est en expansion ; cette dernière prend du poids pour se préparer à « l'hibernation infinie » de la grand-mère (88) pendant que la grand-mère refuse de se nourrir, etc.

10. En ce qui concerne l'égoïsme des personnages cf. par exemple : la grand-mère cherche à se consoler elle-même au lieu de consoler sa petite-fille (16) ; celle-ci, au risque de la blesser à son tour et de la rendre jalouse, se cherche « une vraie grand-mère » « [p]our gémir et avoir peur en paix » (16).

11. Joseffa guérit aussi sa grand-mère lorsqu'elle applique de la crème sur sa peau (91).

12. C'est la grand-mère qui détermine le nom de la petite-fille, Joseffa, renvoyant à celui de son propre père. Par ce nom, la grand-mère octroie une responsabilité « masculine » à sa petite-fille.

13. Cf. aussi un passage analogue : « Je suis allée dans la salle à manger de l'hôpital. Mon œsophage était un boyau vide que j'ai rempli de cinq morceaux de tarte. Les trous de mémoire me donnaient un petit creux » (90).

14. Cf. aussi les multiples passages où le goût dans la bouche, l'odeur du corps, notamment, rappellent le caractère éphémère de l'existence humaine (45, 62, 86, 91, etc.).

15. Cf. entre autres 89 : « Elle sentait moins bon...mais elle me réchauffait de la même manière ».

16. Lorsque Joseffa apprend à sa grand-mère qu'elle a ses règles, celle-ci reste silencieuse (102)—réaction que la petite-fille qualifiera d'un « mutisme plein de sentiments » (103), d'« un arrêt dans le temps, mais cette pause avec [s]a grand-mère est la plus signifiante » (102).

17. On notera une accélération et par là une condensation vers la fin. Intéressant aussi le chapitre final où Tassia Trifiatis compare la grand-mère au petit Jésus et son appartement, à la crèche (133). Le rôle du « grand homme au sourire » qui apparaît vers la fin, par contre, reste à éclairer.

18. L'idée de l'espace clos apparaît aussi dans le renvoi aux réalités et termes suivants : cachot, incarcération, prisonnière, condamnation, etc.

19. Cf. aussi 19 où le lac de Tibériade est « celui des poissons de Notre Seigneur à ma grand-mère et à moi ».

20. La noyade et la peur qu'éprouve la grand-mère face à l'eau sont mentionnées à plusieurs endroits.

21. L'auteure compare la résidence de vieux à une « [c]rèche de l'allégresse » (104).

Ouvrages cités

Ahmed, Sara. *The Promise of Happiness*. Duke UP, 2010.

Anz, Thomas. « Emotional Turn? Beobachtungen zur Gefühlsforschung ». *Rezensionsforum*, 12 déc. 2006, http://literaturkritik.de/id/10267.

Azdouz, Rachida, et al. « Table ronde d'écrivains : *L'écrivain, passeur entre les langues et les cultures* ». *Classe de langues et culture(s) : vers l'interculturalité. Actes du 9ᵉ colloque international de l'AFDECE*, oct. 2010, Montréal, QC, dirigé par Hervé de Fontenay et al., L'Harmattan, 2011, pp. 35–65.

Berlant, Lauren. *Cruel Optimism*. Duke UP, 2011.

Brochu, André. « L'amour à contre-sexe ». *Lettres québécoises*, vol. 141, printemps 2011, pp. 15–16.

Brossard, Nicole. « Crise et volatilité du sens ». *Die Krise schreiben. Writing Crisis. Écrire la crise. Vier kanadische Feministinnen nehmen Stellung*, dirigé par Ursula Mathis-Moser, Innsbruck UP, 2016, pp. 131–56.

Delassus, Éric. « L'éthique du *care* : vulnérabilité, autonomie et justice ». *Hal : Archives Ouvertes*, 2012. https://hal.archives-ouvertes.fr/hal-00701247v2.

Dupré, Louise. « Vers un imaginaire du recommencement ». *Die Krise schreiben. Writing Crisis. Écrire la crise. Vier kanadische Feministinnen nehmen Stellung*, dirigé par Ursula Mathis-Moser, Innsbruck UP, 2016, pp. 75–97.

Ehrenreich, Barbara. *Bright-Sided: How the Relentless Promotion of Positive Thinking Has Undermined America*. Henry Holt, 2009.

Fisher, Berenice, and Joan Tronto. "Towards a Feminist Theory of Caring." *Circles of Care*, edited by Emily Abel and Margaret Nelson, SUNY Press, 1990, pp. 36–54.

Gilligan, Carol. *In a Different Voice: Psychological Theory and Women's Development*. Harvard UP, 1982.

Kamboureli, Smaro. Introduction. "Shifting the Ground of a Discipline: Emergence and Canadian Literary Studies in English." *Shifting the Ground of Canadian Literary Studies*, edited by Smaro Kamboureli and Robert Zacharias, Wilfrid Laurier UP, 2012, pp. 1–36.

Kelly, Adam. "The New Sincerity." *Postmodern/Postwar and After: Rethinking American Literature*, edited by John Gladstone et al., U of Iowa P, 2016, pp. 197–208.

Kleindienst, Nicole. « Wohin mit den Gefühlen? Vergangenheit und Zukunft des Emotional Turn in den Geschichtswissenschaften—Von Benno Gammerl und Bettina Hitzer (Teil 1) ». *Soziologie Magazin. Publizieren statt archivieren*, 13 nov. 2014, http://soziologieblog.hypotheses.org/7297#comments.

———. « Wohin mit den Gefühlen? Vergangenheit und Zukunft des Emotional Turn in den Geschichtswissenschaften—Von Benno Gammerl und Bettina Hitzer (Teil 2) ». *Soziologie Magazin. Publizieren statt archivieren*, 19 nov. 2014, http://soziologieblog.hypotheses.org/7297#comments.

Lessing, Gotthold Ephraim. Über das Mitleid in der Tragödie von Aristoteles. 1768. *Teach Samoer*, http://www.teachsam.de/deutsch/d_literatur/d_aut/les/les_sonst/les_theatheo/les_thea_txt_1.htm.

Mathis-Moser, Ursula, directrice. *Die Krise schreiben. Writing Crisis. Écrire la crise. Vier kanadische Feministinnen nehmen Stellung*. Innsbruck UP, 2016.

Noddings, Nel. *Starting at Home: Caring and Social Policy*. U of California P, 2002.

———. *Caring: A Feminine Approach to Ethics and Moral Education*. U of California P, 1984.

Perreau, Bruno. « Tronto, Joan, *Un monde vulnérable. Pour une politique du care* ». *Genre, sexualité & société*, vol. 4, automne 2010.

Robert, Julie. *Curative Illnesses. Medico-National Allegory in Québécois Fiction*. McGill-Queen's UP, 2016.

Roux, Agnès, directrice. « La carte des émotions dessinée sur le corps ». *Futura Santé*, 5 janv. 2014, http://www.futura-sciences.com/sante/actualites/medecine-carte-emotions-dessinee-corps-51336/.

Seigworth, Gregory J., and Melissa Gregg, editors. *The Affect Theory Reader*. Duke UP, 2010.

Serres, Michel. *Temps des crises*. Éditions Le Pommier, 2009.

Smith, M. K. "Nel Noddings, the ethics of care and education". *The encyclopædia of informal education*, 2006, http://infed.org/mobi/nel-noddings-the-ethics-of-care-and-education/.

Trifiatis, Tassia. *Mère-grand*. Leméac Éditeur, 2010.

Tronto, Joan. « Care démocratique et démocratie du *care* ». *Qu'est-ce que le* care ? *Souci des autres, sensibilité, responsabilité*, dirigé par Pascale Molinier et al., Éditions Payot & Rivages, 2009.

———. *Un monde vulnérable. Pour une politique du* care. Éditions La Découverte, 2009.

Van Herk, Aritha. « Pas de panique ». *Die Krise schreiben. Writing Crisis. Écrire la crise. Vier kanadische Feministinnen nehmen Stellung*, dirigé par Ursula Mathis-Moser, Innsbruck UP, 2016, pp. 187–208.

6 Le corps en crise

Littérature et système de santé au Canada

|DANIEL LAFOREST|

DANS CE QUI SUIT, on considérera la notion de système de santé par rapport à celle du corps biomédical. C'est-à-dire le système collectivisé qui, au Canada, établit une adéquation entre la santé individuelle et la citoyenneté, en regard du corps pris dans l'ensemble des significations liées à la médecine et aux savoirs et techniques portant sur la vie biologique. Il me semble qu'on ne prête pas une attention suffisante aux efforts et aux stratégies de synthèse qui soutiennent ces deux entités. Pourtant, l'une comme l'autre sont des constructions. Du point de vue sociohistorique, c'est indubitable. Il y a toute une histoire du corps tel que perçu, voire *inventé* en tant qu'objet par la médecine.[1] Et il y a un ensemble de limites imposées par l'économie, par les stratégies politiques, par les discours de marginalisation et d'exclusion, et même par les appartenances territoriales, qui circonscrivent la forme et le comportement du corps citoyen de telle sorte que sa santé peut faire l'objet d'une bonne gestion publique.[2] Or voilà : l'importance que je dirais contemporaine du corps biomédical et du système de santé—la raison d'en parler aujourd'hui plus qu'hier—est que les efforts nécessaires afin de les maintenir intacts semblent forcés d'augmenter sans cesse. Pourquoi ? Parce que l'homogénéité et la cohérence du corps sont désormais mises à mal par des technologies de collecte, de morcellement, de transmission et de visualisation des données sur l'organisme.

101

D'un côté, ces technologies biométriques se sont démocratisées. On porte leurs versions banalisées au poignet, aux chevilles, dans nos vêtements ; elles sont intégrées à la plupart des télécommunications portables, fonctionnant discrètement en arrière-plan des opérations plus usuelles. Dans les domaines anglo-saxons, on a inventé pour les désigner les expressions *wearable health technologies* et *digital phenotyping* qui disent bien leur ambition de ne pas s'en tenir à l'enregistrement plate de statistiques, et plutôt d'investir le corps au nom littéral de la santé. Mais d'un autre côté, ces technologies, en dépit de la démocratisation désirée par leur fonction même, ont rendu plus impénétrables les arcanes de la visualisation médicale. Le commun des mortels ne connaît pas le cryptage des données dans lequel son corps est progressivement morcelé, non plus qu'il ne manipule avec aisance toutes les unités de mesure impliquées dans la mise en chiffres de sa physiologie. Plus avant, dans les enceintes des hôpitaux et des laboratoires, rares sont ceux qui connaissent le détail du fonctionnement d'une machine IRM (imagerie par résonance magnétique). On sait néanmoins que ça marche, et que ça fait des prouesses dans la transmutation de l'invisible corporel en visible médical. En ce sens, nous sommes passés d'une forme d'ignorance à une autre. Il fut un temps où on avait peu de choses à dire devant l'opacité des processus qui habitaient et organisaient notre corps en secret. Désormais on expérimente une multiplication, une prolifération et une accessibilité sans précédents de l'information sur ces processus. Mais on ne possède pas de principe d'organisation ; on ne sait pas trop quoi faire de tout cela. C'est là que survient le problème que je qualifierais de politique, ou du moins de social. Quand l'homogénéité *du* corps se trouve ainsi dans une sorte de crise, que devient la possibilité de rassembler *les* corps sous cette bannière qui est toujours un peu aussi un acte de foi : *la santé publique* ? Et c'est aussi un problème qui a sa dimension littéraire, ou à tout le moins narrative. En effet, dans ce contexte de morcellement biomédical de l'imaginaire et des représentations corporelles, qu'est-ce au juste que l'histoire d'un corps en santé ?

J'aimerais examiner trois choses. D'abord, un ensemble d'œuvres littéraires canadiennes modernes où se concrétise le questionnement et que, à défaut de pouvoir les soumettre ici à l'analyse, je voudrais simplement rassembler comme corpus en voie de formation, indicateur d'avenues à suivre dans un futur proche, en désignant cependant ses limites et ses ouvertures possibles quant aux façons dont le corps biomédical est mis en récit au Canada. En découlera une distinction entre ce que j'appelle « la santé citoyenne » et « la santé littéraire », dont il faudra examiner les principaux tenants et aboutissants. Et pour tirer quelques conclusions de tout cela, je vais convoquer—chose peut-être inattendue dans le contexte des études canadiennes contemporaines—une réflexion de Virginia Woolf. Celle qu'on trouve dans son texte « On Being Ill » en 1926, et qui demeure essentielle en ce qu'elle préfigure en bien des points la question soulevée ici de la littérature par rapport à la santé comme système de valeurs civiques.

La maladie et la mort ne s'enseignent pas

J'ai eu l'occasion récemment de concevoir et d'enseigner un cours interdisciplinaire en anglais sur la littérature, la médecine et les formes contemporaines du corps biomédical. Le sujet débordait de promesses, de questions, d'ouvertures. Bref, sur papier, la chose était splendide. Sauf que : un cours sur le corps biomédical doit forcément aborder la maladie, et éventuellement la mort. C'est d'ailleurs là que nous avons commencé. Aussitôt, je me suis pris une évidence en plein visage. Une classe composée d'individus d'environ vingt ans n'a absolument aucune envie de *penser* la maladie et la mort. Ce n'est pas du désintérêt, mais plutôt une profonde perplexité que j'ai vue devant moi, sur le visage de ces étudiants. Et à y réfléchir, il y a là quelque chose d'assez fascinant. La perplexité des étudiants n'a rien à voir avec leur motivation ni avec leur ouverture d'esprit. Ils sont là pour apprendre. Mais *apprend*-on la maladie, *apprend*-on la souffrance, le déclin corporel, la mort ? Non. On dira que nos apprentissages, nos enseignements, nos connaissances s'attachent plutôt à ce qui garde ces choses à distance, c'est-à-dire aux soins et à l'empathie, aux histoires de vie et aux émotions qui accompagnent des expériences comme la rémission, la guérison ou, quand ces dernières ne sont plus possibles, à tout le moins la dignité. Bref, le monde de l'éducation est tourné, résolument, vers tout ce qui relève de la santé. Et d'ailleurs on le sait, c'est traditionnellement la philosophie qui s'était jadis réservé la tâche de nous « apprendre à mourir ». Or ce qui étonne est que la littérature se donne aujourd'hui, peut-être trop souvent, un rôle thérapeutique, le rôle d'apprendre à guérir, à aller mieux.[3] Avec le corps biomédical, la littérature se range plus souvent du côté de l'éducation que de la philosophie, au sens large que je viens de définir. Je dis « trop souvent » parce qu'en faisant cela, la littérature risque fort d'en arriver, au bout du compte, à déterminer qui est en santé, et qui ne l'est pas.

La perplexité de mes étudiants doit être considérée non pas comme leur problème, ni même comme un problème de pédagogie, mais plutôt comme un problème lié au sujet que le cours lui-même s'était proposé de déplier et d'examiner. Peut-on penser et raconter le corps biomédical en dehors de la santé ? À vrai dire, peut-on penser tout court en dehors de la santé ? Devant mes étudiants perplexes qui lisaient *La mort d'Ivan Ilitch* de Tolstoï, j'ai ressenti en quoi parler de la maladie et de la mort allait nous empêcher de voir le reste. Il nous semblait qu'Ivan Ilitch n'a rien à nous apprendre en mourant. Mais qu'il a beaucoup à nous dire sur ce qui précède sa maladie et sa fin—avec sa vie de personnage littéraire plus *en santé* que n'importe quel autre. En voulant parler de littérature à partir de la maladie et de la mort, je ne voyais pas que j'étais en train de normaliser mon propos. Je ne voyais pas que le véritable problème était l'étrange adéquation que l'on persiste à faire entre la santé, l'équilibre du corps et l'équilibre des émotions. Je ne voyais pas que le problème qui réunit la santé, la littérature et la vie quotidienne, c'est la question, immense, du maintien d'une forme moyenne dans le temps.

Un corpus et ses limites

Le corps biomédical n'est pas si répandu qu'on le croirait dans la littérature au Canada depuis les années soixante. Sans prétendre à l'exhaustivité, on pourrait le diviser en trois catégories qui délimitent autant de visions portées sur lui.

Il y a premièrement le corps et la voix du médecin qui *témoignent* de sa pratique et de son expérience dans le système de santé. Chez les écrivains québécois francophones, il y a eu Ringuet (Philippe Panneton), dont les textes sur ce sujet, dans la première moitié du vingtième siècle, restent confidentiels et méconnus. Mais c'est Jacques Ferron qui en a assurément dessiné la figure archétypale, tant par ses *Contes* où le médecin de campagne est mis en scène que par ses écrits sur les conditions asilaires au milieu du siècle dernier. Plus près de nous dans le temps, on trouve Jean Désy avec son recueil de textes essayistiques *Vivre ne suffit pas*, ou encore les médecins français naturalisés canadiens Marc Zaffran et Patrick Froehlich, dont les oeuvres respectives—le premier sous le nom de plume de Martin Winckler, et le second avec le triptyque « Corps étrangers »—entrecroisent systématiquement des considérations sur les éthiques de l'écriture littéraire et de la médecine.[4] Chez les auteurs canadiens anglophones, la figure du médecin ou du professionnel de la santé comme écrivain, ou à tout le moins comme personnage, s'est affirmée de façon significative dans les années récentes. On citera en exemple le très remarqué *What Disturbs Our Blood* de James Fitzgerald, les mémoires *The Night Shift* de l'urgentologue Brian Goldman, le témoignage autobiographique à vocation préventive *Night Shift: Maintaining Health and Wellness* d'Audrey F. Thomas, ou encore les nouvelles de *Bloodletting and Other Miraculous Cures* de Vincent Lam, primées par le ScotiaBank Giller Prize. À l'instar de la littérature étatsunienne, où la chose est désormais bien établie, le médecin qui prend la plume et endosse la vocation littéraire est un phénomène suffisamment significatif au Canada pour qu'on s'interroge sur l'originalité de ses effets poétiques et de son impact socio-esthétique dans la sphère littéraire.

Dans un deuxième temps, on observe des récits où c'est le corps du patient qui en quelque sorte passe à travers, et souvent *affronte* le système de santé. Sans en tirer des conclusions hâtives, force est de reconnaître que les textes québécois francophones dominent cette catégorie. Cela remonte à l'année 1967 au moins, avec le roman aujourd'hui oublié *Cancer* d'Anne Bernard. Suivent le roman *L'enfant du cinquième nord* de Pierre Billon ; le roman *Une belle mort* et l'autofiction *Je ne veux pas mourir seul* de Gil Courtemanche ; le récit en forme de journal de maladie *Chronique d'un cancer ordinaire. Ma vie avec Igor* de Dominique Demers ; *Le cœur des cobayes* de Grégory Lemay, sur les essais pharmaceutiques ; *Dernier automne* de Pierre Monette, récit du cancer qui emporta sa conjointe ; *Inside* d'Alix Ohlin, sur fond de désinstitutionnalisation psychiatrique ; *My Leaky Body* de Julie Devaney, sur la dépersonnalisation imposée par les soins de longue durée ; ou encore le roman devenu classique de Sylvain Trudel, *Du mercure sous la langue*. Ces récits couvrent une période historique plus longue que ceux de la catégorie précédente, et se concentrent de façon disproportionnée sur l'expérience du cancer plutôt que sur d'autres maladies à long terme ou chroniques.

Enfin, une troisième catégorie réunit des récits du corps déconstruit soit par des conditions biotechnologiques anticipées, comme dans les romans *Salt Fish Girl* et *Hopeful Monsters*, respectivement des auteures de l'Ouest canadien Larissa Lai et Hiromi Goto ; soit par une approche conceptuelle, comme c'est le cas de la série de Massey Lectures donnée par Lawrence Hill sous le titre d'ensemble *Blood: The Stuff of Life* ; soit enfin par une perspective singulière et un langage qui façonnent une forme de résistance à la normativité biomédicale. Ce dernier cas permet de regrouper plusieurs romans comme *Le cœur de la baleine bleue* de Jacques Poulin, *The Stone Angel* de Margaret Laurence, *Crackpot* d'Adele Wiseman, *Opium Dreams* de Margaret Gibson, *Putain* et *Folle* de Nelly Arcan, *All my Puny*

Sorrows de Miriam Toews, ou *Cockroach* de Rawi Hage. Une forme d'équilibre est retrouvée ici entre les productions francophone et anglophone. On note en outre que la maladie mentale semble cette fois intimement liée à la question du corps déconstruit, soit par sa normalisation dans les structures langagières et praticiennes du système de santé, soit par sa recherche d'une langue créatrice de nouveaux rapports à soi. Comme ce fut fameusement le cas chez Nelly Arcan, cette créativité résistante peut se payer d'un prix fort. Celui du sacrifice de l'équilibre affectif comme forme consensuelle de maintien de l'individu dans la sphère sociale. Sacrifice poétique-ment nécessaire puisqu'il se confond avec l'inspiration elle-même. Politiquement justifiable aussi puisqu'il refuse que les bornes affec-tives de l'individu soient définies en dehors du langage et de son inconscient par des institutions normatives morales ou écono-miques. Mais sacrifice épuisant, voire délétère quand il laisse la place à un langage du ressassement, de l'enfermement et parfois du délire.[5]

Quelles limites nous indiquent ce corpus, même incomplet et hâtivement survolé ? À l'exception probable de Jacques Ferron, de Miriam Toews et de Rawi Hage, notre horizon critique a accueilli à peu près tous ces livres comme des œuvres de guérison, de répa-ration, de cheminement, de sagesse, sinon comme des cris de douleur et d'affirmation de soi. En les lisant, nous sommes appelés à y traquer l'équilibre affectif ; nous y cherchons les marques rassu-rantes de l'appartenance sociale. Mais pourquoi choisir ici d'appeler ces deux choses des limites ?

Jusqu'à un moment relativement récent, nous avons pensé le monde médical principalement avec l'idée de clinique. La clinique était l'espace autorisé, accepté, où avait lieu la rencontre entre le corps qui souffre et le savoir qui soigne. Le premier Michel Foucault a par ailleurs démontré que la clinique a longtemps été le lieu privi-légié où les connaissances sur le corps étaient produites pour la possession exclusive de la médecine, et pour son effectivité croissante en tant qu'institution sociale. C'est dans la clinique que le savoir médical aurait conçu ses premières représentations à vocation plus large qu'uniquement scientifique, avec les nécessités conjointes de désigner, de décrire et de généraliser : « L'individu mis en question est moins la personne malade que le fait pathologique indéfiniment reproductible chez tous les malades semblablement atteints » (Foucault 140). Que le noyau du savoir médical se soit ensuite déplacé vers le laboratoire de l'anatomiste et du physiologiste, avec la figure décisive de Claude Bernard en France, ne change rien au fait que la clinique a été le plus longtemps dans l'esprit commun le lieu où prenait vie, si l'on peut dire, le travail du médecin au contact avec le malade. C'est dans la clinique que le désordre de la maladie et la douleur abjecte du patient venaient pour se voir premièrement atténués, ensuite catégorisés, et éventuellement soignés. Dans l'imaginaire, la clinique nous a ainsi légué toute une tradition de figures pragmatiques, à commencer par celles du médecin et de l'infirmière ou infirmier, puis de l'intervenant social « sur le terrain » et ainsi de suite.

Or aujourd'hui, politiquement et socialement, nous avons laissé cette époque derrière nous. Depuis la seconde moitié du vingtième siècle, le mot *médecine* s'est mis à désigner autre chose que le rapport localisé entre un *corps-soignant* et un *corps-patient*. Les approches basées sur la biopolitique, depuis les deux dernières décennies, héritées encore de Foucault, nous le disent avec insistance. Elles font ressortir, par exemple chez le sociologue Nikolas Rose, combien les unités et les acteurs simples, tels que le corps, le médecin, l'individu, voire la maladie, ont désormais cédé le pas à des nébuleuses médicales comme la gestion du risque, la reproduction assistée, la mort assistée, et le maintien—maintien de l'équilibre diététique, de la performance physiologique ou d'un état mental indéfini que la langue anglaise a popularisé sous le nom de *mindfulness*. Mais qu'est-ce à dire, pour nous qui parlons et voulons penser avec la littérature, et qui plus est la littérature au Canada ?

Cette question nous fait entrer dans un monde biopolitique, certes, mais il se peut que la littérature, pour sa part, ne soit pas sortie de la clinique. Il y a certainement des écrivains qui critiquent les gestionnaires de la mort, de la naissance et de tout ce qui touche le corps entre ces deux pôles. C'est le cas, parmi celles et ceux que nous avons cités, de Margaret Laurence, de Gil Courtemanche, de Julie Devaney et d'Alix Ohlin. Il y a aussi des médecins qui, de plus en plus, mettent en scène le quotidien des hôpitaux afin de clamer le besoin de cultiver l'empathie contre les idéologies comptables : ce sont les Brian Goldman, les Martin Winckler ou les Vincent Lam. Qui plus est, les quinze dernières années ont vu s'accroître considérablement le souci pour la *médecine narrative*. Celle-ci s'est faite discipline universitaire.[6] L'idée que les histoires—leur écriture, leur transmission, leur lecture—peuvent guérir est elle-même devenue institutionnalisée. Mais il nous faut voir que dans chacun de ces cas, il s'agit de maintenir quelque chose comme une *santé*. Et j'insiste sur le mot *maintenir*. La littérature devant le corps biomédical n'arrive peut-être pas à se déprendre d'un désir d'homéostasie qui la travaille de l'intérieur, et qui, pour emprunter encore une fois une expression anglaise, la fait se tenir en quelque sorte *in the middle of the road*. Cette homéostasie, vue comme « une modération congénitale, un contrôle congénital, un équilibre congénital » (112), Georges Canguilhem en faisait naguère le trait définitoire de tout organisme. Mais transposée dans la santé du corps humain, médiatisée par l'institution médicale, elle devient une norme à laquelle se mesurer, ou se conformer. La vision de la santé qui dominerait de la sorte la littérature au Canada est celle, d'origine aristotélicienne, du « juste milieu ». Elle commande « la pondération » dans la conduite et la thérapeutique de l'esprit et du corps.[7] Quand elle croise la question de la santé, notre vision de la littérature au Canada semble ainsi vouloir continuer à fabriquer des corps et des esprits modérés, harmonieux, équilibrés, en bref : des corps citoyens.

Il y a donc un nœud entre santé et citoyenneté, que nous, lecteurs ou critiques, avons peine à dénouer. Mais pourquoi chercherait-on à le faire ? Parce que c'est un nœud qui maintient le travail de l'écrivain sur le même plan que celui du système de santé, là où, comme dans la clinique, l'individu émotionnel devrait s'intérioriser harmonieusement dans l'individu corporel. Là où la promesse d'un rétablissement est donnée à chaque corps en même temps qu'à chaque voix. Qu'est-ce que le roman *Le cœur de la baleine bleue* de Jacques Poulin dans cette optique ? C'est l'histoire d'une transplantation cardiaque qui nous fait ressentir, malgré tout, des émotions civiques. Que sont les romans *Putain* ou *Folle* de Nelly Arcan ? Des histoires où le mystère neurologique et émotionnel de la dépression est contrebalancé par une voix qu'on estime suffisamment forte pour avoir clamé sa dignité parmi les autres, sa part sociale. Et pourquoi tous ces médecins, comme Lam, Winckler, Désy, Goldman, ajoutent-ils l'écriture littéraire à leurs emplois du temps sans doute très chargés ? Ils le feraient pour humaniser la santé et son système, en d'autres mots pour les rendre acceptables, et encore une fois civiques.

Mais la santé citoyenne, la santé *de* la littérature, ce n'est pas la même chose que la santé *dans* la littérature. C'est à cette dernière qu'il faut penser mieux. Cela afin de rendre visibles les corps et de laisser parler les voix qui sont en mesure de bouleverser l'équilibre civique forcé du corps biomédical. Qu'est-ce, donc, que la santé *dans* la littérature ?

La santé citoyenne *versus* la santé littéraire

Le système de santé, qu'il soit public ou privatisé, est un système de signification.[8] Pour parler comme on le faisait dans les analyses structurales de jadis, c'est un système qui produit de la signification et qui lui assigne ensuite une place qu'elle ne doit pas quitter. Le Canada jouit d'une image internationale centrée sur l'hospitalité et la mise en valeur d'une idée libérale de la « bonne vie », qui préside à un modèle de citoyenneté flexible et intégrateur. Cette conception se conjugue dans la perception populaire avec un système de santé reposant sur la gratuité de l'accès aux soins et à la majorité des médicaments. Mais l'adéquation entre l'hospitalité culturelle et la santé du corps citoyen ne se fait pas par enchantement. Elle-même dépend d'une autre idée : celle de la responsabilité personnelle. Bien sûr le citoyen n'est pas entièrement responsable de sa guérison lorsque la maladie frappe. Mais il est responsable, en amont, de son propre maintien, en tant qu'individu, dans le spectre des valeurs moyennes qui continueront à faire de lui quelqu'un dont toutes les dimensions sont envisageables sous le nom de santé. En ce sens, la bonne vie tend de plus en plus à se confondre avec la santé de la vie publique. Du point de vue littéraire, la responsabilité citoyenne quant à la santé peut ainsi se traduire par notre croyance dans le modèle pour le coup assez conservateur de « l'histoire de vie ». En effet, combien de bouleversements anatomiques ou psychologiques se voient maintenus dans la sphère affective de la santé publique avec l'idée toujours déjà refermée sur elle-même, et donc rassurante, de destin ? L'anglais, plus intéressé par le chemin que par l'arrivée, a vu pour sa part devenir populaire le mot *journey* pour désigner la courbe forcément significative d'une vie bien vécue, quand ce n'est pas de toute vie.[9] Combien de chocs entre des visions culturelles ou genrées de la santé se trouvent comme anesthésiés dans une chronologie consensuelle avec des histoires qu'on lit de la sorte ? Nous n'avons pas les mêmes vies individuelles. Nous ne pouvons que présumer de la douleur et du plaisir des autres. Très souvent, nous n'avons pas les mêmes conceptions culturelles ou politiques du corps et de ses usages. Cependant, il est attendu que notre santé devrait trouver son sens dans les idées quant à elles tout à fait communes de chemin de vie et de destin—comme quand on dit : « Nelly Arcan a connu un destin tragique ». On divise ainsi la santé en étapes, ou en épreuves de vie. Lorsque ces étapes deviennent ingérables, on

s'en va séjourner dans l'espace réel ou imaginaire de la clinique.
Ensuite, on peut retourner à ses affaires, on peut se préparer à
vieillir et à mourir bien, c'est-à-dire de manière exemplaire parce
que compatible avec la sympathie des autres. On doit légitimement
se demander pourquoi les histoires de rémission sont si popu-
laires dans nos littératures au pays. Il est bien connu qu'on opprime
l'Autre quand on s'arroge le droit de définir ses pathologies. Mais il
n'est sans doute pas mieux de vouloir créer des solidarités avec des
êtres à qui on apprend qu'ils sont en santé avant même qu'ils ne le
sachent eux-mêmes. La littérature du corps biomédical, lorsqu'elle
parle des expériences de pensée inouïes que la santé recèle, se fait
dire qu'avec un peu d'effort, c'est-à-dire avec des bons romans bien
ficelés et bien lus, elle finira par en guérir.

Cette histoire, qu'on ne s'y trompe pas, est vieille comme la
modernité européenne. On doit à Spinoza l'idée que le maintien de
l'intégrité individuelle est la fondation naturelle de la vertu (Partie IV,
prop. 18). Tous les corps dans la nature déploient cet effort (le
conatus). La vertu n'est donc pas humaine. Mais la joie, oui. La joie
se trouve dans la capacité humaine de maintenir volontairement
l'intégrité de son corps et de sa pensée dans le temps—maintien
que Spinoza voit comme une forme élevée de connaissance. La tristesse est tout simplement l'inverse : un abandon de soi, de son
corps et de sa pensée à des rapports imposés par l'extérieur. Pour
compléter le tableau, rappelons que pour Spinoza, il n'existe pas au
monde un seul corps semblable. Il n'y a donc pas de valeur médiane,
pas de moyenne. La conception de Spinoza me paraît la plus
féconde afin de saisir et d'exprimer un rapport libre et créatif entre
la littérature et le corps biomédical. C'est-à-dire un rapport dans
lequel la joie ou la tristesse, plutôt que la santé et la maladie, iront
s'accroissant ou diminuant en vertu du système affectif original
créé par l'œuvre littéraire, plutôt que par les attendus moyens de la
santé publique. En ce sens, il y a quelques beaux romans spino-
zistes dans le corpus cité en exemple, ceux de Rawi Hage, de

Miriam Toews ou encore de Nelly Arcan. Mais depuis Spinoza, nos conceptions du corps biologique et du corps biomédical ont évidemment progressé. La biologie contemporaine offre des modèles auxquels ne s'est guère frottée la philosophie. Sans nécessairement démentir la vision du corps spinoziste, ces modèles nous obligent à la réexaminer sous d'autres angles. Contentons-nous de citer le médecin et biologiste français Jean-Claude Ameisen, dans la lignée des travaux d'Henri Laborit :

> De la conception à la naissance, de l'enfance à l'âge adulte, et de la vieillesse à la mort, se construit et se défait notre univers singulier et éphémère...Parce que nous sommes, chacun, un microcosme, une nébuleuse vivante, un peuple hétérogène de dizaines de milliers de cellules, dont les interactions composent notre corps et engendrent notre esprit, toute interrogation sur notre vie et notre mort nous ramène à une interrogation sur la vie et la mort des cellules qui nous composent...Nous sommes, à tout moment, pour partie en train de mourir et pour partie en train de renaître. Et les territoires qui—un temps—persistent en nous sont aussi fragiles que ceux qui disparaissent et renaissent chaque jour. (14–16)

Ici nous ne sommes plus du tout dans l'histoire d'une vie individuelle, cet « univers singulier et éphémère ». Nous sommes encore dans la vie, mais il n'y a plus de grand principe organisateur qui serait *ancré* dans notre corps. On voit qu'en réalité, notre biologie ne nous garantit rien de consistant comme un destin. Mais avec ces innombrables morts et renaissances cellulaires, elle nous propose ô combien d'autres modèles pour inspirer l'imagination. Articuler l'écriture littéraire avec la réalité d'un corps biologique sans valeur médiane et complètement ouvert sur l'extérieur, c'est comprendre que la santé et la liberté d'invention poétique sont à bien des égards une seule et même chose.

Nous sommes là au cœur de l'opposition que je propose entre la santé citoyenne et la santé littéraire. La santé citoyenne est le maintien de la personne—et de ses affects, et de sa voix—dans un cadre où toute maladie n'est concevable qu'en fonction de sa rémission prochaine ou probable. C'est le personnage du « patient » médical. Celui qui dans les romans va soit guérir, soit mourir, mais qui en tous les cas va apprendre quelque chose. Et dans la réalité, c'est vous et moi qui n'avons que deux minutes pour raconter au médecin ce qui ne va pas. Sans trop jouer sur les mots, on pourrait dire que pour la santé citoyenne, il n'y a jamais vraiment de maladie, seulement des degrés divers sur une échelle de guérison posée en a priori. C'est pourquoi le sujet des histoires biomédicales se trouve comme dédoublé. Il affronte un autre comme lui, son fantôme qui le devance toujours d'une case, vers le haut ou vers le bas, sur cette échelle. L'histoire de la guérison est une histoire toujours déjà écrite. Il suffit d'y faire entrer sa propre histoire de vie. Le système de santé compte là-dessus pour bien fonctionner. Ce n'est pas nous qui maintenons notre intégrité dans le système de santé, c'est plutôt lui qui se maintient à travers nous et nos récits de vie. Quant à la santé littéraire, on ne doit pas s'y tromper : elle vise aussi le maintien de soi, le contraire serait nihiliste. Mais elle invente à chaque fois le cadre et les conditions dans lequel ce maintien aura lieu. Ce n'est pas du tout la même chose.

Virginia Woolf et la santé littéraire

Ce n'est pas au Canada, toutefois, que la question de la santé littéraire—de la santé *dans* la littérature—qui m'occupe a été formulée explicitement pour la première fois. Virginia Woolf a fait paraître le court essai « On Being Ill » en 1926, alors qu'elle était au sommet de sa carrière d'écrivaine. La critique le range parmi ses textes les plus audacieux, les plus étranges aussi. Mais surtout, c'est un texte méconnu. Woolf avait déjà éprouvé chacune des affections de la santé qu'on associe désormais avec son personnage d'écrivaine :

fièvres, migraines, insomnie, hallucinations, tachycardie, troubles de circulation sanguine, épuisement, catatonie, confusion, épisodes psychotiques, dépression. C'est pourquoi on est frappé quand on réalise qu'« On Being Ill » n'est ni plus ni moins qu'une défense et illustration de la maladie comme puissance de la littérature. Mais pourquoi convoquer ce texte ? Ce qui me paraît exemplaire dans la démonstration de Virginia Woolf est que quiconque parle de la maladie comme d'un thème ou d'un ressort de l'écriture littéraire se trouve automatiquement à porter un jugement critique sur l'idée de santé mise de l'avant par son époque.

Virginia Woolf sous-entend que toutes les maladies ne sont pas littéraires. Celles qui le sont doivent entrer dans une forme d'harmonie avec le comportement exigé par l'écriture. Elles se doivent donc de ne pas causer la mort, et aussi d'être non institutionnalisées. Elles doivent de plus être cérébrales : il faut qu'elles entrent en résonance avec le for intérieur de manière à provoquer des états de contemplation. Une grippe procurera cet effet, comme aussi la montée d'une migraine ou un épisode de mélancolie, et éventuellement des maladies plus graves mais qui s'étirent dans le temps, comme une infection menant proche du délire. Un bras coupé, une jambe cassée, par contre, seront moins efficaces. Il appert que Woolf entretenait avec cette conception de la maladie littéraire une nostalgie diffuse pour le romantisme. Mais voyons ce qu'elle dit quand les choses se renversent :

> *In health the genial pretence must be kept up, and the effort renewed—to communicate, to civilise, to share, to cultivate the desert, educate the native, to work together by day and by night to sport. In illness this make-believe ceases. Directly the bed is called for, or, sunk deep among pillows in one chair, we raise our feet even an inch above the ground on another, we cease to be soldiers in the army of the upright; we become deserters. (104)*

Toutes les maladies ne sont peut-être pas littéraires, mais la santé, elle, est une chose dont la littérature semble bien s'accommoder. À la différence près qu'elle ne l'appelle jamais par son vrai nom. La santé selon Virginia Woolf est le cadre de normalité et d'acceptabilité à l'intérieur duquel ce qui mérite d'être visible le devient, ce qui mérite d'être ressenti l'est, et ce qui fait de la littérature un moyen d'échange social reçoit sa confirmation perpétuelle. « With the heroism of the ant or the bee, however indifferent the sky or disdainful the flowers, the army of the upright marches to battle... The wave of life flings itself out indefatigably » (106). C'est cette santé *de* la littérature que j'ai appelée citoyenne dans ce qui précède. Elle peut accueillir mille corps et mille cerveaux malades parmi ses personnages, elle n'en sera pas affectée dans son principe. Tous les corps et toutes les âmes y sont promis soit au langage de la rémission, soit au silence. Et il faut voir que le langage de la rémission est tout autant une rémission du langage : il porte la promesse d'un ordre qui reviendra, d'un équilibre qui s'imposera de nouveau dans l'adéquation entre les choses vécues, les choses ressenties et les choses dites.

Pour Virginia Woolf, la santé citoyenne signifiait donc l'absence de mystère. Elle avait choisi d'y opposer une esthétique littéraire qui confondait l'univers perceptif et l'univers affectif. Comme on le sait, c'était dans son œuvre le fameux flux de conscience poétique. Celui-ci était, en ce sens, une forme de santé *dans* la littérature. C'est-à-dire une tentative de représenter des états du corps biomédical et de la conscience du monde qui ne sont pas prévus, ni même concevables dans un système de santé institutionnalisé, et qui ne peuvent se réduire à aucune valeur moyenne. Mais parler ainsi, presque cent ans après Woolf, n'est-ce pas réanimer la vieille idée d'une espèce de puissance ineffable de la littérature ? N'est-ce pas être, soi-même, un peu romantique ? On répondra que non. Notre corps expérimente le monde d'une façon en quelque sorte prénarrative. Il partage avec la littérature les mêmes sources et la même puissance d'invention. Le neurologue Antonio Damasio nous le rappelle dans son ouvrage justement très inspiré par Spinoza : « It takes time to feel. A mental experience of joy or sorrow involves a relatively long duration [in our own body]...Recent evidence suggests that feelings occur over several seconds, two to twenty seconds being common » (112). Les sentiments chargés de sens pour notre corps prennent *du temps* à se former dans le cerveau. Le philosophe français Bernard Andrieu nous rappelle par ailleurs que notre conscience est précisément séparée de l'épreuve générale que notre corps fait du monde par un écart constant de 450 millisecondes (9). Tout ce qui nous arrive arrive à notre corps. Et toujours d'abord de façon pointilliste. Puis, ensuite, de façon conscientisée, puis, ensuite, visualisée et enfin, de façon expressive. Rassembler cela sous la forme d'une histoire demande un effort presque aussi grand que l'effort de vivre, et de se maintenir dans son intégrité. L'écrivain qui fait cela participe de quelque chose dont on ne connaît pas les limites. C'est pourquoi je parle d'une puissance de l'imaginaire—de la littérature— équivalente à celle de notre corps. La santé *dans* la littérature est un beau nom pour désigner cette puissance. Elle n'existe assurément pas sur le même plan que la santé citoyenne.

Il faut sans doute apprendre à imaginer et à lire plus d'histoires de santé qui ne soient pas des histoires de vies correctes. Peut-être faut-il aussi accorder plus d'attention aux corps qui ne sont pas des corps en rémission. Culturellement, l'idée de rémission implique trop souvent un retour à l'ordre. Il n'y a pas de correspondance naturelle entre la forme d'une vie et la forme des maladies qui la heurtent, qui viennent l'habiter pour un temps, et qui parfois la broient et lui mettent un terme. Rien n'oblige un récit, littéraire ou non, à se montrer responsable, ni même à tendre vers la guérison. C'est pourquoi il faut cultiver la liberté de ne pas être en santé comme le voudrait l'idéal civique et systématique de la santé. Et il faut abattre les cloisons des cliniques sociales et culturelles où tant de nos histoires sont produites. La santé est peut-être une vertu naturelle, mais elle n'est pas pour autant une valeur morale. Quand on la conjugue avec la littérature, la santé est ce qui ne relève d'aucun système.

Notes

1. Pour ne citer qu'une publication au Canada francophone, voir Klein et Parayre.
2. Voir par exemple Fierlbeck et Lahey.
3. Voir par exemple Gefen ; Laugier ; Nussbaum.
4. Voir par exemple Froehlich ; Winckler ; Zaffran.
5. Pour une extension théorique et critique originale de ces enjeux, voir Brennan.
6. Voir Charon ; Charron et al. ; Charron et Montello ; Vannatta et Vannatta.
7. Voir Fondras 29–38.
8. Voir Fassin.
9. Voir Hartman ; Woods.

Ouvrages cités

Ameisen, Jean-Claude. *La sculpture du vivant. Le suicide cellulaire ou la mort créatrice.* 1999. Éditions du Seuil, 2003.

Andrieu, Bernard. *Sentir son corps vivant. Émersiologie 1.* Vrin, 2016.

Arcan, Nelly. *Folle.* Éditions du Seuil, 2004.

———. *Putain.* Éditions du Seuil, 2001.

Bernard, Anne. *Cancer.* Cercle du livre de France, 1967.

Billon, Pierre. *L'enfant du cinquième nord.* 1982. Boréal, 2003.

Brennan, Teresa. *The Transmission of Affect.* Cornell UP, 2004.

Canguilhem, Georges. « Le problème des régulations dans l'organisme et dans la société ». *Écrits sur la médecine.* 1955. Éditions du Seuil, 2002.

Charon, Rita. *Narrative Medicine. Honoring the Stories of Illness.* Oxford UP, 2006.

Charon, Rita, et al., editors. *The Principles and Practices of Narrative Medicine.* Oxford UP, 2016.

Charon, Rita, and Martha Montello. *Stories Matter. The Role of Narrative in Medical Ethics.* Routledge, 2002.

Courtemanche, Gil. *Je ne veux pas mourir seul.* Boréal, 2010.

———. *Une belle mort.* Boréal, 2005.

Damasio, Antonio. *Looking for Spinoza: Joy, Sorrow, and the Feeling Brain.* Mariner, 2003.

Demers, Dominique. *Chronique d'un cancer ordinaire. Ma vie avec Igor*. Québec-Amérique, 2014.

Désy, Jean. *Vivre ne suffit pas*. Éditions XYZ, 2011.

Devaney, Julie. *My Leaky Body: Tales from the Gurney*. Goose Lane Editions, 2012.

Fassin, Didier. *Faire de la santé publique*. EHESS, 2008.

Ferron, Jacques. *Les roses sauvages. Petit roman suivi d'une lettre d'amour soigneusement présentée*. Bibliothèque québécoise, 2008.

———. *Contes*. 1968. Bibliothèque québécoise, 1993.

———. *La conférence inachevée. Le pas de Gamelin et autres récits*. VLB éditeur, 1987.

Fierlbeck, Katherine, and William Lahey. *Health Care Federalism in Canada: Critical Junctures & Critical Perspectives*. McGill Queen's UP, 2013.

Fitzgerald, James. *What Disturbs our Blood*. Vintage Canada, 2010.

Fondras, Jean-Claude. *Santé des philosophes, philosophes de la santé*. Éditions Cécile Defaut, 2014.

Foucault, Michel. *Naissance de la clinique*. PUF, 1963.

Froehlich, Patrick. *Ce côté et l'autre de l'océan*. Les Allusifs, 2018.

———. *Avant tout ne pas nuire*. Les Allusifs, 2017.

Gefen, Alexandre. *Réparer le monde. La littérature française face au XXIᵉ siècle*. José Corti, 2017.

Gibson, Margaret. *Opium Dreams*. McClelland & Stewart, 1997.

Goldman, Brian. *The Night Shift*. HarperCollins, 2011.

Goto, Hiromi. *Hopeful Monsters*. Arsenal Pulp Press, 2004.

Hage, Rawi. *Cockroach*. Anansi, 2008.

Hartman, Geoffrey. "Narrative and beyond." *Literature and Medicine*, vol. 23, no. 2, 2004, pp. 334–45.

Hill, Lawrence. *Blood: The Stuff of Life*. Anansi, 2013.

Klein, Alexandre, et Séverine Parayre, directeurs. *Histoire de la santé XVIIIᵉ–XXᵉ siècles*. P de l'U Laval, 2015.

Lai, Larissa. *Salt Fish Girl*. 2002. Thomas Allen Publishers, 2008.

Lam, Vincent. *Bloodletting and Other Miraculous Cures*. Anchor Canada, 2005.

Laugier, Sandra, directrice. *Éthique, littérature, vie humaine*. PUF, 2006.

Laurence, Margaret. *The Stone Angel*. 1964. Emblem Editions, 2017.

Lemay, Grégory. *Le cœur des cobayes*. Héliotrope, 2016.

McLellan, Faith. "Literature and Medicine: Physician-Writers." *Lancet*, vol. 349, no. 9051, 1997, pp. 564–67.

Monette, Pierre. *Dernier automne*. Boréal, 2005.

Nussbaum, Martha C. *Love's Knowledge: Essays on Philosophy and Literature*. Oxford UP, 1993.

Ohlin, Alix. *Inside.* Vintage, 2012.

Poulin, Jacques. *Le coeur de la baleine bleue.* Bibliothèque québécoise, 1994.

Rose, Nikolas. *The Politics of Life Itself: Biomedicine, Power, and Subjectivity in the Twenty-First Century.* Princeton UP, 2007.

Spinoza, Baruch. *Éthique.* Garnier Flammarion, 1993.

Thomas, Audrey F. *Night Shift: Maintaining Health and Wellness.* Self-published, 2015.

Toews, Miriam. *All My Puny Sorrows.* Knopf Canada, 2014.

Trudel, Sylvain. *Du mercure sous la langue.* Les Allusifs, 2001.

Vannatta, Seth, and Jerry Vannatta. "Functional realism: A defense of narrative medicine." *Journal of Medicine and Philosophy,* vol. 38, 2013, pp. 32–49.

Winckler, Martin. *La maladie de Sachs.* Gallimard, 2005.

———. *En soignant en écrivant.* Éditions J'ai lu, 2001.

Wiseman, Adele. *Crackpot.* Bison Books, 1993.

Woods, Angela. "The Limits of Narrative: Provocations for the Medical Humanities." *Medical Humanities,* vol. 37, 2011, pp. 73–78.

Woolf, Virginia. "On Being Ill." *Selected Essays.* Oxford UP, 2008.

Zaffran, Marc. *Le patient et le médecin.* Les P de l'U de Montréal, 2014.

Le corps en crise

III

Affects of Memory / Affects de la mémoire

7 The Circuitry of Grief

Queer Time, Killjoy Politics, and Mourning in Sina Queyras's M × T

|HEATHER MILNE|

SINA QUEYRAS'S M × T is a poetic exploration of loss and mourning. "M × T" is an abbreviation of the equation "Memory multiplied by Time." Queyras elaborates on this equation midway through the book in a visual diagram called "Ohm's Law of Grieving," which offers the following equations: $F = M \times T$ (Feeling equals Memory multiplied by Time); $M = \frac{F}{T}$ (Memory equals Feeling over Time); and $T = \frac{F}{M}$ (Time equals Feeling over Memory). This is one of nine mathematical equations and diagrams of electric circuitry in the book that attempt to map, quantify, explain, and arguably contain grief through the development of precise formulae. The diagrams featured in M × T draw on the laws of magnetism, electricity, and physics—laws that are predictable and prescriptive, but that, in Queyras's hands, become powerful and compelling visual metaphors. The diagrams attempt to account for, and contain through representation, grief's force and its unpredictability. The "Emotional Overload Sensor Circuit" measures emotions by placing a buffer in their path and measuring the degree of resistance. The "Emotional Circuit Breaker" is a device that interrupts an emotional circuit to "prevent an excess of excessive feeling from damaging, i.e., exploding or blasting or otherwise bursting the surface of the physical vessel in which the circuits are housed and/or causing a combustive implosion or internal firestorm from sudden bursts of feeling in inopportune moments" (59). The diagrams often incorporate mechanisms that attempt to standardize the laws of grief, to mitigate the unexpected twists and turns that grief takes, and to control grief's excesses. They are firmly tongue-in-cheek and the reader is wise to be skeptical of the formulae they present. The poems in the collection serve as a kind of counterpoint to the diagrams and demonstrate the way in which grief is at once intangible, overwhelming, shifting, and impossible to quantify. Grief, the poems suggest, cannot be diagrammed or channelled into predictable and standardized circuits; grief, and its attendant affects such as rage, despondency, and even unexpected bursts of humour, are unavoidable, uncontainable, and unpredictable. Grief may undo the subject, but this undoing is rife with poetic, affective, and even political potential. It also, I shall argue, functions as an affirmative site of feminist and queer dissent and disruption.[1]

M × T could be categorized as what Tanis Macdonald calls a *contemporary feminist elegy*—an elegy that turns to and upon "a rigorous examination of language as a tool to dismantle prescriptive models of mourning" (20). Feminist elegies, Macdonald argues, "are less concerned with identity and consolation than they are with subjectivity and inquiry" (15). *M × T* dismantles prescriptive models of mourning; these poems do not work towards consolation or resolution. Many of them embrace negative affects and bear irreverent traces of irony, sarcasm, and humour, features not typically associated with elegies.

But *M × T* is not just a feminist elegy; it is also a queer elegy in its resistance to linear conceptualizations of time, memory, and grief, and in its expansion of what constitutes a grievable object beyond prescriptive heteronormative structures linked to family, nation, and inheritance. In my reading of Queyras's *M × T* as a poetic text that challenges prescriptive models of mourning and normative perceptions of time, I draw on Jack Halberstam's notion of queer time; Elizabeth Freeman's concept of chrononormativity; and Sara Ahmed's twin figures of negative affect, the feminist killjoy and the unhappy queer. These concepts offer productive ways to articulate a poetics of grief that is inflected by both feminist and queer politics of refusal, and that challenges certain normative, affective, and temporal imperatives of grief, happiness, and consolation. Queer time resists the linear progression of grief and its resolution. The feminist killjoy and unhappy queer challenge the notion that sadness and anger are feelings that one should necessarily work to resolve or distance oneself from. Instead, they embrace negative affect as a productive political response to injustice.[2]

In many regards, the move toward negative affect in recent feminist thought transcends national boundaries and concerns. However, Queyras's *M × T* can be situated in relation to other recent Canadian texts such as Erin Wunker's *Notes from a Feminist Killjoy*, which explores anger as a necessary response to heteropatriarchal culture. Indeed, negative affect, and most notably anger, has galvanized Canadian feminist discourses in recent years and has informed public feminist responses to events like UBC Accountable and the Jian Ghomeshi trial. *Refuse: Canlit in Ruins*, a recent collection of essays and other writings, gives a succinct account of the reasons behind the anger directed toward the CanLit establishment by many feminist, Indigenous, racialized, queer, and trans writers and critics. While these poems are, in large part, a more personal exploration of grief, anger, and killjoy politics, Queryas (who now uses they/them pronouns) persistently draws connections between the personal and the political in ways that make it possible, and indeed necessary, to situate their work in a dialogue with these broader discussions and concerns.

Mourning in Queer Time

Jack Halberstam and Elizabeth Freeman have both explored the ways in which heteronormativity enforces particular temporal structures onto its subjects, and also the ways in which queerness can disrupt those stuctures and call into question the normative values that underpin them. In his book *In Queer Time and Place*,

Halberstam, then publishing under the first name Judith, concep-
tualizes queer time and queer temporalities in opposition to
heteronormative understandings of personal development and
kinship relations "upheld by a middle-class logic of temporality" (4).
Halberstam sets queer time in opposition to family time and the
"time of inheritance," which "refers to an overview of generational
time within which values, wealth, goods, and morals are passed
through family ties from one generation to the next" (5). Family
time, for Halberstam, is also "heterosexual time" which "connects
the family to the historical past of the nation, and glances ahead
to connect the family to the future of both familial and national
stability" (5). Queer subcultures, by contrast, "produce alternative temporalities by allowing their participants to believe that
their futures can be imagined according to logics that lie outside
of those paradigmatic markers of life experience—namely birth,
marriage, reproduction, and death" (2). Elizabeth Freeman refers
to the imposition of temporal frameworks onto human bodies as
"chrononormativity" and suggests that this kind of control, when
exerted upon the populous, functions as a form of "chronobiopolitics" in which individuals' bodies are "synchronized not only with
one another but also with larger, temporal schemae" to the extent
that the feeling of belonging seems natural (4). "In a chronobiopolitical society," Freeman argues, "the state and other institutions,
including representational apparatuses, link properly temporalized
bodies to narratives of movement and change" (4). Marriage, capital
accumulation, reproduction, childbearing, and death become the
attendant rituals of a chronobiopolitics linked to heteropatriarchal
capitalism. She draws on Dana Luciano, who notes that the development of private and public spheres in the nineteenth century
was largely a construct created by modern capitalism, and that in
this context, mourning the dead was "newly reconstructed as an
experience outside of ordinary time, as eternal, recurrent, even
sacred" (qtd. in Freeman 5). As an affective state that exists outside

of normative constructions of temporality that are linked to capitalism and the marketplace, and the division of private and public spheres, mourning is arguably inherently disruptive and, one might argue, queer. Halberstam, Luciano, and Freeman identify and question heternormative and capitalist temporalities from a queer perspective in ways that are useful for reading Queyras's engagements with time, memory, and mourning in $M \times T$.

Queyras seems to poke subtle fun at capitalist attempts to harness grief and make it exist within economic and normative temporal stuctures. "Direct Mourning" is a diagram of grief accompanied by the descriptor "the gold standard of consumer grief," suggesting an alignment between grief and the marketplace. The description continues: "direct mourning contains no surges of feeling, no outburst, it is unidirectional." Similarly, in the diagram titled "Alternating Mourning," we learn that "[c]onsumer mourning outlets vary according to countries, size of population, and equipment" (n.p.), further suggesting a connection between mourning and consumer capitalism. In other words, *consumer* mourning, as opposed to queer mourning, suggests that there is a *right way* to mourn: a way that is chrononormative, productive, quantifiable, and not disruptive to business as usual. In a capitalist context, the grieving and depressed are, thus, seen as "unproductive"; they might be said to be chrono-non-normative subjects who exist in queer time. But ultimately, as Queyras suggests, grief cannot be neatly mapped or graphed, nor can it be easily commodified. As already mentioned, the poems in $M \times T$ tend to complicate, expand upon, challenge, and contradict the formulae set out in the diagrams, embracing queer time and the unpredictability of negative affect in the process. Queer time is antithetical to capitalist models of efficiency; so, too, is the feminist killjoy's politicized determination to be proximate to grief rather than happiness, a point to which I will return later in this chapter.

Proliferating Mourning

Death is a ubiquitous theme in $M \times T$, and Queyras mourns the deaths of parents and siblings, arguably situating mourning within kinship relations that one might construe as heteronormative (or at the very least normative). However, mourning in Queyras's work is never simply linked to grief for lost kin. For example, Queyras's elegy for their father is titled "Elegy for my Father's Labour" and is, as its title suggests, a tribute to his working-class identity, an identity located outside of middle-class logics of temporality and safety. They write in this poem of shift work, occupational injuries, construction, heavy machinery, and trucking routes (73). Queyras queers the elegy by elegizing unusual objects. Much of the mourning in the book is not linked to people but to places, objects, art, or politics. They mourn the opportunities denied to women in heteropatriarchal cultures. They mourn the lost landscapes of childhood, particularly those of the West Coast and, to a lesser extent, Winnipeg. They elegize letters of the alphabet, photographs, and paintings. Queyras writes an "Elegy for the Letter Q as it Appears in the Waves," and a poem titled "Two Elegies for Grief as Jackson Pollock" that uses procedural compositional strategies that reflect, in textual form, aspects of Pollock's painterly style.

The text of a procedural poem is somewhat randomly generated by applying a particular procedure to language. Procedurally generated elegies directly challenge understandings of the elegy that paint it as an articulation of grief, as a private emotion, that consolidates a discrete speaking subject. By extension, procedural elegies challenge both the humanist underpinnings of the traditional elegy and the normative trajectory of grief and consolation upon which it depends. Queyras's "Elegy Written in a City Cemetery," which is a procedural poem composed of lines from famous elegies, is elegy not as consolation but as proliferation; it is in dialogue with other elegies and locates the speaker's grief in a rhizomatic chorus of grieving voices. Grief opens outwards; it becomes dialogic, expansive, socially situated, shared, and ultimately unresolvable.

A posthuman feminist approach is useful for a poetics that seeks to problematize formulaic models of grief premised on resolution and theories of the elegy that are modeled on humanist under-standings of subjectivity. Rosi Braidotti argues that the posthuman enacts a "displacement of our world-view away from the human epicenter" and "establishes a continuum with the animal, mineral, vegetable, extra-terrestrial, and technological worlds" (183). For Braidotti, "the becoming-posthuman speaks to my feminist self, partly because my sex, historically speaking, never quite made it into full humanity, so my allegiance with that category is nego-tiable and never to be taken for granted" (81). In other words, the posthuman is resolutely feminist in its oppositional relationship to humanism because humanism is "modeled upon ideals of white masculinity, normativity, youth, and health" (67–68).

Like grief and memory, the speaker of these poems is intan-gible and shifting; they are a subject in becoming, a queer subject. Indeed, the term *speaker* here is, arguably, posthuman—a term that, for Braidotti, describes the displacement of anthropocentrism and the configuration of "subjectivity as an assemblage that includes nonhuman elements" (82). E.L. McCallum and Mikko Tuhkanen understand queer becoming "not so much as a narrative of self-development...but embraced as a constant challenge to the limits, norms, and constraints on intelligibility that hem in and define a subject....For what are our unbecoming subjects but things like time and space, history and politics, gender and its concomitant identity-regulating categories, aesthetics and ethics?" (10). These "unbecoming" categories are all central preoccupations in $M \times T$. McCallum and Tuhkanen list time as an unbecoming subject and, in step with Queyras, I would add memory and feeling to this list as well: $F = M \times T$. In $M \times T$, then, the subject's becoming is also a kind of unbecoming: a dissolution of the grieving subject that Queyras explores poetically in lines like "The body is fluid: I am leaking, I no longer care who sees me leak" (28); and "you come and I am open, you swim through my ribs" (9). The speaker is undone and reconstituted repeatedly through memory and grief: "when I am being torn apart, I don't need you to point out the empty seed pods of winter" (11). They liken their body to a tree ("I am the only tree on the block refusing to let my leaves fall" [n.p.]) and configure themselves as not-quite-human ("We come smelling of tadpoles and silt. We come mossy and sprouting feathers" [40]).

Grief, Mourning, and Hauntology

M × T offers not only a meditation on grief and memory but also a critical engagement with the ways in which aspects of hetero-patriarchal capitalism exacerbate feelings of anger, sadness, disconnect, and numbness. As I have already suggested, queer time exists outside or in opposition to capitalist bourgeois temporalities, or what Elizabeth Freeman refers to as chrononormativity: "the use of time to organize individual human bodies toward maximum productivity" (3). Freeman draws on Derrida's concept of hauntology as articulated in *Specters of Marx*, suggesting that hauntology "contributes to queer theory the idea that time can produce new social relations, even new forms of justice that counter the chrononormative and chronobiopolitical" (10). If *ontology* refers to "what is," to the stability and reality of matter, its near-homonym *hauntology* is its "ghostly echo." It is neither alive nor dead; it is what undermines reality and "shakes our belief" (Jameson 38). This connection is made manifest in Queyras's poem "The Dead Ones," a poem about ghosts haunting the living. Queyras writes:

> *The noise you hear when diving into a civic pool is the om of the dead.*
> *The humming silence is their slow, methodical dance. The dead have*
> *no weight but they stomp nonetheless. They hold hands in long lines;*
> *they are determined to be heard, to be seen: look at me, they say.*
> *diving in and out of to the earth like porpoises, look at me. (54)*

And a few lines later:

And of course the dead have a sense of humour. Even the most down-
trodden dead. Relieved of their burdens, they think of their struggles
and laugh. They lie back in death and hone their wit. They come to
you in your panic and bite the soft parts of your feet or tickle your
palms, they lay their thoughts in the middle of the sidewalk and
laugh. They place mirrors on your desk, or pull your lips like rubber
bands.

To the dead, anger is like a trampoline, it has bounce. Compassion is
their superpower, time their weapon. Strong gusts of wind or bursts
of sun flare when they are feeling for you. They follow you around,
hoping you will notice them. (55)

The dead disrupt the temporal and ontological stability of the
living. Queyras resists the imperative to unload the burden of dead
loved ones by resolving grief when they ask:

How can we move forward carrying the weight of our dead?
How can we move forward not carrying the weight of our dead? (57)

Here Queyras seems to suggest the impossibility of shedding the
dead; one moves forward carrying the past, carrying the affective
weight of the hauntological. Hauntology also operates through
visual registers, as the speaker detects the presence of the deceased
in works of art: "I see you in the Carollee Schneemann, banging the
floor with a broom. I see you in the black, stacked shapes of Louise
Nevelson. I see you in Andrea Zittel's *Escape Vehicle*" (13). Hauntology
works in conjunction with, and perhaps even as a function of, queer
time to disrupt chrononormativity as the past repeatedly intrudes
upon and disarranges the present.

Mourning like a Killjoy

Queyras resists the imperative to be happy and the imperative to resolve one's grief and move from a state of mourning to one of consolation. "Who is happy?" asks the speaker of the poem, "Water, water everywhere." This rhetorical question remains unanswered in *M × T*. Queyras embraces the positions of Sara Ahmed's feminist killjoy and unhappy queer, both of whom refuse the "promissory logics of happiness" and are instead "full of hap" and "alienated from happiness" ("Happy Futures" 166). The "good" woman "upholds conventional gendered expectations and aligns her happiness with the happiness of others" (Ahmed, *Promise* 55). Happiness is used to secure social relations through shared "happiness scripts" (60). To be an unhappy queer or a feminist killjoy is to refuse to be aligned with the norms that are supposed to make one happy (heterosexuality, reproductive futurity, gender norms, and what Lauren Berlant calls "the good life" [263]). The feminist killjoy and unhappy queer "do not place their hopes for happiness in the right things" (Ahmed, *Promise* 60). More recently, Ahmed has described the feminist killjoy as she who is "unwilling to be seated at the table of happiness" (*Willful* 2) and who is willing to "reject or widen the scripts available for what counts as a good life" (*Living* 264).

Queyras's speaker shares a great deal in common with Ahmed's killjoy. They refuse the promissory logics of happiness and the normative elegiac imperatives of resolution and consolation. They are full of hap and rage. After asking who is happy, the speaker goes on to fully embrace a position of feminist rage:

> *Fuck you, you say, fuck art, fuck cancer, fuck your empty gestures,*
> *fuck every way we are contained, every way we are numbed, fuck*
> *your female heroes with their trembling lips and short tethers.*

> *Fuck the way you see me as a fence post, fuck fence posts. Fuck the*
> *way you rely on women's work. Fuck the way you absent us from*

your conversations. Fuck Bellow, fuck Olson, fuck Berryman, fuck
rhetoric, fuck you.

Take this anger; wipe your face with it, take your career and douse
it in kerosene, walk away from it, you do not do, do not do, grief, in
your pointed shoes. (14)

This final line is adapted from a famous angry paternal elegy:
Sylvia Plath's "Daddy," one of several intertextual references in
$M \times T$ that situate Queyras's poems in relation to other poems,
novels, and visual art. Grief is overlaid with anger in this poem, an
anger that is resolutely feminist in its objection to the limitations
placed on women in a heteropatriarchal culture. Queyras embraces
feminist rage and challenges assumptions that women should
be meek and compliant. On the next page, Queyras denies their
anger and claims that "fuck" in this instance refers to sex: "I am
not angry—what smart person wouldn't want to fuck art? Or fuck
in art? Or be fucked by art, her clean lines so hard and bright?" (15).
The object of desire here is art and art is gendered female. Anger
and desire are mutually implicated and both are queered and politicized in order to reject consolation and resolution.

Much of the feminist anger in this collection stems from a frustration with the aesthetic frames that limit the ways in which
women's experiences and identities are presented in poetry, art,
and film. The poem "Over to You" is, in part, an elegy for Queyras's
sister, France Queyras, a filmmaker who died of breast cancer in
2006.[3] In "Over to You" the speaker claims that they are writing
their own elegy:

Art is about framing things. But then what?

I see now that a woman has to frame herself or be framed.

I have not wanted myself in the frame badly enough. I did not
want to share my pain. (63)

To write about grief is, in effect, to share one's pain and to put oneself inside the frame. The poem contains numerous references to women's bodies and the ways in which they are framed and constrained in the context of normative modes of gendered representation:

I am talking about pitching you this idea for a movie about women's breasts. I want to talk about breasts. The ones who tell the stories make up the world. I would like breasts to have a story.

I see women hefting battery packs, practicing replacing one tape with another, how fast can they run and record? What will they miss? Strapping on sound equipment. Yes, this is all about breasts. I want it to be about life.

It will be forty-five minutes. Or five minutes if you can stomach that. Can the situation of breasts be about life? I want to pitch you this idea. I want you not to tell me this is too abstract. Women's bodies are fairly solid. They stack well. They are a current item.

I don't know. I am thinking of something about breasts. There is a relationship between water and the breast. Did you know that the breast is water? There is water in a breast. My breasts, I mean, they aren't idle.

The stainless steel culvert is my sexuality. (65–66)

Queyras challenges the conventional filmic representation of breasts and, by extension, women, as passive, sexualized objects of the male gaze. Instead, they want breasts to have a story of their own, to be associated with life, and to be seen as active ("they aren't idle"). The final line disrupts conventional associations between women's bodies, softness, and warmth. If it is "all about framing," as Queyras suggests, here they propose a new frame, one that attributes agency to women's bodies but one that also reconfigures the frame of the camera as well as the gaze, a gaze that here belongs to the feminist killjoy filmmaker. A few lines later they write, "The goal of art is seeing. I am seeing until my eyes bleed. I am seeing colour that is very textured. It is aggressive. I am so angry the lights around me burn out" (67). The speaker of this poem positions themselves in opposition to the modes of representation that have confined and constrained women. They see in new ways, ways that make them angry, that make their eyes bleed, but that are necessary for the disruption of established norms. Such a move disrupts happiness scripts. It also creates other affinities and possibilities for seeing and representing the lives of women, their anger, and their grief.

The tension between prescriptive models of grief as outlined in the diagrams and the nonlinear and unpredictable experiences of grief as articulated in the poems is coupled in the text with a similar tension between the prescriptive modes of grief outlined in theory and philosophy (for example, psychoanalytic models of mourning and melancholia) and actual experiences of grief that do not conform easily to these models. Queyras writes,

> I am not interested in what Bourdieu, or Kristeva, has to say about grief. I don't want a grid, I want arms, I don't want a theory. I want the poem inside me. I want the poem to unfurl like a thousand monks chanting inside me. I want the poem to skewer me, to catapult me into the clouds. I want to sink into the rhythm of your weeping. I want to say, My grief is turning and I have no way to remain still.
>
> ...I go to the hollow when I want to empty, I go to theory when I want to sit with someone else's thinking, I go to myself when I want to see you. (10–11)

Tanis Macdonald notes that "the contemporary elegy is emerging as a genre that is defined by its sense of discontent and by its resistance to being reduced either to pure affect or pure philosophy" (13). Queyras also resists this reduction. While they are wary of the understandings of grief offered by theory and philosophy, their articulation of what it means to grieve is in its own way precise and conceptual. In spite of Wordsworth's claim that a poem is the spontaneous overflow of powerful feeling, poems are not pure affect but are in fact carefully constructed. $M \times T$ is structured upon the tension between thought and feeling; thought is never abandoned in favour of unmediated, raw emotion but Queyras also resists channelling grief into overly analytical models. They write: "I want to love my memory of you, it's not a conceptual feeling though I can attempt a grid of my feelings for you, I can calculate the number of verbs, and adverbs; I can leave a how-to diagram on the coffee table if you would like to look at it when I finally sleep" (10). Later in the same poem they write: "I am operating on instinct here...I can't weigh my grief against a pound of flesh. I have a right to order the driftwood or not. Whole nations have been built on description" (11–12). Instinct and affect function in opposition to the diagrams that precede each section of the book and are ultimately much more compelling since they offer modes of grieving that are not subjected to standard and linear narratives of progress or chrononormative perceptions of time.

Part of Queyras's resistance to drawing on philosophical models of grief stems from the fact that these models take the grieving subject to be male. Queyras is interested in developing a poetic discourse through which women can conceptualize their experiences and can voice these experiences publically. Part of what is mourned in these poems is the lack of space women are permitted to occupy in public discourse, the lack of space they are given to think. Queyras invokes and challenges masculinist underpinnings of epistemology when they write:

She understands the interrogative to be male. Instruction is also
male. Certain forms of syntax elude her. If you can't speak with
authority, please remain silent. Always recharge your batteries before
you attempt to cross topics. Hesitation is abject. Women rarely pull
off certainty in public. (20)

They articulate a desire for a feminist epistemology, one where
women can pursue knowledge and knowing outside of gendered
conventions:

We want to know how to be women artists in the world. We want to
know beyond recipes for jam, beyond the thick brush strokes of pre-
modernist canvases, we want fleeting and concrete. How not to enter
the mind of the world? How to be a megaphone? How not to think in
code? Thinking in public terrifies us. We hide, so tentative we think
the wind might break our bones and yet we come to the clearing, we
cannot contain our thoughts. (40)

Grief and rage in this book are often mobilized around the experiences of growing up female in a patriarchal world. Feminist
rage fuels grief and mourning but grief and rage are also stifled as
women are conditioned to remain quiet and compliant, to maintain an outward appearance of happiness and calm, to soothe and
comfort others, and to pursue the trivial.

Queyras's queer and killjoy politics of mourning refuse to
mitigate grief. Memory and time become, in Queyras's hands,
multidimensional. Feeling might equal Memory × Time but grief,
memory, and time are inseparable from and inflected by the political contexts that inform them. Grief in these poems is expansive
and nonlinear. It works not toward resolution but toward a compli-
cation and introspection that is both poetic and political. Affects
are lodged in bodies that are gendered and queered. However,
Queyras does not lose sight of the private dimensions of grief

and the ways in which loss and mourning are experienced on an intensely personal level; one person's grief is different from another's just as one person's lost object is not the same as another's. Moreover, the poems should not be read as an outright rejection of the necessary work of healing; rather, they are a poetic recognition of the negative affects that are both crucial to working through loss and a necessary reaction to heteropatriarchal capitalism for any queer or feminist subject mourning in queer time. *M × T* situates grief socially and politically, and, in so doing, offers a powerful poetics of loss that foregrounds a queer and feminist approach to mourning and affect.

Notes

1. *M × T* builds on ideas explored in some of Queyras's earlier work, most notably, the novel *Autobiography of Childhood*, which explores death, loss, and mourning in the context of one family; and *Expressway*, which contains elegiac undertones in its reflection on the growth of car culture and transportation networks.

2. While this chapter is mainly focused on negative affect and anger as disruptive and political forces in *M × T* through its focus on queer affect theory as a lens through which to read Queyras's poems, it is also important to consider how the presence of anger in this body of theory is itself a disruptive force. Theories of negative affect pose a direct challenge to the patriarchal and Eurocentric assumption that theory is, by definition, objective, dispassionate and impersonal.

3. Notably, France Queyras made the film *Body Burden*, which focuses on environmental toxins that lead to illnesses like cancer.

Works Cited

Ahmed, Sara. "Happy Futures." *Queer Times, Queer Becomings*, edited by E.L. McCallum and Mikko Tuhkanen, SUNY P, 2011, pp. 159–82.

————. *Living a Feminist Life*. Duke UP, 2017.

————. *The Promise of Happiness*. Duke UP, 2010.

————. *Willful Subjects*. Duke UP, 2014.

Berlant, Lauren. *Cruel Optimism*. Duke UP, 2011.

Braidotti, Rosi. *The Posthuman*. Polity, 2013.

Freeman, Elizabeth. *Time Binds: Queer Temporalities, Queer Histories.* Duke UP, 2010.

Halberstam, Judith. *In a Queer Time and Place.* New York UP, 2005.

Jameson, Fredric. "Marx's Purloined Letter." *Ghostly Demarcations: A Symposium on Jacques Derrida's Specters of Marx*, edited by Michael Sprinker, Verso, 1999, pp. 26–67.

McCallum, E.L., and Mikko Tuhkanen. Introduction. "Becoming Unbecoming: Untimely Mediations." *Queer Times, Queer Becomings*, edited by E.L. McCallum and Mikko Tuhkanen, SUNY P, 2011, pp. 1–20.

McGregor, Hannah, et al., editors. *Refuse: Canlit in Ruins.* Book*hug, 2018.

MacDonald, Tanis. *The Daughter's Way: Canadian Women's Paternal Elegies.* Wilfrid Laurier UP, 2012.

Queyras, Sina. *M × T.* Coach House, 2014.

Wunker, Erin. *Notes from a Feminist Killjoy: Essays on Everyday Life.* BookThug, 2017.

8

Vétiver de Joël Des Rosiers
Où les souffrances encore affleurent

|NICOLETTA DOLCE|

JOËL DES ROSIERS EST UN POÈTE, essayiste et psychiatre
québécois d'origine haïtienne qui appartient à la longue lignée des
écrivains médecins. Auteur de plusieurs recueils de poésie, il reçoit
en 2011 le prestigieux prix Athanase-David pour l'ensemble de son
œuvre. En 1999, Des Rosiers publie *Vétiver*, recueil comportant
quatre sections : « Cayes », « À Vaïna illustre servante », « Cayenne »
et « Basse-Terre ». À la lecture de *Vétiver*, dont les pages déploient
une vaste érudition jubilatoire, on se demande comment aborder
cette œuvre qui présente une grande densité à la fois thématique
et lexicale.

Il y a cependant un élément qui la parcourt en filigrane et qui
constitue l'une des portes d'entrée : c'est l'histoire des massacres
perpétrés en Haïti sous la bannière de l'esclavage. Il importe de
souligner que cette thématique de la mémoire historique est déclinée
en consonance avec celle de la mémoire familiale et personnelle. En
fait, la traversée de ces mémoires amène le sujet lyrique à la reconnaissance de l'autre et de sa vulnérabilité. Ce processus, central
dans l'éthique du *care*, permet au *je* d'établir une relation maïeu-
tique avec les différentes formes d'altérité inscrites dans *Vétiver*. La
vulnérabilité, « pensée comme une modalité irréductible de notre
rapport au monde » (Garrau et Le Goff 8), soutient la démarche du
sujet, qui accepte l'un des défis du *care*, celui d'écouter dans une
posture où le silence attentif devient accueil de l'autre et de soi-même.
Dans cette œuvre, il est aussi question de prise en charge de la

souffrance collective par un *proche*, notamment. C'est à la présence de ce *proche*, capitale pour la dynamique de l'œuvre, qu'une partie de cette étude est consacrée. En dernière analyse, il sera fondamental de comprendre comment le *je* lyrique ainsi que ce *proche*, conscients de la vulnérabilité de l'espèce humaine, ressentent ce que Carol Gilligan définit comme « l'appel d'agir de manière responsable envers [eux-mêmes] et les autres » (239). Dans ce cas, il est question autant de la responsabilité à l'égard des victimes de la Traite, que du souci de transmettre leur destin néfaste à ceux qui sont déjà là comme à ceux qui « ne sont pas encore présents et vivants » (Derrida, *Spectres de Marx* 16).

Comme chez Laurent Jenny (2003) et Dominique Combe (1989), le syntagme *je lyrique* est utilisé ici en tant que synonyme de *sujet lyrique*. Bien que l'histoire de ce concept ait fait couler beaucoup d'encre,[1] ici, j'emprunte la signification de Dominique Combe : « la référence du je lyrique est un mixte indécidable d'autobiographie et de fiction. En d'autres termes, dans le poème lyrique, le pronom je, certes dominant, réfère simultanément et indissociablement à une figure "réelle", historique, biographique, du poète en tant que personne, et à une figure littéralement construite, fictive » (162). Le *je* lyrique de *Vétiver* ne relate pas directement les choses du monde, mais il évoque plutôt le retentissement qu'elles ont sur lui. Sa posture éthique et affective se clarifiant par une longue traversée mémorielle, il devient celui qui, dans son extrême vulnérabilité, entend l'inaudible et accueille l'autre pour le tirer de l'oubli.

La mémoire personnelle

La mémoire personnelle qui tisse la trame de *Vétiver* est composite : alimentée par un réseau riche en souvenirs, elle reconstitue plusieurs strates mnésiques liées à un passé à la fois familial et individuel :

les mains nous précèdent
elles nous accueillent dans le monde

j'ai reçu en partage les mains de mon père
lui-même les avait héritées de sa mère Amanthe
dont la beauté est mythique. (13)

C'est avec ces vers que le recueil s'ouvre : les mains de la sage-femme ou de l'accoucheur qui accueille le nourrisson constituent le lien entre la vie donnée et l'héritage familial dont le *je* lyrique est le porteur. La lignée est tracée alors que le sujet fait appel à ses grands-parents, Amanthe et Dieudonné[2], dont les noms, profondément évocateurs, convoquent un passé aux traits mythiques. À la mort de sa bien-aimée, survenue au cours d'un incendie le 23 février 1911 aux Cayes, le grand-père, qui « rédigeait alors le manuscrit / de plusieurs milliers de pages » (14), ne survécut pas. « Le jour de ses cinquante-deux ans dans la lumière contenue / de décembre Dieudonné mourut d'Amanthe » (14). Remarquable est la prégnance de ce dernier vers, où la métonymie est associée à l'antonomase : Amanthe incarne l'idée de l'amour, elle est l'amour. La même atmosphère teintée de merveille salue la naissance du sujet, naissance scandée également par une date précise : le 26 octobre 1951.

[L]e 26 octobre 1951 eut lieu la première césarienne
dans l'histoire de la ville il n'y eut pas de sommeil pour personne
le père de ma mère s'enquit d'une voix lente de magistrat
ma fille va-t-elle survivre il répéta la question
s'éloigna sous la pergola
dans le jardin priaient les nonnes oblates de Marie
la main du chirurgien ouvrit le ventre de ma mère
du xiphoïde au pubis la tribu exulta dans l'assomption du sang
l'enfant tenait la lame du bistouri entre ses mains
à l'aube la mère de ma mère me retrouva exsangue
dans les langes immaculés sentant le vétiver

les artérioles digitales sectionnées spasmées par l'éther
s'étaient rouvertes durant la nuit un caillot dans la bouche
l'enfant avait porté la blessure à ses lèvres
on crut au miracle le père de ma mère cita Éloges
ah ! les cayes, nos maisons plates la ville des Cayes
où je suis né blessé aux mains se trouve encore
sur le finistère au bout de la langue de terre
sur la presqu'île d'où vient le paradis
à l'extrême bout de la langue. (17)

L'évènement, dont le caractère exceptionnel est rendu par plusieurs éléments textuels (« la première césarienne », « il n'y eut pas de sommeil pour personne », l'enfant qui tient le bistouri entre ses mains—Des Rosiers deviendra médecin), acquiert une signification miraculeuse[3] : la tribu exulte dans l'assomption du sang, et l'enfant, en portant le caillot dans la bouche, accomplit un acte thaumaturgique d'autoguérison. De plus, la blessure à la main, rouverte durant la nuit, ne tache pas les langes du nourrisson ; ces langes, par un inexplicable phénomène, restent immaculés. La naissance alors est drapée dans une espèce de légende[4] qui se répand dans la ville des Cayes, cette ville qui se trouve sur la *finis terræ*, à la fois espace terminal de la presqu'île et de la langue : être au bout de la langue ne renverrait-il pas, dans ce cas, à la présence constante de l'inoubliable, à l'omniprésence des origines ?

C'est ainsi que, dès les premiers vers de *Vétiver*, le locuteur fait acte d'allégeance à ses ancêtres, proclamant son désir tant de remonter à la source des souvenirs familiaux que de suivre un chemin dont les signes prémonitoires s'inscrivent dans l'histoire de sa famille :

comme le père de mon père j'assemble les signes
cela n'est pas un fantasme cela n'est pas une image
je fouille je remonte à la source je veux savoir de qui
me viennent ces mains atypiques tu as les mains de ma mère

malebranche comme le patronyme de la mère de mon père
la mâle branche porte des rosiers
que le tribut payé à la douleur maternelle
à la disparition d'Amanthe
à l'effroyable cicatrice de ma mère
au silence entourant le manuscrit de Dieudonné
me fut si cher compté je n'aurais pu l'imaginer
avant de me retrouver des années plus tard
un bistouri dans une main et une plume dans l'autre
hommage à Scherer Adrien qui me blessa à la naissance
stigmate que je porte comme alliance au majeur gauche
incarnation d'une étrange aisance de mes mains
parmi les entrailles auxquelles je redis adieu... (20)

Dans un halo de miracle (« stigmate », « incarnation »), la naissance de l'enfant, rendue par une métaphore botanique, représente le tribut payé à une série d'évènements douloureux survenus dans son lignage ; cet enfant, à l'âge adulte, payera lui aussi tribut autant à l'écriture, héritage familial (« père de mon père que je ne connus pas / j'apporte vivante ta foi dans le culte du livre » [22]) qu'à la médecine, dont il porte la marque de naissance indélébile au majeur gauche. De fait, le thème du retour aux origines traverse le poème ; à l'affirmation du début : « je fouille je remonte à la source » de l'héritage, font écho les vers de la fin : « incarnation d'une étrange aisance de mes mains / parmi les entrailles auxquelles je redis adieu ».

Tous les passages cités jusqu'à maintenant présentent la même caractéristique : le sujet fait appel à des souvenirs qui n'ont pas été engrammés[5] directement en tant qu'expériences personnelles, mais qui appartiennent à un patrimoine familial commun. Il s'agit de souvenirs « importés », de souvenirs « confectionnés », comme l'écrit Doris Lessing (18),[6] de fragments qui grâce à l'imagination, fondamentale dans tout processus mnésique, constituent une sorte de mémoire biographique chargée d'affectivité. Devrait-on se questionner sur la visée véritative de cette mémoire ? Pas nécessairement, et cela pour deux raisons fondamentales. En premier lieu, même si les souvenirs sont authentiques, c'est-à-dire appartenant au bagage expérientiel de l'individu, ils ne sont pas exempts de modifications constantes. Freud ne croyait pas « au caractère stable des traces mnésiques ; sa conception de la mémoire [était] essentiellement dynamique. Les souvenirs ne sont pas immuables » (Tadié et Tadié 53), mais sujets à plusieurs remaniements mettant constamment en jeu leur véracité. En deuxième lieu, le sujet de *Vétiver* cultive consciemment le paradoxe de la « mémoire sans personne » (45), cette faculté appartenant à celui qui sait reconnaître sans pourtant avoir jamais vu.[7] C'est effectivement cette sensation que le *je* lyrique ressent, alors que, enfermé dans la carlingue d'un avion, il se dirige vers « la terre rougeâtre de la Guyane » (60), cette dernière réveillant chez lui des souvenirs d'une enfance vouée à l'imagination :

> *personne ne m'avait prévenu*
> *fasciné par les mappemondes*
> *l'œil écarquillé sur les cartes de géographie*
> *je croyais enfant que Cayenne avait été fondée*
> *par les habitants des Cayes où naître à la vie*
> *où les femmes s'appellent cayennes*
> *malgré le passage des années je retrouvais*
> *le mythe des temps anciens de l'enfance*
> *lorsque l'avion survola l'anticyclone des Açores.* (57)

Les trois premiers vers aux vagues accents baudelairiens offrent une image légendaire de la ville de Cayenne, mythe qui ressurgit dans le voyage aérien, espace affranchi de toute territorialisation. Ici, on recourt au concept de mémoire affective, cette mémoire « qui nous fait ressentir une sensation » (Tadié et Tadié 174) et qui, dans ce passage, joue un rôle central. Selon Jean-Yves et Marc Tadié, la sensation, dans ce contexte particulier celle des retrouvailles, peut être provoquée de différentes façons :

La plus fréquente est le souvenir imaginaire : le souvenir d'un fait nous revient et nous recréons par l'imagination l'impression que nous pensons avoir éprouvée au moment où il s'est produit. Mais la mémoire a aboli toutes les charges affectives de ce fait. Celle que nous pensons éprouver est entièrement imaginée par nous et n'a peut-être rien de semblable à celle d'autrefois...Le sentiment éprouvé lors de la résurgence de ce souvenir est donc un pur produit de notre imagination. La mémoire imaginative nous construit des souvenirs imaginaires. (174)

À la lumière de ces mots, on remarque qu'un paradoxe fondateur loge au cœur du poème susmentionné : les souvenirs imaginaires du sujet ne découlent pas d'un évènement réel survenu dans le passé, mais ils émanent d'un autre processus imaginatif, celui qui appartient au monde de l'enfance. Tels souvenirs, versatiles et malléables, peuvent désamorcer la déception qui risque de surgir du face-à-face avec la réalité contingente de Cayenne :

je me livrais au plaisir dangereux des retrouvailles
avec la terre promise à l'enfance comme des seins
toute une terre de moi tenue secrète
et c'est une chance que je ne saurais fuir
comme si la mémoire dégorgeait soudain
je la reconnaîtrais sans jamais l'avoir vue. (61)

Dans ce passage, le paradoxe se poursuit et la vision d'une terre luxuriante, sensuelle, (« seins », « dégorgeait ») se matérialise aux yeux d'un *je* lyrique enthousiaste ; toutefois, l'utilisation du conditionnel au dernier vers suggère une certaine indétermination.

L'expression « le plaisir dangereux des retrouvailles » mérite un approfondissement alors que le sujet se trouve aux prises avec des souvenirs d'un passé vécu : il s'agit du moment où il se remé-more son séjour dans Cayes, sa ville natale aux « rues ordonnées où [il] a souvent joué » (76). Les retrouvailles peuvent être dange-reuses car décevantes, surtout lorsqu'on plonge dans les méandres d'une forme plus spécifique de mémoire affective, soit la mémoire romantique. Celle-ci « s'incarne d'abord dans le thème du retour. Revenir sur les lieux où nous avons vécu autrefois est un moyen de retrouver des souvenirs de la période passée, notamment des souvenirs d'enfance. Mais si ces lieux permettent de retrouver le contexte d'antan, ils sont vides de vie » (Tadié et Tadié 168). Alors la nostalgie entraîne le désenchantement. Effectivement, dans la section « Cayes », le locuteur en connaît les pièges : « j'avance vers la caye qui m'a vu naître / telle est l'imprudence de la nostalgie » (22), affirme-t-il. Toutefois, lorsqu'il parcourt les rues de Cayenne en proie à l'illusion de retrouver la ville dont il « avai[t] été séparé à l'âge tendre » (74), il constate :

> les souvenirs concordaient à cette heure
> les rues de la ville se dévidaient pour m'accueillir
> j'étais sans nostalgie sans larmes
> les traces laissées par les êtres qu'on a aimés
> demeurent hallucinantes vivantes inexprimées
> Cayenne la ville imaginaire de mon enfance
> frémissait en moi immortelle contrefaite
> dans une sorte de limbes
> exilée dans un continent étranger
> figure sensible du manque
> assise au bord de la jungle qui sans cesse l'intimidait. (75)

Les cinq premiers vers décrivent la situation d'un sujet qui retrouve indirectement, par l'architecture et l'ambiance de

Cayenne, les fragments des souvenirs de sa ville natale, Cayes. Cependant, ces retrouvailles ne sont pas nostalgiques, n'abritent nullement la désillusion d'un passé révolu. En effet, dans leur puissance évocatrice, les traces vivantes des êtres aimés recèlent la seule vérité possible : celle qui demeure dans l'atemporalité du non-dit, de l'informulé. Et d'ailleurs, ce poème se fonde sur la constellation sémantique de la négation, de l'absence (« sans nostalgie sans larmes », « inexprimées », « exilée », « figure sensible du manque »—expression en soi paradoxale), absence intensifiée par la vision d'une Cayenne contrefaite, demeurant recluse dans les limbes de l'imagination. Cette Cayenne, par la facture des trois derniers vers et la personnification dont elle fait l'objet, représente le corrélat objectif de l'exil du sujet.

De toute évidence, *Vétiver* accueille d'autres formes de souvenirs individuels ; dans « Cayenne », des parcelles du séjour du *je* adulte en Guyane[8] alternent avec des bribes de sa vie d'écolier. Pour ce qui est de la section « Basse-Terre », elle présente un mélange plus hétéroclite de souvenirs : la ville de Santiago, une « mulâtresse » (121) qui interrompt son sommeil en le « traitant d'avorteur » (121), un amour pur né « à la Plantation » (125), l'errance du sujet dans une ville indéterminée, appartiennent à une profusion de traces mnésiques opaques et fragmentaires, dont la complexité augmente alors que les trois axes temporels s'imbriquent irrévocablement.

La mémoire collective

Un autre élément majeur traverse le recueil en filigrane : il s'agit de l'histoire des massacres perpétrés sous la bannière de l'esclavage. Dans ce cas, c'est une histoire tributaire de la mémoire officielle. Telle « une béance ouverte sur le fracas des siècles » (Des Rosiers, *Tribu* 42), elle est évoquée dans ses douleurs, dans ses zones d'ombres et dans la stridente mutité de ces innombrables anonymes qui subirent la Traite :

lorsque l'avion survola l'anticyclone des Açores
à travers les hublots hantés d'ozone je pouvais
par une sorte de réminiscence mesurer
la crasse océane de la traite. (57)

La puissante métaphore du dernier vers accentue la saleté, l'ignominie de la Traite : on est ici devant l'indéfinissable, l'immesurable que le sujet, dans un geste titanesque, essaie de cartographier alors qu'il traverse la zone orientale de l'Atlantique Nord. Sachant que l'ozone représente un polluant dans les basses couches de l'atmosphère et qu'il agresse le système respiratoire, comment ne pas entrevoir dans l'expression « hublots hantés d'ozone » la transposition d'une autre hantise peuplant la mémoire du *je* lyrique, soit la hantise de l'esclavage ? Ce dernier constitue le sujet de deux suites de poèmes de « Cayenne » et de « Basse-Terre ». L'écriture de ces passages est soutenue par la réminiscence, citée explicitement dans les vers susmentionnés ; c'est en effet grâce à elle que plusieurs éléments historiques resurgissent. Ici, il importe de préciser la signification du terme *réminiscence* puisque son sens diffère de celui qu'on accorde habituellement à la mémoire. Dans son traité « De la mémoire et de la réminiscence », Aristote pose les jalons de ces deux domaines possiblement complémentaires, mais indubitablement différents. En réalité, la mémoire appartient autant à l'homme qu'aux animaux, alors que la réminiscence est consubstantielle à la condition humaine. À la différence de la mémoire, elle relève d'une sorte de raisonnement provoqué par la recherche, la reconstitution d'une séquence d'évènements. C'est certainement la recherche dans la mémoire collective caribéenne, dans un patrimoine codifié (indirect par rapport à l'expérience personnelle du sujet[9]), qui sous-tend ces pages consacrées à l'esclavage.[10] Ces dernières se déploient sur le mode de la description, de la narration ; tissées dans une langue s'éloignant de « l'écriture grandiose et hiératique » (Péan), elles tiennent d'une prose essentielle, épurée.

À son arrivée en Guyane, le sujet découvre que l'aéroport de la capitale, Cayenne, porte le nom de Rochambeau, le général qui, après avoir participé à la guerre d'Indépendance américaine, fut envoyé, à deux reprises, à Saint-Domingue. Au cours de son dernier séjour, à partir de 1802, des crimes effroyables furent perpétrés :

> *Rochambeau appliqua des méthodes de torture*
> *d'une barbarie inouïe*
> *qui souilla pour toujours les annales*
> *de toute nation*
> *prétendant la civilisation. (69)*

La section « Cayenne » contient plusieurs exemples des atrocités commises par ce général, qui poursuivait un but précis :

> *Rochambeau avait décidé de polluer*
> *ce qu'il appelait un trou infect avec des monstruosités*
> *qui dépassaient de loin les Pizarro les Cortés les Bodavilla*
> *les premiers fléaux du Nouveau Monde*
> *plusieurs des actes du Néron de Saint-Domingue*
> *témoignent du plaisir morbide confinant à la folie. (70)*

Le jugement porté par le sujet s'inscrit dans le texte grâce à plusieurs éléments linguistiques fortement connotés—« polluer », « monstruosités », « fléaux », « plaisir morbide »—et de l'antonomase « Néron de Saint-Domingue ». Toutefois, l'expression « plaisir morbide confinant à la folie » pose problème. Avec cette tournure, on aborde un sujet amplement débattu, entre autres par Hannah Arendt, Imre Kertész, Primo Levi et Tzvetan Todorov, qui porte sur « l'intégration du mal »[11] et sur lequel il convient de s'arrêter. Le fait d'attribuer des ignominies aux soi-disant monstres ou fous implique une sorte d'exorcisation du mal : on l'éloigne de notre sphère humaine et on le confine exclusivement à la sphère de l'anormal, de l'atroce différent. Cependant, comme l'écrit Levi, « les monstres existent, mais ils sont trop peu nombreux pour être vraiment dangereux ; ceux qui sont plus dangereux, ce sont les hommes ordinaires » (*Si c'est un homme* 262). En général, on éprouve de la difficulté à admettre que le mal est inséparable de la condition humaine ; d'après Todorov, « il est infiniment plus commode, pour chacun de nous, de penser que le mal nous est extérieur, que nous n'avons rien de commun avec les monstres qui l'ont commis » (Todorov 166). Et il poursuit ainsi : « Il est vrai que certains actes sont monstrueux ; mais leurs auteurs ne sont pas des monstres, et il serait regrettable que, au profit d'une indignation facile, on ignore leur complexité, voire leur incohérence » (266). Sur le sens de cette assertion, qui mériterait un long développement riche en controverses, il ne faudrait surtout pas se méprendre ; Arendt a démontré qu'il existe une distinction entre le bourreau et l'individu tout court : c'est la différence substantielle, qui est à la base de la justice, entre la capacité d'agir et l'action elle-même ; c'est également la responsabilité que l'on ressent autant vis-à-vis du présent qu'à l'égard des générations futures. Le poème cité soulève une question insoluble, sur laquelle Levi a longuement réfléchi : les atrocités commises, dans ce cas par l'esclavage, font-elles partie du « déroulement rationnel d'un plan inhumain » ou sont-elles des manifestations « d'une folie collective » (Levi, *Les naufragés* 105) ? L'orientation du poème est assez claire, surtout si l'on se fie à la présence de deux verbes révélateurs : « Rochambeau avait *décidé* de polluer » et « plaisir morbide *confinant* à la folie ». L'acte de polluer est donc sanctionné par une volonté lucide d'extermination et non pas par le délire destructeur d'un insensé, dont la folie est mise en doute par le verbe « confiner ». « Le cas de folie mis à part, ceux qui tuent savent pourquoi ils le font » (104), avance Levi. Dans le cas précis de l'esclavage, comme dans n'importe quelle expérience pétrie dans l'ignominie, on pourrait se questionner sur l'existence de ce que l'auteur appelle « l'inutile violence diffuse » (104). Une telle violence, qui devient une fin en soi, « vis[e] uniquement à créer de la douleur ; parfois tend...à un but, mais [elle est] toujours redondante, toujours hors de proportion avec ce but même » (104–05).

Dans la section « Basse-Terre », quatre pages sont consacrées à la traite en Guadeloupe, entre 1810 et 1822. Ces pages présentent surtout une énumération de l'état « des nègres épaves détenus à la geôle de Basse-Terre » (128). La facture du texte, comparable à une liste, rappelle un acte officiel, une espèce de contrat de vente des esclaves. Dans la même section, d'autres vers sont destinés à la description des peines infligées aux condamnés, comme le port du carcan ou celui de l'écriteau. Ce style documentaire rappelle les textes appartenant à la mémoire officielle, archivale.[12] Celle-ci est soumise à un processus de codification selon lequel, dans le but de conserver, on opère un choix excluant inévitablement un pan de ce qui s'est passé. Il s'agit d'une mémoire qui risque la muséification : selon Régine Robin, ce processus tend à désincarner les évènements, à les enfermer dans une perspective diachronique—« ce qui a été »—souvent exempte de toute forme de réflexion critique.

Entre la mémoire personnelle et la mémoire collective

En guise de récapitulation, *Vétiver* présente deux formes concomitantes de mémoire : la mémoire personnelle, familiale et la mémoire collective, publique. Toutefois, cette dualité est factice, car il existe un plan intermédiaire où « s'opèrent concrètement les échanges entre la mémoire vive des personnes individuelles et la mémoire publique des communautés auxquelles nous appartenons » (Ricœur 62). Dans *Vétiver*, on peut formuler l'interrogation en ces termes : quel personnage sert d'intermédiaire entre les deux dimensions citées ? Qui est celui qui, en brisant le statisme de la mémoire institutionnalisée, lui insufflerait la vie grâce à son attitude d'écoute et de réceptivité ? L'existence de ce personnage permettrait, sur un plan théorique, de déconstruire la polarité représentée par la dyade mémoire individuelle / mémoire collective au profit d'une nouvelle configuration non plus binaire, mais plutôt ternaire. En d'autres termes, il s'agit de ce que Ricœur appelle une « triple attribution de la mémoire : à soi, aux proches, aux autres » (163).

Dans *Vétiver*, il existe un *proche* auquel est consacrée une section entière du recueil : il s'agit de « Vaïna illustre servante », qui prit tendrement soin du *je* lyrique depuis son enfance ; « elle tenait l'enfant tout contre sa chaleur / lui parlait de sa voix lente comme on parle aux fleurs » (46).[13] Cette servante, ayant perdu toute marque de sujétion, est décrite par une épithète remarquable. Illustre : « dont le renom est très grand du fait de qualités, de mérites extraordinaires ou d'actions exceptionnelles qui s'y attachent »,[14] c'est bien ainsi que le *je* lyrique perçoit sa nourrice. Vaïna prodigue des soins attentifs et affectueux à l'enfant et instaure avec lui une relation d'interdépendance où chacun sera tour à tour bénéficiaire ou pourvoyeur. En effet, d'après plusieurs théoriciennes du *care*, l'être humain est vulnérable et cette vulnérabilité représente une modalité fondamentale de notre rapport au monde, « une sorte d'invariant anthropologique » (Garrau et Le Goff 8). Dans *Vétiver*, Vaïna et le *je* lyrique sont vulnérables et cet état concerne autant le corps, alors que l'enfant dépend de sa nourrice, que l'esprit, alors que Vaïna, happée par la mutité, aura besoin de la voix du sujet pour se faire entendre. Cette femme a une vision onirique dans laquelle l'esclavage est évoqué d'une façon sanglante :

> dans son sommeil elle avait dormi
> à travers les heures la lumière les rêves
> dans son sommeil avait-elle cru elle vit des gens en liesse
> qui soulevaient de leur pas des nuages de poussière
> la foule brandissait au bout de longues gaules
> des morceaux entiers de langues
> lambeaux sanguinolents qui offusquaient le ciel
> elle fut prise d'une terreur de voir cette houle humaine

si près si menaçante quand ce ne fut pas la frayeur
de subir l'arrachement du grand hypoglosse
il n'y eut pas de langue pour dire l'état dans lequel elle s'abîmait
à son réveil il n'y eut que des restes. (44)

Les trois premiers vers au rythme berceur introduisent, par contraste, une image terrible de torture : dans ce passage, tous les termes concourent à la réalisation d'une scène horrifique amplifiée visuellement par l'hypallage « offusquaient » ; ce sont bien les nuages de poussière qui offusquent le ciel et non pas les lambeaux sanguinolents. Tout en découlant d'un tel cauchemar, cet état de mutité symbolise également l'héritage d'une aphonie collective se perdant dans la nuit de l'esclavage. Vaïna, dans son cauchemar, s'expose à une charge de douleur incommensurable ; elle rêve de l'esclavage : « elle se ressouv[ient] de ce qui ne lui était jamais arrivé / la mémoire sans personne » (45).[15] Une telle vision onirique ressurgit de l'inconscient collectif, elle appartient à ce que Jung définissait comme les grandes images originelles : les images qui nous font comprendre que nous ne sommes pas d'aujourd'hui ni d'hier, mais d'un âge immense. Cette vision décloisonne l'archive, la mémoire monolithique des annales et, en réactualisant les souffrances d'antan, amène la réflexion dans une perspective synchronique.[16] Par ailleurs, ici, on assiste à la revivification de la mémoire institutionnalisée grâce à la posture éthique de Vaïna, une posture du *care* où l'illustre servante assume autant la souffrance des esclaves que la responsabilité du genre humain.[17]

Vaïna représente à certains égards l'alter ego du *je* lyrique ; en effet, plusieurs affinités rapprochent les deux sujets qui, jusqu'à une certaine limite, partagent les mêmes visées expérientielles. Liés par une relation d'interdépendance et d'affection, ils sont les porteurs du paradoxe de l'absence. Alors que l'écrivain est en train d'atterrir en Guyane, terre inconnue mais rêvée, il sait qu'il la « reconnaîtrai[t] sans jamais l'avoir vue » (61) ; pour sa part, Vaïna se souvient « de ce qui ne lui [est] jamais arrivé ». Une telle capacité imaginative ouvre de nouvelles perspectives dans un réel qui, privé de toute univocité, accueille la figure du « témoin *in absentia* » (Dolce), celui qui dit paradoxalement l'impossibilité de dire. Cette considération est inspirée de la réflexion poursuivie par Derrida dans son texte *Demeures*, réflexion reprise notamment par Régine Robin. Dans son ouvrage *La mémoire saturée*, l'écrivaine se demande : « Le témoin est-il celui qui a vu, témoin oculaire selon la définition, même s'il est passé totalement à côté de ce qu'il y avait à voir ? Est-il celui qui "n'y était pas" mais qui porte en lui ce savoir de l'indicible et parfois de l'invisible ? » (273) Il est difficile de donner une réponse complète à un thème si complexe. Toutefois, ici, le sujet lyrique et Vaïna, en accomplissant un même geste, celui de passer la main sur les anneaux de fer « où des souffrances encore affleurent » (39),[18] recourent l'un à la vision chamanique et l'autre, Vaïna, à la prière, au miracle.[19] Encore une fois, la sphère imaginative acquiert toute sa valeur ; c'est par son biais que le sujet, en défiant la logique du visible et du rationnel, s'inscrit dans la faille qui s'ouvre entre le réel et l'inintelligible. Cette antinomie apparente émerge clairement dans les vers suivants :

> je désirais repeupler la mer étale
> y convoquer
> tous ceux que je n'avais pas connus
> ou encore qui avaient péri noyés
> personne jamais ne réapparaissait sur ces fonds ardents
> du grand large me pourchassaient
> les fantômes de l'imagination
> que je confondais avec ceux de la raison. (58)

Dans ce huitain à la facture descriptive, les éléments d'un tel paradoxe sont rassemblés explicitement grâce à l'oxymoron révélateur « fonds ardents », dont l'adjectif « ardent », renvoyant à la combustion active, réfère métaphoriquement à un présent éternel. Et puis, de ce poème émerge impérativement le désir de donner chair et voix aux victimes de la Traite ; une telle posture éthique réside au cœur de ce poème qui se veut une déclaration de prise en charge de l'autre afin de le tirer de l'oubli.[20]

Il existe cependant un élément capital qui différencie le *je* lyrique de Vaïna : c'est la parole. Cette illustre servante se promène dans les rues des Cayes dans la solitude ; « étrangère dans [son] propre pays » (43),[21] elle déambule dans un état de dépossession (« je ne suis pas moi », [41]) et se sent « suffoquée de larmes qui se refus[ent] à couler » (38). Vaïna toussote, « happée dans l'abîme de la gorge » (38) où il n'y a pas de langue « pour dire l'état dans lequel elle s'abîm[e] » (44). Apparemment, l'attitude du *je* lyrique est diamétralement opposée :

> *nos morts en terre sous les huttes ô nos morts*
> *ne meurent pas dans les îles à venir ils demeurent*
> *enfoncée dans la gorge notre voix est la leur*
> *ce sont leurs ossements qui dans nos mots tressaillent*
> *ceci racontez-le à vos fils à un autre âge. (32)*

À la lecture de ces vers, on comprend alors ce qui happe Vaïna dans l'abîme de la gorge : c'est la voix des victimes. Dans ce passage, l'incitation au témoignage est patente : le vocatif et la répétition du premier vers intensifient l'impératif de la dernière ligne, impératif dont la fonction conative sollicite manifestement un *vous* indéterminé. Les verbes *demeurent* et *tressaillent*, tous deux au présent, ainsi que les syntagmes « île à venir » et « autre âge » alimentent la réflexion sur la pérennité de la condition humaine, baignant dans un mal apatride privé de toute balise temporelle, lequel doit être raconté. Pour ce qui est du locuteur, grâce à une écoute attentive transcendant les paroles, il accueille Vaïna dans sa mutité, dans sa fragilité extrême, car un des vrais défis dans le *care* est bien celui « d'être véritablement écouté, d'obtenir le silence attentif et la reconnaissance de l'autre » (Bourgault 170). En fait, la formule « notre voix est la leur » suggère que le sujet n'est plus le porte-parole de ces morts, mais qu'il accueille, dans son corps creux, la présence vocale et osseuse de ces disparus. Comme l'avance Sophie Bourgault, le défi caractérisant cette posture éthique est bien celui « en quelque sorte, d'entendre l'inaudible » (171). Et d'ailleurs, des allusions aux maux actuels traversent la dernière partie de *Vétiver* alors que le *je* lyrique rappelle la pratique de la contrebande d'Haïtiens, « refoulés vers leur patrie féroce » (132) et la présence constante dans notre société « des attiseurs de guerre » (133).

Il semble que, dans *Vétiver*, la parole poétique soit investie d'une fonction précise : elle constitue l'espace qui alimente une réflexion constante non seulement sur la mémoire personnelle, mais également sur la mémoire collective, cette mémoire qui, reliée étroitement aux trois dimensions temporelles,[22] subit ici un processus de revivification, de décloisonnement diachronique. Délestée de sa valeur muséale, elle est constamment réactualisée par une posture éthique de réceptivité face à l'autre, par une sollicitude transcendant les limites de l'ici et du maintenant. C'est peut-être le statut hybride inhérent à la poésie, prise constamment entre la factualité de l'évènement et la fictionnalité de l'invention, qui permet autant au sujet qu'à Vaïna de jouer le rôle du *proche*. Ce dernier constitue pour Ricœur le troisième élément de la triple attribution de la mémoire. Ce *proche*, se situant entre les autres et le soi, se confondant avec les autres et le soi, brise indubitablement le rapport bipolaire entre le centre, c'est-à-dire la mémoire codifiée, et la marge, siège de la mémoire personnelle. C'est alors, dans cette *dis-jointure*, que prend corps la parole du *proche*, nous rappelant que si la vérité est indestructible, la prise de conscience de cette vérité risque constamment d'être obnubilée (Vidal-Naquet).

Notes

1. Lire à ce sujet, entre autres, les ouvrages de Friedrich, de Hamburger, de Rabaté, de Watteyne.

2. Dieudonné était un mémorialiste appartenant à une lignée d'humanistes d'une vaste culture classique. Voir, par exemple, le poème à la page 26.

3. La constellation sémantique du miracle est évidente : les termes « nonnes oblates », « assomption », « immaculée », « miracle », « éther » et « paradis » la caractérisent. Il est aussi utile de remarquer la signification du nom propre Dieudonné ainsi que la blessure aux mains, qui renvoie, dans la tradition chrétienne, aux stigmates du Christ. « Elle guignait le destin de l'enfant né / de naissance miraculeuse » (51). Le poème, dont le ton est descriptif, ne contient pas de figures rhétoriques ni de jeux stylistiques particuliers. (On y décèle quelques rejets, des répétitions phoniques et des termes appartenant au registre médical).

4. Il convient de souligner la présence des nonnes oblates (du latin *oblatus*, c'est-à-dire *offert*). Il s'agit d'une coutume remontant au Moyen Âge, selon laquelle on consacrait une personne à Dieu dès son âge tendre. Sa famille l'offrait à un couvent ou à une église dans un acte que l'on pourrait comparer au dévouement. Dieudonné, pour sa part, s'était consacré à l'écriture du manuscrit « de plusieurs milliers de pages » (14) et son petit-fils se consacrera tant à l'écriture qu'à la médecine. Ici, il s'agit d'une autre sorte de consécration, cette fois-ci choisie, souhaitée.

5. Voir à ce sujet le livre de Tadié et Tadié : au début du vingtième siècle, un biologiste allemand, Richard Semon, « crée le terme d'*engram* (français "engramme") pour désigner la trace que la perception laisse dans la mémoire. Sa théorie de la mémoire, peu citée de nos jours, mettait pourtant l'accent sur le fait que l'*engram* n'était pas une trace immuable et définitive mais que l'acquisition de nouveaux souvenirs modifie les anciens et que le rappel d'un souvenir est une nouvelle création de la perception mémorisée » (57–58). Le verbe *engrammer* est entré dans le lexique français.

6. « Les souvenirs qui ne sont pas dignes de foi sont probablement ceux qui appartiennent à l'enfance. Les parents créent les souvenirs pour leurs enfants... Et l'enfant s'en souvient, quelqu'un lui a confectionné un souvenir » (18 ; ma traduction).

7. Il s'agit de la paraphrase d'un vers de *Vétiver* : « je la reconnaîtrais sans jamais l'avoir vue » (61).

8. Celles-ci comportent la rencontre avec le consul général d'Haïti, l'entretien avec une femme d'origine tamoule, des scènes de rue, certaines images des Cayes. Trois poèmes complets sont consacrés à la ville des Cayes (16, 27, 76) : ils ont une

teneur majoritairement descriptive avec quelques éléments subjectifs (comme le vocatif du poème à la page 27). Toutefois, l'étude de cet aspect de *Vétiver* pourrait être poursuivie ailleurs.

9. Ici, on pourrait évoquer le concept de mémoire transgénérationnelle, élaboré, entre autres, par le psychanalyste Didier Dumas (reprenant les idées de Nicolas Abraham et de Maria Torök). « Celui-ci repose sur le fantôme, représentant la mémoire d'un traumatisme subi ou d'une faute commise », qui peut se transmettre « sur trois générations dans l'inconscient des descendants de celui qui a vécu un traumatisme ou commis une faute » (Dosse et al. 17)—dans *Totem et Tabou*, Freud aussi abordait cet aspect de la mémoire. On pourrait également rappeler la notion de « traces » (Levinas, Pierre Nora) : « des traces laissées dans la mémoire collective par les faits, les hommes, les symboles, les emblèmes du passé » (Dosse et al. 94).

10. Ici, j'utilise sciemment l'expression *mémoire collective* et non pas *histoire collective*, que je considère inappropriée dans ce contexte. Comme le souligne Traverso, « l'histoire suppose un regard extérieur sur les évènements du passé tandis que la mémoire implique une relation d'intériorité avec les faits relatés. La mémoire perpétue le passé dans le présent, tandis que l'histoire fixe le passé dans un ordre temporel clos, révolu, organisé selon des procédés rationnels aux antipodes de la sensibilité subjective du vécu. La mémoire traverse les époques tandis que l'histoire les sépare » (26).

11. Ou, au contraire, de son refus. Voir Arendt ; Kertész ; Levi ; Todorov.

12. Expression utilisée, entre autres, par Robin (448).

13. On souligne ici la présence de la métaphore filée des fleurs (elle figure ailleurs dans le texte et est fondée sur le patronyme Des Rosiers).

14. Cette définition est tirée du site du Centre national de ressources textuelles et lexicales (CNRTL) : http://www.cnrtl.fr/definition/illustre.

15. Cela apparaît clairement ailleurs dans le texte ; dans cet extrait, en revanche, les termes ou les objets précis du souvenir ne sont pas explicités.

16. Voir à ce propos toute la réflexion que Robin poursuit.

17. Voir à ce sujet Tronto.

18. Si le geste est décrit clairement dans le cas de Vaïna, il l'est beaucoup moins pour ce qui est du *je* lyrique (« j'ai lissé du doigt les images de pierre » [28]). C'est seulement après une lecture complète de *Vétiver* que l'on peut percevoir cette similitude.

19. *[V]errais-je comme le chaman les signes tracés à la surface des choses*

encore des heures sur le trajet calqué par la légende

encore des gestes et j'ai lissé du doigt les images de pierre (28).

[E]lle passa la main où des souffrances encore affleurent

qui continuent la lente morsure des chevilles

en elle-même elle proclama la sainteté des corps jadis enferrés

elle priait naïve obstinée enfin que les saints

ne l'abandonnent point et se manifestent

elle avait besoin de miracles de vétiver de rédemption. (39)

20. Voir à ce sujet l'article de Deschênes.

21. « Étrangère dans une ville inconnue » (39). Dans ces affirmations, on décèle de vagues références au gnosticisme d'Hans Jonas et à son concept de « vie étrangère ». La vie étrangère définit une condition existentielle dans laquelle l'individu se trouve jeté dans un monde où il se sent isolé. Il se perçoit comme un étranger puisqu'il est soit contraint à vivre dans une habitation étroite et infestée de plusieurs maux, soit éloigné de la transcendance.

22. « Nous sommes habitués à croire que la mémoire est indissolublement liée au passé et qu'il est paradoxal de croire que celle-ci ait affaire également au futur. En réalité, la mémoire est liée aux trois dimensions du temps ; cependant alors que son rapport avec le présent est plus clair, celui avec le futur est d'habitude mis entre parenthèses » (Bodei 42 ; ma traduction). Ici, le journaliste consacre son article à Paul Ricœur.

Ouvrages cités

Arendt, Hannah. *Eichmann à Jérusalem : rapport sur la banalité du mal*. Traduit par Anne Guérin, Gallimard, 1966.

Bodei, Remo. « Esploratore della memoria ». *Il sole 24 ore*, 22 mai 2005, p. 42.

Bourgault, Sophie. « Repenser la "voix", repenser le silence : l'apport du care ». *Le care. Éthique féministe actuelle*, dirigé par Sophie Bourgault et Julie Perreault, Les Éditions du remue-ménage, 2013, pp. 163–86.

Combe, Dominique. *Poésie et récit. Une rhétorique des genres*. José Corti, 1989.

Derrida, Jacques. *Demeures*. Galilée, 1998.

———. *Spectres de Marx*. Galilée, 1993.

Deschênes, Marjolaine. « Les ressources du récit chez Gilligan et Ricœur, peut-on penser une "littérature care" ? » *Le care. Éthique féministe actuelle*, dirigé par Sophie Bourgault et Julie Perreault, Les Éditions du remue-ménage, 2013, pp. 207–27.

Des Rosiers, Joël. *Vétiver*. Tryptique, 1999.

———. *Tribu*. Tryptique, 1990.

Dolce, Nicoletta. « Plus haut que les flammes : "Ton poème a surgi de l'enfer" ». *Nouvelles Études Francophones*, vol. 30, n° 1, 2015, pp. 16–31.

Dosse, François, et al. *La mémoire, pour quoi faire ?* Les éditions de l'Atelier, 2006.

Friedrich, Hugo. *Structures de la poésie moderne.* Traduit par Michel-François Demet, Le livre de poche, 1999.

Garrau, Marie, et Alice Le Goff. *Care, justice et dépendance.* PUF, 2010.

Gilligan, Carol. *Une voix différente. Pour une éthique du care.* Flammarion, 2008.

Jenny, Laurent. « La poésie ». *Méthodes et problèmes.* U de Genève : Dpt de Français moderne, 2003, https://www.unige.ch/lettres/framo/enseignements/methodes/elyrique/elintegr.html.

Hamburger, Käte. *Logique des genres littéraires.* Traduit par Pierre Cadiot, Éditions du Seuil, 1986.

Kertész, Imre. *Kaddish pour l'enfant qui ne naîtra pas.* Traduit par Natalia Zaremba-Huzsvai, Actes Sud, 1995.

Lessing, Doris. *Il senso della memoria.* Traduit par Cristiana Menella, Fanucci Editore, 2006.

Levi, Primo. *Les naufragés et les rescapés. Quarante ans après Auschwitz.* Traduit par André Maugé, Gallimard, 1989.

———. *Si c'est un homme.* Traduit par Martine Schruoffeneger, Julliard, 1987.

Péan, Stanley. « En la haute nudité du poème ». *La Presse,* 5 déc. 1999, B2.

Rabaté, Dominique, directeur. *Figures du sujet lyrique.* PUF, 1996.

Ricœur, Paul. *La mémoire, l'histoire, l'oubli.* Éditions du Seuil, 2000.

Robin, Régine. *La mémoire saturée.* Stock, 2003.

Sontag, Susan. *Devant la douleur des autres.* Traduit par Fabienne Durand-Bogaert, Christian Bourgois, 2002.

Tadié, Jean-Yves, et Marc Tadié. *Le sens de la mémoire.* Gallimard, 1999.

Todorov, Tzvetan. *Face à l'extrême.* Éditions du Seuil, 1994.

Traverso, Enzo. *Le passé, modes d'emploi. Histoire, mémoire, politique.* La fabrique éditions, 2005.

Tronto, Joan. *Un monde vulnérable. Pour une éthique du care.* La Découverte, 2009.

Vidal-Naquet, Pierre. *Les assassins de la mémoire.* La Découverte, 2005.

Watteyne, Nathalie, directrice. *Lyrisme et énonciation lyrique.* Éditions Nota bene, 2006.

9 Écrire la blessure, relire la vie

Louise Dupré, Marie-Célie Agnant et Denise Desautels

|CARMEN MATA BARREIRO|

LORSQUE, APRÈS LE MASSACRE du 13 novembre 2015 à Paris, le journal *Le Monde* fait appel à des écrivains, les invitant à « écrire sans trembler » dans un numéro spécial, Jean Birnbaum, dans l'article liminaire, intitulé « Des mots pour la vie » (1), souligne leur « responsabilité » de « continuer à écrire », en citant les paroles de Laurent Mauvignier.

En effet, quand les blessures collectives telles que les guerres, les génocides et les attentats terroristes semblent arrêter le cours de l'Histoire, creuser des fossés entre les êtres humains et rendre les frontières infranchissables, et lorsque les blessures intimes risquent d'enfermer les hommes et les femmes dans leur solitude, les lecteurs prennent davantage conscience de l'importance du regard, du langage et de l'éthos des écrivains et écrivaines capables de recréer l'empathie et la solidarité. Leurs textes répondent au défi d'écrire avec la mort, avec le réel, avec la violence, partagent les questions et essayent de comprendre, de déconstruire et de trouver des raisons de renouer avec la vie, de ne pas éteindre la flamme de l'espoir.

Face à la déshumanisation actuelle causée par les guerres incessantes et les tragédies des réfugiés, certains historiens soulignent les limites des sciences sociales, qui n'empêchent pas « l'aveuglement » (Ferro) devant l'Histoire, et manifestent l'urgence d'aborder des problématiques telles que la lutte contre « l'inconscience » (Audoin-Rouzeau 14). L'histoire se rapproche ainsi de la philosophie, les frontières interdisciplinaires s'effritent, et la pensée éthique s'avère incontournable dans l'approche des liens et des relations humaines, dans la prise en compte de la perspective de l'autre.

Parallèlement, de nombreuses pensées contemporaines tiennent à valoriser l'imagination. La réflexion sur la théorie de l'action et l'éthique dans la philosophie contemporaine redonne à l'imagination une place singulière et inédite et développe l'idée d'*imagination en morale* (Pierron 102). L'éthique de la narration de Martha C. Nussbaum, l'éthique de la sollicitude de Paul Ricœur ainsi que l'œuvre du philosophe Georges Didi-Huberman, à la jonction de l'esthétique, de l'anthropologie et de la politique, démontrent que l'imagination et la littérature peuvent augmenter notre connaissance morale et renforcer notre conscience éthique.

Visée éthique et vision en imagination sont la sève du cinéma et de la littérature contemporaines du Québec. L'« attention au monde » (Émond 58), l'écoute de « la douleur du monde » (Ouellette-Michalska 24) et la volonté de « participer au cri des écorchés de la vie » (Barbeau-Lavalette et Proulx-Cloutier) sont présents dans la genèse de l'œuvre de réalisateurs et d'écrivains comme Bernard Émond, Anaïs Barbeau-Lavalette, Nicole Brossard et Élise Turcotte. Une éthique de la sollicitude et l'empathie nourrissent particulièrement l'écriture au féminin.

L'écriture de la blessure, associée à l'éthique et au travail de mémoire, caractérise l'œuvre des trois écrivaines québécoises convoquées : Louise Dupré, Marie-Célie Agnant et Denise Desautels. Auteures d'une œuvre qui traduit une posture d'empathie envers les victimes de « la grande et de la petite histoire », elles invitent à « échapper à ce que Paul Chamberland appelle *l'autisme social* » (Dupré, « Entretien » 18), et proposent une relecture du monde et de la vie.

Sur le plan méthodologique et épistémologique, une approche transdisciplinaire et comparative l'emporte dans cette étude. Elle permettra d'approfondir l'importance de la dimension éthique et politique dans l'œuvre de ces écrivaines québécoises reconnues, dont les parcours sont différents, mais dont l'œuvre présente des convergences significatives. Une mise en dialogue de deux pensées dans lesquelles la sollicitude constitue une catégorie importante, à savoir celles de Martha C. Nussbaum et de Paul Ricœur, s'élargira avec l'apport de l'anthropologie de l'intolérable (Fassin et Bourdelais) et de l'étude des émotions (Deleuze ; Didi-Huberman).

Dans la philosophie de Paul Ricœur, où il a greffé une démarche herméneutique sur la phénoménologie, la poétique s'intéresse aux variations imaginatives comme des manières nouvelles d'être au monde, et ouvre la voie à l'éthique. Parmi les notions et les thématiques qui constituent des clefs de voûte de son œuvre, nous retenons, pour notre étude, le concept de « fragilité affective » (*Philosophie de la volonté 2* 97), associé à la thématique de l'« homme faillible », « l'espérance », comprise comme une « réconciliation » dans *Le volontaire et l'involontaire* et confrontée à l'épreuve du mal et à la souffrance, et « la sollicitude » (*Soi-même* 30). L'une des composantes de la « visée éthique », que Ricœur définit comme « *la visée de la "vie bonne" avec et pour autrui dans des institutions justes* » (*Soi-même* 202), est la sollicitude pour l'homme comme agissant et souffrant : une *spontanéité bienveillante* (222) nourrie par l'éthique et par la puissance affective des sentiments. Face à la souffrance, qui chez Ricœur n'est pas uniquement définie par la douleur, physique ou mentale, mais par la destruction de la capacité d'agir, la sympathie vraie inhérente à la sollicitude réussit à équilibrer l'inégalité de puissance et à soutenir une authentique réciprocité dans l'échange.

La philosophe et helléniste Martha C. Nussbaum, dont le concept « fragility of goodness » est mis en relief par Ricœur dans *Soi-même comme un autre* (224), défend la place des humanités, et particulièrement de la littérature, pour accéder à la culture des émotions, à « l'imagination narrative » (*Cultivating Humanity*), qu'elle définit comme « la capacité à imaginer l'effet que cela fait d'être à la place d'un autre, à interpréter intelligemment l'histoire de cette

personne, à comprendre [s]es émotions » (*Les émotions* 121–22).
Elle porte une attention particulière aux concepts de « vulnérabilité » et d'« empathie». Éthique et sentiments convergent dans
son approche de l'empathie, qu'elle différencie de la compassion
(« empathy...involves an imaginative reconstruction of the
experience of the sufferer » [*Upheavals of Thought* 327]) et qui doit
être liée à une conception de l'égale dignité humaine.

L'analyse de l'œuvre des trois auteures que nous convoquons ici
se focalise sur la place de la vulnérabilité et des capacités, la tension
entre la mémoire et l'oubli, les émotions et leur expression, ainsi
que le rapport entre les émotions et l'écriture du corps. Elle vise à
appréhender comment leur œuvre participe à un dialogue transnational concernant le rôle de la littérature, du regard et de l'éthos
des écrivains et écrivaines, après des guerres, des génocides et des
attentats terroristes contemporains, en vue d'un renouvellement
sur les plans affectif, éthique, historique et politique.

Louise Dupré : le cri et le désir d'écrire

Écriture de la blessure, travail de mémoire, posture d'empathie et
éthique féministe constituent des traits distinctifs de l'œuvre de
Louise Dupré, particulièrement dans les dernières années. Son
écriture de l'empathie (Gefen), où elle se met à la place d'autrui
et en partage la souffrance, évoque et convoque la mémoire de
l'esclavage et de la répression sous Duvalier en Haïti dans le long
poème « Dimanche » ; le génocide de la Shoah dans le long poème
Plus haut que les flammes ; et « la douleur des femmes » (196) dans le
poème « Toutes fenêtres ouvertes ». Ce regard et cette ouverture
à la douleur des autres accompagnent la douleur intime dans son
récit autobiographique de deuil *L'album multicolore*, qui avait comme
objectif de faire « le portrait » (211) de la mère disparue. Dès le récit
de la scène initiale, qui nous fait partager les moments qui suivent
la mort de la mère, la narratrice exprime son regard solidaire et
engagé, penché sur la souffrance des « milliards d'êtres vivants » :

« Debout à son chevet, j'ai pleuré sur elle, pleuré sur les milliards d'êtres vivants, humains de toutes les races, animaux de toutes les espèces qui, depuis que le monde est monde, sont morts au bout de la douleur » (12).

Nous allons nous focaliser sur l'approche de la douleur dans le long poème *Plus haut que les flammes*, qui, en 2016, a acquis une nouvelle dimension, sur le plan de la création et de la réception, par une recréation sous forme de spectacle littéraire, mis en scène par Simon Dumas, où s'allient la poésie—la poète s'y faisant lectrice—, la musique et le chœur de voix, et les images vidéographiques, qui plongent le spectateur dans l'univers des camps d'Auschwitz et de Birkenau. Dans la présentation du projet par les Productions Rhizome, *Plus haut que les flammes* est décrit comme « un vibrant cri poétique ».[1]

La lecture comparative de la première et de la dernière pages de ce long poème soulève des questions axiales concernant l'apprivoisement de la douleur. À la première page, le *tu* énonciateur exprime la violence extrême de l'expérience de la visite du *Lager*, « l'enfer » (13), et de la rencontre des objets témoins du mal absolu, qui, tels que le « biberon cassé » (16), s'expliciteront dans les pages suivantes et réapparaîtront à plusieurs reprises dans le poème, comme des images génératrices de hantise et comme un pôle de la tension entre la mort et la vie, qui constitue l'un des axes du poème. Contrairement à ce qui se produit dans cette première page, où apparaît l'absence de mouvement et de vie chez l'énonciatrice, « inerte », à la voix affaiblie, voire aphasique—« inerte / au milieu d'une phrase » (13)—, et des « yeux brûlés vifs » (13), blessés par le regard des choses qui l'ont regardée—« les yeux brûlés vifs / de n'avoir rien vu »—, dans la dernière page, le *tu* énonciateur s'avère « solide », annonçant « une femme de fenêtres ouvertes » (106) qui regarde l'avenir et dont le corps, à travers le rire et la danse, exprime la résilience.

Des questions s'imposent. Comment ce poème, qui débute avec des images correspondant à ce que Didier Fassin et Patrice Bourdelais appellent des « figures de l'intolérable » (Fassin et Bourdelais 7), à savoir le massacre des enfants juifs, évoqué par « leurs petits manteaux, leurs robes / et ce biberon cassé / dans une vitrine » (Dupré, *Plus haut* 16), évolue vers une recherche des raisons de continuer à vivre comme « une femme / de courage » (105) ? Quelles voies d'apprivoisement de la douleur sont construites ou recherchées pour sortir des « trous noirs » d'Auschwitz et de Birkenau et choisir de « *faire une lumière* » (Didi-Huberman, *Sortir* 16) sur cet univers obscur, au lieu de consacrer « *le règne du noir* » (13) envisagé par Theodor Adorno ? Comment ce poème allie-t-il la lucidité et la douleur morale avec « une lumière » et avec l'espoir, et dépasse-t-il ainsi le pessimisme exprimé par Adorno ou Steiner sur l'art, la littérature et la vie de l'esprit après Auschwitz ?

Un des moteurs essentiels de cette résilience est l'amour pour l'enfant qui est à côté de l'énonciatrice—« à côté de toi / il y a un enfant » (Dupré, *Plus haut* 15)—, source d'engagements, comme celui de ne pas le trahir—« et tu ne trahiras pas / le monde minuscule / accroché à ton cou » (106)—et celui de préserver sa vulnérabilité, de protéger le temps des rêves : « tu veux garder / intact / le temps du lait chaud » (23). L'« émotion comme impasse » (Didi-Huberman, *Peuples* 32) du début du poème évolue ainsi vers l'« émotion comme ouverture » (32). Le corps de l'énonciatrice traduit cette transformation. Mouvement, rire, et la main, qui dans l'œuvre de Louise Dupré apparaît comme un moteur puissant de lutte et d'amour (Mata Barreiro, « écriture du corps »), redevient un outil d'espoir. La main se transforme en « caresse » (Dupré 43) et devient le lien avec l'énergie régénératrice de la nature et sa beauté :

tu refais ta joie
telle une gymnastique
en levant la main
vers les branches d'un érable

derrière la fenêtre
où une hirondelle veut faire
le printemps. (15)

Parallèlement, le *pathos* du départ, qui atteint la voix, devient
puissance : une « puissance de transformation » (Deleuze 47–48) qui
émane de l'affectivité de l'être affecté. L'émotion et la compassion
(affective, subjective) se transforment en ce que Didi-Huberman
appelle « *commotion* » (*Peuples* 436), qui comporterait une remise
en mouvement non seulement sur le plan affectif, mais également
éthique, historique et politique. Le poème *Plus haut que les flammes*,
soulignant dès les premières pages le rôle de la poésie, affirme et
confirme l'engagement et la responsabilité de l'énonciatrice dans le
travail de « placer / Auschwitz ou Birkenau / dans un vers » (14). La
main inscrit dans le poème la colère et la lucidité :

ET TU recommences
ton poème
avec la même main, le même
monde, la même merde
étalée sur la page (37),

mais aussi la petite lumière pour « propage[r] la consolation /
pour la suite du monde » (39). Le « geste » de l'écriture « ressus-
cite…/ la chair des mots » (104), et le corps et le poème accueillent
et inscrivent les lambeaux de « la mémoire des morts » (104). La
main se fait de nouveau « caresse », une « caresse graphique » (Didi-
Huberman et Birnbaum 200), baume et consolation

des blessures cousues
et recousues
dans cette dignité
qu'on appelle parfois poème. (Dupré 76)

De même que dans le long poème « Dimanche », la blessure enracinée dans la douleur du monde est nourrie par la lucidité (« l'histoire est laide / et tu le sais / l'histoire est rapace » [*Plus haut* 97]). Le rythme de l'imagination dans les deux poèmes traduit la tension entre l'urgence de dessiller les yeux et l'urgence de chercher la lumière réparatrice. Ce rythme épouse l'énergie régénératrice de la nature, un « rythme accordé / à l'énergie du soleil » (*Dimanche* 201), ainsi que l'énergie de la renaissance représentée par l'enfance : « Mais la joie, les bambins / trottinant vers les écoles » (*Dimanche* 201). La représentation de l'enfance comme porteuse de promesses permet d'envisager l'avenir avec plus de sérénité. Ainsi, en faisant appel à l'énergie de la nature, du corps et de l'enfance, le *tu* énonciateur évoque l'une des missions de la littérature, celle d'apporter la « consolation » :

> *tu veux appartenir*
> *à une lignée de rêveurs*
> *en éveil*
> *qui ont de tout temps*
> *propagé la consolation*
> *pour la suite du monde.* (Plus haut 39)

Marie-Célie Agnant : une écriture de combat contre le silence

Le combat contre le silence et l'oubli, et le travail de mémoire—la mémoire étant conçue comme matrice de l'Histoire—constituent des constantes dans l'œuvre de l'écrivaine québécoise d'origine haïtienne Marie-Célie Agnant. Elle affirme être devenue écrivaine « surtout par besoin de paroles, pour "tuer le vide du silence" » (« Écrire » 86). Dans ses premières œuvres, son travail de mémoire, décliné en plusieurs genres, fouille et puise dans le champ mémoriel d'Haïti et des Antilles (cf. *Le silence comme le sang*, *Le livre d'Emma*), mais dans ses œuvres les plus récentes, son regard se porte sur la douleur du monde. La posture d'empathie, la dimension éthique et la visée politique continuent à en être des moteurs.

Le recueil de poésie *Femmes des terres brûlées* et le roman *Femmes au temps des carnassiers* mettent la focale sur les premières victimes des guerres et de la répression : les femmes et les enfants. Agnant y donne voix à des femmes anonymes et à des femmes qui, ayant eu le courage de hausser la voix, ont été réduites au silence.

Dans *Femmes des terres brûlées*, le premier poème, « Enfance », évoque le choc de la violence, qui brise une enfance heureuse aux « rêves pur-sang ailés » (9) et qui inscrit la « peur » (10) dans la chair d'un *je* énonciateur, lequel rejoint d'autres « enfants de l'enfance refusée », de « [l']enfance confisquée » (11). L'impouvoir inhérent à des émotions et à des sentiments tels que « [l]a déchirure » et le « désarroi » (46) évolue vers la « puissance[2] » (Didi-Huberman, « Imaginer » 36), vers l'affranchissement (cf. le poème « Elles ») et la quête de lumière, voire d'une « langue de lumière » (47). « [R]ompue[s] » (37), les femmes semblent « marche[r] jusqu'au bout de la nuit » (37), vers la révolte, vers les « soulèvements »[3] (Didi-Huberman, « Soulèvements »), comme des femmes en « armes / malgré les larmes » (Agnant, *Femmes des terres* 66). Les frontières entre la résistance et la vengeance, entre le soulèvement et la mort, mort vengeance ou mort délivrance, s'avèrent poreuses :

> elle a le cœur froid comme les vieux tigres
> ses mains suaves de jadis
> ses merveilleuses et tendres mains d'amante
> dans la nuit ses mains
> deux champs de mines
> piqués de noirs chardons. (38)

Le recueil est traversé par des injonctions qui traduisent cette puissance du désir, comme geste et comme émotion : « Ne permets point à la peur de prendre place sur tes genoux / ...ouvre les portes /

à chaque mouvement de la beauté » (44). Mais parallèlement, certains poèmes donnent à voir « le silence » et l'indifférence du monde, « cette chape de plomb sur les paupières du monde » face à « une horreur qui n'a pas de fin » (73). Et des interrogations, ce que l'écrivaine appelle « le questionnement » (Agnant, « 5 Questions »), interpellent le lecteur, en le poussant ainsi à un « soulèvement éthique ou moral » (Didi-Huberman et Birnbaum 213) contre « l'intolérable ».

Le *nous* énonciateur réaffirme son engagement « tenace » dans le travail de questionnement et dans l'effort de visibilité des voix des « déshérités » (Agnant, *Femmes des terres* 44), des

[c]réatures sans lendemain sans visage
sans avenir sans langues sans patrie
sans descendance sans pays sans territoire
sans nom (75) :

nous crachons
nous écrivons
nous épelons
ce chant sans commencement ni fin (74).

Agnant prend en compte la voix des exclues et exclus et promeut une véritable culture politique de l'écoute.

Le combat contre « l'abus d'oubli » (Ricœur, *La mémoire* 97) et pour la dignité des victimes des répressions menées par des dictateurs, est sous-jacent à la diégèse du roman *Femmes au temps des carnassiers*. La mémoire individuelle et collective de la répression sous François Duvalier en Haïti rencontre ici la mémoire de la répression franquiste dans l'Espagne de la Guerre civile. L'intolérable du viol et des tortures infligés à la journaliste haïtienne et militante des droits de la femme Yvonne Hakim Rimpel, à laquelle l'épître dédicatoire (Agnant, *Femmes au temps*

7) rend hommage, rejoint la mémoire des exactions, de l'assassinat et de la disparition, dans des fosses communes, des femmes espagnoles telles que les 17 femmes de Guillena (Andalousie), dont le seul délit était d'être les compagnes, les filles ou les sœurs d'hommes républicains ou anarchistes et de refuser de les trahir. Nous y retrouvons l'intolérable inhérent à leurs corps suppliciés, abaissés ou éliminés, sur un double plan : physique, dans l'épaisseur matérielle du corps, où la douleur s'éprouve, et politique, dans l'espace social du corps, là où la dignité est atteinte, où la conscience de soi comme être humain devient impossible.

Face à la *déshumanisation de l'autre* et à la *déshumanisation de soi* (Fassin et Bourdelais 47), mises en pratique par Duvalier et par les responsables du coup d'État franquiste, et mises en scène dans ce roman, le *sentiment d'humanité* (Fassin 19), entendu comme principe de ce qui fait la dignité de l'être humain et comme affect réveillé par la souffrance humaine, est exprimé par des personnages féminins comme Tante Bé, femme âgée « poto-mitan »[4] entourant et encourageant le personnage de la journaliste Mika, et Maria-Luz, orpheline d'une femme assassinée par les franquistes et « mère de joie » (Agnant 159) de Junon, petite-fille de Mika et fille née du viol de Soledad, sa « mère de sang » (159), qui, emmurée dans son silence, s'avère incapable d'amour.

Marie-Célie Agnant dénonce dans ce roman l'impunité des tortionnaires dans ces deux sociétés et la chape de silence sur leurs crimes, provoquée par l'abus d'oubli chez les décideurs politiques et par ce que Ricœur appelle « oubli de fuite » (*La mémoire* 580), un « vouloir-ne-pas-savoir » chez les concitoyens, qui entrave le travail de mémoire, lui-même indissociable du travail de deuil. Consciente du fait que souvent, le politique repose sur l'oubli du non-oubli, « cet oxymore jamais formulé », d'après Nicole Loraux (161), Agnant s'érige en voix de l'inoublieuse mémoire, exclue du champ du pouvoir, mais à laquelle la littérature rend la puissance, visant la justice et la recherche de la vérité.

Denise Desautels : de la douleur du soi à la douleur du monde

La blessure, l'intime, l'enfance et la mémoire sont les composantes fondamentales de l'œuvre de Denise Desautels, une œuvre dense qui s'est développée en spirale, aimantée par une première blessure, fondatrice, liée à la mort du père, et qui est devenue « un vaste tombeau scriptural » (Havercroft 81). Sa posture d'écrivaine, en « archéologue de l'intime » (Desautels, « D'abord l'intime » 228) fouillant dans sa mémoire et « essay[ant] de faire surgir des bribes de sens » (Desautels, *Un cri*), se rapproche du projet de création de l'artiste Louise Bourgeois, où « tous [l]es sujets trouvent leur source dans [s]on enfance...qui, dit-elle, n'a rien perdu de sa dimension dramatique » (Bourgeois 284).

Mais la lecture des derniers livres de Desautels, particulièrement de *L'angle noir de la joie* et de *Sans toi, je n'aurais pas regardé si haut. Tableaux d'un parc*, permet de voir comment la quête de sens fait évoluer l'assemblage des fragments de la mémoire. La mort et la douleur individuelles, associées à l'univers de l'intime et évoquées dans ses poèmes-tombeaux *Tombeau de Lou* et *Pendant la mort*, rejoignent ici des drames collectifs qui atteignent des hommes et des femmes en Iran, en Haïti, à Alger : des guerres, des attentats, des catastrophes.

En 2001, dans le numéro 77 de *Voix et images*, consacré à Denise Desautels et coordonné par Louise Dupré, celle-ci écrivait : « si la démarche de Denise Desautels est plus près d'une posture qu'on pourrait qualifier de psychanalytique que de sociologique...il n'en reste pas moins que le social reste présent dans cette écriture » (303). Depuis, le travail d'écriture de Desautels et son dialogue avec des œuvres d'art et avec d'autres voix d'écrivains, des « voix abondantes » (Desautels, *Ce désir* 94), déplacent son regard et élargissent le lien qu'entretiennent l'intime et le politique.

Dans ses derniers livres, qu'elle écrit en « urbaine résistante » (*L'angle* 104) et « en femme qui marche » (86), l'écrivaine « tâtonn[e] dans l'ombre touffue d'une mémoire...tiraillée entre détresse et utopie » (9). La volonté d'entendre—« ô ma douleur / mourir, entendre mourir surtout » (87)—s'allie à la volonté de « raconter », « avec au poing le mot *cœur*, au poing le mot *cri* » (86). L'énergie de la vie cherche des voies pour ne pas se laisser écraser par la douleur incessante du monde, du soi et de l'autre.

Dans *Sans toi, je n'aurais pas regardé si haut. Tableaux d'un parc*, conçu comme une « [s]orte de "Lettre au fils" » (16), la mémoire lourde d'une enfance mortifère fait place à la volonté de transmettre au fils un regard différent, nouveau, sur la vie : « Revisiter la vie et mon regard sur elle. M'enthousiasmer pour elle. L'occuper jusque dans ses recoins afin de te la redonner vive. Sans cadavre. T'offrir la joie dégagée de son angle noir » (39).

Le déplacement de la focale du temps vers l'espace, le « Parc Lafontaine » (Desautels, *Sans toi* 30) et la présence d'un destinataire, associée à la responsabilité de la transmission, renforcent la volonté de l'énonciatrice de réussir à ce que la lumière l'emporte sur « [l]e poids d'ombre » (16) et sur « l'obscur » (18). À cela s'ajoute l'idée d'un imaginaire ouvert aux idées d'espoir et de futur comme moteur d'étonnement et d'écriture : « *Déjà*, petit adverbe dangereux, forcément incompatible avec le doute indispensable à l'espoir d'un étonnement. D'un futur qui fait écrire » (18).

Cette volonté et cet imaginaire d'espoir se heurtent à la « résistance » (Desautels, *Sans toi* 17) du parc, lieu de l'enfance blessée de l'énonciatrice, et à l'imaginaire de la douleur du monde, que ce soit la douleur de la Shoah transmise par la lecture d'*Écorces* de Didi-Huberman (Desautels 37, 39) ou les drames contemporains, tels que les « 126 violées du Congo dans *Le Devoir* ce matin » (Desautels, *Sans toi* 39). Le rythme de l'imagination, poreuse et perméable à l'histoire, est « à tour de rôle de clair-obscur et d'éblouissement. De noir total aussi » (39). Et la conscience de la vulnérabilité déclenche la demande d'aide, de renforcement des liens dans une représentation d'interdépendances assumées : « Secours-moi, mon grand, aide-moi à rendre incontestable mon humanité » (39).

En guise de conclusion : combat, « funambulisme », « juste ce qu'il faut de clarté »

L'œuvre de ces trois écrivaines de la blessure, en vers ou en prose, hurlement ou murmure, traduit leur engagement dans le dévoilement du monde, dans la recherche de vérité, de justice et de solidarité. Une triple dimension, heuristique (réflexion, questionnement), éthique et politique, sous-tend leur travail en vue d'un équilibre—à l'instar d'un « funambule » (Dupré, *L'album* 185)— entre les mémoires endeuillées et la recherche d'une petite lumière : « juste ce qu'il faut de clarté...pour ne pas nous perdre, pour ne pas être tentés d'abandonner le monde à lui-même » (Desautels, « Discours »). La voix, déclinée en parole, en chant ou en cri, émerge des « décombres » (Agnant, *Femmes des terres* 47) et on nous fait prendre conscience de l'urgence de « désencombrer le monde, la mémoire et les mots » (Desautels, *L'angle* 9).

La posture de Dupré, d'Agnant et de Desautels se rapproche ainsi de la posture philosophique de Ricœur en ce qui concerne l'« espérance » comme moteur de réaffirmation de l'existence confrontée à l'épreuve du mal et à la blessure. À l'instar du philosophe, dont la formule « en dépit de... », inlassablement reprise, exprime une « timide espérance » (Ricœur, *Histoire* 376), leur travail d'écriture réussit à dire de nouveau oui à la vie.

La prise en compte de la voix des exclues et exclus et la volonté d'entendre l'inaudible dans leur œuvre rejoignent aussi l'approche philosophique de la reconnaissance conçue par Paul Ricœur (*Parcours*), qui intègre la notion de capabilité, empruntée à Amartya Sen, et qui propose l'orientation vers l'autre et des postures qui s'écartent du mépris et intègrent la considération dans le rapport à l'autre. La dimension politique de l'œuvre des trois écrivaines accueille ainsi la culture politique de l'écoute et favorise la reconstitution d'un être commun.

Les trois écrivaines dépeignent un univers où les voix sont axées sur la sensibilité, l'attention à soi et à autrui et la sollicitude.

Associée à la lucidité, la vulnérabilité est comprise comme capacité à se laisser affecter par l'autre, « pénétre[r] / par la douleur / des femmes » (Dupré, « Toutes fenêtres » 196), et non comme défaut d'autonomie. Le rire et la danse avec l'enfant, objet du soin, après la rencontre du mal absolu, chez Louise Dupré, la figure de la « marathonienne » (Desautels), de la femme qui marche, qui « avance, indignée et aérienne, la paume gauche ouverte tendue vers le dur brouillard » (*Sans toi* 53) chez Denise Desautels, et le courage de la petite fille qui « fait confiance à ses antennes / [et] va dans l'espérance de ses semelles » (*Femmes des terres* 12) chez Marie-Célie Agnant constituent des exemples d'une autonomie dans la vulnérabilité, comme le propose Nussbaum.

Dans la posture des trois écrivaines convoquées, l'exigence de lucidité, alliée à la volonté de consolation chez Dupré, au combat contre l'oubli et pour la dignité chez Agnant et à « une audacieuse avancée de la lumière » (« Discours ») chez Desautels, sont des valeurs proches de la philosophie d'un cogito blessé et d'une philosophie réflexive (Ricœur) à l'écoute d'une éthique qui croit à la force renouvelante de la narration et du poétique.

Notes

1. On peut lire la description du projet au http://www.productionsrhizome.org/fr/projets/155/plus-haut- (consulté le 23 mars 2020).

2. Georges Didi-Huberman établit une différence entre le « pouvoir » et la « puissance », notamment la puissance du désir. Voir son entretien « Imaginer Atlas » (36).

3. Voir l'exposition « Soulèvements » au Jeu de Paume, Paris, dont le commissaire était Didi-Huberman, 18 octobre 2016–15 janvier 2017 : une exposition transdisciplinaire sur le thème des émotions collectives, des évènements politiques en tant qu'ils supposent des mouvements de foules en lutte. Consulter le http://soulevements.jeudepaume.org/.

4. En créole, pilier central.

Abel, Olivier, et Jérôme Porée. *Le vocabulaire de Paul Ricœur*. Ellipses, 2009.

Agnant, Marie-Célie. *Femmes des terres brûlées*. Éditions de la Pleine Lune, 2016.

———. *Femmes au temps des carnassiers*. Éditions du remue-ménage, 2015.

———. « Marie-Célie Agnant, 5 Questions pour Île en île ». *Île en île*, 17 avril 2009, http://ile-en-ile.org/marie-celie-agnant-5-questions-pour-ile-en-ile/.

———. « Écrire pour tuer le vide du silence ». *Canadian Woman Studies / Les Cahiers de la femme*, vol. 23, n° 2, 2004, pp. 86–91.

Audoin-Rouzeau, Stéphane. *Une initiation. Rwanda (1994–2016)*. Éditions du Seuil, 2017.

Barbeau-Lavalette, Anaïs, et Émile Proulx-Cloutier. « Temple de la renommée : une personnalité qui nous inspire... ». *Journées québécoises de la solidarité internationale*. 2016.

Birnbaum, Jean. « Des mots pour la vie ». *Le Monde*. 18 nov. 2015, https://www.lemonde.fr/livres/article/2015/11/19/des-mots-pour-la-vie_4813366_3260.html/.

Bourgault, Sophie, et Julie Perreault, directrices. *Le care. Éthique féministe actuelle*. Les Éditions du remue-ménage, 2015.

Bourgeois, Louise. *Destruction du père. Reconstruction du père. Écrits et entretiens, 1923–2000*. Daniel Lelong éditeur, 2000.

Deleuze, Gilles. *Nietzsche et la philosophie*. PUF, 1997.

Desautels, Denise. *Sans toi, je n'aurais pas regardé si haut. Tableaux d'un parc*. Éditions du Noroît, 2013.

———. « Discours de réception du Prix de Littérature francophone Jean Arp ». Sixièmes rencontres européennes de littérature à Strasbourg, 11 et 12 mars 2011, http://www.canalc2.tv/video/10342.

———. *L'angle noir de la joie*. Éditions du Noroît, 2011.

———, écrivaine. *Un cri au bonheur*. Office national du film du Canada, 2007.

———. *Ce désir toujours : un abécédaire*. Leméac, 2005.

———. *La marathonienne*. Éditions de la Courte Échelle, 2003.

———. *Pendant la mort*. Éditions Québec Amérique, 2002.

———. « D'abord l'intime : entretien avec Denise Desautels ». *Voix et images*, vol. 26, n° 2 (77), 2001, 227–40.

———. *Tombeau de Lou*. Éditions du Noroît, 2000.

Didi-Huberman, Georges. *Peuples en larmes, peuples en armes*. Les Éditions de Minuit, 2016.

———. « Soulèvements ». *Exposition au Jeu de Paume*, 2016, http://soulevements.jeudepaume.org/.

———. « Imaginer Atlas : entretien avec Georges Didi-Huberman ». *Spirale*, n° 251, 2015, pp. 33–36.

———. *Sortir du noir*. Les Éditions de Minuit, 2015.

Didi-Huberman, Georges, et Jean Birnbaum. « Puissance des images, pouvoir du langage ». *Les assises internationales du roman 2015*. Éditions Christian Bourgois, 2015, pp. 191–219.

Dupré, Louise. « Toutes fenêtres ouvertes ». *Femmes rapaillées*. Mémoire d'encrier, 2016, pp. 196–201.

———. *L'album multicolore*. Héliotrope, 2014.

———. « Dimanche ». *Bonjour voisine. Collectif Haïti-Québec*. Mémoire d'encrier, 2013, pp. 195–203.

———. *Plus haut que les flammes*. Éditions du Noroît, 2010.

———. « Entretien avec Louise Dupré ». *Voix et images*. vol. 34, n° 2 (101), 2009, pp. 11–23.

———. « Déplier le temps : mémoire et temporalité dans *La promeneuse et l'oiseau* et *Ce fauve, le Bonheur* de Denise Desautels ». *Voix et images*, vol. 26, n° 2 (77), hiver 2001, pp. 302–16.

Émond, Bernard. « Les pentes de la culture : entretien avec Bernard Émond. Propos recueillis par Mélissa Thériault ». *Spirale*, n° 235, 2011, pp. 58–60.

Fassin, Didier, et Patrice Bourdelais. *Les constructions de l'intolérable. Études d'anthropologie et d'histoire sur les frontières de l'espace moral*. La Découverte, 2005.

Ferro, Marc. *L'aveuglement. Une autre histoire de notre monde*. Éditions Tallandier, 2017.

Gefen, Alexandre. « *D'autres vies que la mienne* : roman français contemporain, empathie et théorie du *care* ». *Empathie et esthétique*, dirigé par Alexandre Gefen et Bernard Vouilloux. Hermann Éditeurs, 2013, pp. 279–92.

Havercroft, Barbara. « Les traces vivantes de la perte : la poétique du deuil chez Denise Desautels et Laure Adler ». *Voix et images*, vol. 36, n° 1 (106), 2010, pp. 79–95.

Loraux, Nicole. *La cité divisée. L'oubli dans la mémoire d'Athènes*. Éditions Payot & Rivages, 1997.

Mata Barreiro, Carmen. « L'écriture au féminin actuelle : la mémoire, l'intime, l'éthique, l'écriture comme recherche ». *Que devient la littérature québécoise ? Formes et enjeux des pratiques narratives depuis 1990*, dirigé par Robert Dion et Andrée Mercier. Éditions Nota bene, 2017, pp. 167–95.

———. « L'écriture du corps dans l'œuvre de Louise Dupré : les mains, l'amour, la douleur ». *Revue des lettres et de traduction*, n° 15, 2013, pp. 201–15.

Nussbaum, Martha C. *L'art d'être juste. L'imagination littéraire et la vie publique*. Traduit par Solange Chavel, Climats, 2015.

————. *Les émotions démocratiques. Comment former le citoyen du XXIe siècle ?* Traduit par Solange Chavel, Climats, 2011.

————. *Upheavals of Thought: The Intelligence of Emotions.* Cambridge UP, 2001.

————. *Cultivating Humanity: A Classical Defense of Reform in Liberal Education.* Harvard UP, 1997.

————. *The Fragility of Goodness: Luck and Ethics in Greek Tragedy and Philosophy.* Cambridge UP, 1986.

Ouellette-Michalska, Madeleine. « L'écriture du désir : entretien avec Madeleine Ouellette-Michalska ». *Voix et images*, vol. 23, nᵒ 1 (67), pp. 11–24.

Pierron, Jean-Philippe. « Imaginer plus pour agir mieux : l'imagination en morale chez Carol Gilligan, Martha Nussbaum et Paul Ricœur ». *The Ethics Forum*, vol. 10, nᵒ 3, 2015, pp. 101–21.

Ricœur, Paul. *Parcours de la reconnaissance.* Stock, 2004.

————. *La mémoire, l'histoire, l'oubli.* Éditions du Seuil, 2000.

————. *Soi-même comme un autre.* Éditions du Seuil, 1990.

————. *Philosophie de la volonté 2. Finitude et culpabilité I. L'homme faillible.* Aubier, 1960.

————. *Histoire et vérité.* Éditions du Seuil, 1955.

————. *Philosophie de la volonté 1. Le volontaire et l'involontaire.* Aubier, 1950.

IV
Affects of Resistance / Affects de la résistance

10 Écriture autochtone au féminin

Savoir affectif et valeurs relationnelles dans Kuessipan *de Naomi Fontaine*

|JEANETTE DEN TOONDER|

Dans les recherches récentes sur l'écriture contemporaine des femmes au Québec, l'intérêt pour les œuvres des écrivaines des Premières Nations augmente. Néanmoins, le discours critique se développe avant tout dans le champ plus large de la littérature autochtone d'expression française. Dans ce champ émergeant, l'ouvrage fondateur *L'histoire de la littérature amérindienne au Québec* de Diane Boudreau, puis l'anthologie *Littérature amérindienne du Québec* et l'essai subséquent « Être écrivain amérindien au Québec » de Maurizio Gatti présentent le développement de la littérature autochtone au Québec depuis sa naissance dans les années soixante-dix. En discutant de l'identité complexe de la littérature amérindienne d'expression française, ces essais constituent les premiers efforts à situer l'écriture autochtone par rapport à l'institution littéraire au Québec. Plus récemment, des numéros de revues spécialisées montrent l'intérêt grandissant pour des approches méthodologiques. *Études en littératures canadiennes* rassemble en 2010 (vol. 35) des articles bilingues examinant des discours critiques et des identités autochtones au-delà des barrières linguistiques. La revue numérique *temps zéro* publie en 2013 un dossier « Imaginaires autochtones contemporains », qui « désire participer à l'établissement d'un cadre éthique pour l'étude des littératures amérindienne, métisse et inuit[e] » (Papillon par. 15). Les réflexions sur l'approche méthodologique et le cadre éthique mènent à des recherches qui repensent le domaine littéraire québécois à partir de la perspective autochtone. Jonathan Lamy Beaupré, poète et critique d'art et de littérature, examine la question du détournement des stéréotypes liés aux Premières Nations, notamment dans l'art de performance et en poésie, afin de montrer comment les artistes et poètes autochtones « réinventent l'amérindianité » (par. 43). Une poétique du territoire inspirée par le travail d'écrivains autochtones, telle qu'elle est définie par Jean-François Létourneau dans son essai *Le territoire dans les veines*, invite à refaire l'histoire du continent américain à partir des origines et des visions des Premiers Peuples. Dans les recherches de Joëlle Papillon et d'Isabella Huberman, ces visions concernent notamment les conceptions de la relationnalité sur les plans individuel et communautaire dans l'écriture des femmes. Après les examens par Papillon et Huberman des relations avec la parenté et avec le territoire, ce chapitre propose d'étudier davantage l'écriture autochtone au féminin d'expression française en analysant le roman *Kuessipan* de l'auteure innue Naomi Fontaine.

En tant qu'universitaire européenne non autochtone, j'ai le souci d'analyser ce texte dans le respect de la culture innue afin d'éviter un regard colonisateur. En explorant la place des approches autochtones dans le contexte universitaire, Margaret Kovach souligne dans son étude *Indigenous Methodologies* qu'il est essentiel d'honorer les systèmes de connaissances autochtones ainsi que leur base épistémologique tribale. Pour examiner *Kuessipan* dans le respect de ces connaissances, je m'appuierai sur des méthodes critiques développées par des chercheuses autochtones ou privilégiant les voix autochtones. Dans le même sens, il est essentiel de reconnaître que les théories fondatrices du féminisme produites par des femmes blanches émergent d'une position privilégiée qui ne correspond pas à la situation des femmes autochtones. J'adopterai donc une méthodologie basée sur les féminismes autochtones afin d'analyser les notions de savoir affectif et de valeurs relationnelles, déterminantes dans *Kuessipan*, que je relierai aux théories de l'affect.

Cette méthodologie sera présentée dans la première partie du chapitre par l'exposition de plusieurs traits caractéristiques des écritures des femmes autochtones, donnant lieu à une réflexion sur le lien entre le savoir, les sentiments et le relationnel. Cette réflexion sera approfondie à l'aide des théories de l'affect (de Dian Million et d'Antonio Damasio, notamment), établissant des rapports étroits entre le corps et l'esprit, des rapports fructueux pour l'analyse de *Kuessipan*, où les descriptions des corps des personnages se caractérisent par la mention de plusieurs émotions—qui se manifestent au niveau physique—et de sentiments—qui sont les expressions mentales de ces sensations corporelles. Individuellement et collectivement, les personnages anonymes de *Kuessipan* luttent pour atteindre le sentiment de soi, d'appartenance et d'équilibre. La beauté et la souffrance se renforcent dans le texte ; les rires douloureux et joyeux alternent ; la faiblesse se transforme en force et la destruction est équilibrée par la survivance.

L'analyse du roman sera structurée selon l'argument développé, qui se divise en trois parties. La première concerne les images des corps des personnages innus dans le roman de Fontaine, qui incitent à penser l'Innu de façon affective. Deuxièmement, les émotions peintes dans le roman, qui se transforment en sentiments, donnent lieu à une connaissance affective du quotidien innu. Pour finir, l'analyse examinera comment, en comprenant le monde par les émotions et les sentiments, le corps et l'esprit s'unissent pour trouver l'équilibre de soi. En prenant comme point de départ l'importance des connaissances affectives dans l'expérience humaine et les valeurs relationnelles qui se trouvent à la base des sociétés autochtones, cet article explore la façon dont le travail de réappropriation dans *Kuessipan* ouvre la voie vers un nouvel équilibre communautaire et individuel.

Féminismes autochtones : de la résistance à la revendication

Dans le domaine des études autochtones, la perspective féministe a longtemps été considérée comme une approche blanche ou coloniale, étant donné qu'elle est associée à des questions soulevées par les femmes appartenant à la classe moyenne occidentale, faisant partie du système colonial. Pour certaines chercheuses autochtones, le féminisme est une « "white" theory espoused by nosy white women who are ignorant of their own privilege in society » (CampBell 22). En effet, un grand nombre de problèmes relevés par les féministes occidentales ne correspondent pas aux expériences vécues par les femmes dans les communautés autochtones. Au lieu de rejeter le féminisme tout entier, des auteures et chercheuses autochtones se sont engagées à le définir en leurs propres termes. Le texte fondateur est *I am woman* de Lee Maracle. Publié en 1988, cet essai précurseur représente sa lutte personnelle « with womanhood, culture, traditional spiritual beliefs and political sovereignty » (Maracle viii). Elle y invite d'autres femmes autochtones à prendre à cœur leur propre combat pour une existence autochtone féministe. Maracle aménage ses pensées intellectuelles et ses capacités créatrices dans un acte fort de résistance et d'émancipation qui concerne tous les domaines de la société. Le désir et la nécessité d'autodétermination se trouvent également à la base de l'étude de Grace Ouellette, *The Fourth World: An Indigenous Perspective on Feminism and Aboriginal Women's Activism*, où elle insiste non seulement sur des questions de rapport entre racisme et sexisme, mais aussi sur l'importance des mouvements et des associations des femmes autochtones dans le processus d'émancipation. Comme le soulignent Arvin et al., les féminismes autochtones ne pourront être significatifs que lorsque les concepts conventionnels de souveraineté, de décolonisation et de changement social seront révisés. La prise de conscience que le « settler colonialism is a structure, not an event » (Arvin et al. 27) est essentielle pour le processus émancipatoire dont profitera toute la communauté autochtone. Ouellette, en élaborant dans son deuxième chapitre la philosophie holistique sous-jacente aux mouvements des femmes autochtones, propose une théorie de remplacement : le féminisme y inclut les différents rôles que jouent les femmes dans une société où l'individu confirme toujours ses rapports avec la communauté. Ainsi, l'un des principes de la théorie féministe autochtone est de rééquilibrer les communautés afin d'assembler l'autodétermination individuelle, d'une part, et la souveraineté tribale, d'autre part. Loin d'être en opposition, les droits collectifs et individuels vont main dans la main. Comme l'affirme Emma LaRocque, l'autodétermination ne peut pas être limitée à des cultures collectives ; elle est un droit humain et chaque individu devrait en profiter : « it is not in the interest of any collective or culture to dismiss or abuse individual rights » (69). Tout en respectant les cultures et les traditions, elle signale l'importance de s'assurer que celles-ci maintiennent les droits humains de chacun et chacune.

La souveraineté des communautés autochtones et celle des individus se rencontrent dans l'approche féministe autochtone, qui se développe, comme nous allons le voir dans les paragraphes suivants, d'un mouvement de résistance à la réarticulation des cultures autochtones par la création d'un nouveau langage.

Dans un premier temps, le discours féministe autochtone s'engage à montrer comment les Premières Nations ont été affectées par le colonialisme et le patriarcat (Green 23), en critiquant « avant tout les effets du colonialisme et de la pensée coloniale sur les sociétés traditionnelles » (Perreault 200). Ce mouvement de résistance caractérise un grand nombre de textes écrits par les femmes autochtones dans les années soixante-dix et quatre-vingt. Dans son récit *Qu'as-tu fait de mon pays ?* par exemple, An Antane Kapesh « prône la résistance et l'indépendance de l'Amérindien » (Boudreau 143) en présentant la soumission aussi bien que la révolte d'un enfant autochtone face à l'arrivée des blancs et aux tentatives d'assimilation. Les poèmes d'Éléonore Sioui publiés dans son premier recueil, *Andatha*, « célèbrent l'indianité » (Boudreau 147), mais montrent aussi « les ravages du colonialisme » (Boudreau 147) dans différentes parties du monde. Outre les moments de révolte, il y a également « le rêve d'un monde meilleur, le retour au jardin des ancêtres » (Boudreau 149). Dans son article « Aboriginal Women's Writing and the Cultural Politics of Representation », Julia Emberley souligne que ces écritures de la résistance se situent en dehors des classifications traditionnelles de la littérature parce qu'elles représentent l'expérience des communautés exclues de cette littérature dominante. Ces écritures, comme le précise Michèle Lacombe, affirment d'une part la continuité culturelle et exposent d'autre part de nouvelles méthodes de revitalisation culturelle, invitant ainsi à considérer ces textes dans le cadre du nationalisme littéraire autochtone. Il est également important d'insister, comme le fait Emberley, sur l'agentivité des écrivaines autochtones : en écrivant, elles créent un espace pour leur propre histoire et celle de leur peuple.

Dans leurs récits, ces écrivaines présentent une réalité autre, contestant souvent la vérité officielle présentée par les institutions de l'État. En rapprochant cette agentivité narrative de ce qu'elle appelle une « felt subjective truth in...lived experience » (62), Dian Million souligne l'importance des expériences ressenties qui font partie intégrante du savoir des communautés autochtones. Elle propose une analyse basée sur des connaissances affectives—« emotional knowledges » (54)—, grâce auxquelles les écritures de la résistance se transforment en écritures de revendication. L'expérience vécue ne se laisse pas uniquement exprimer par la pensée, mais également par les sentiments : il ne faut pas seulement penser l'histoire, mais également la sentir. Pour ce faire, une réarticulation du langage est incontournable. Comme le souligne Julie Perreault, le travail de réappropriation qui s'appuie sur « des savoirs et des pratiques des femmes autochtones » (Perreault 184) est, entre autres, un travail « herméneutique

et créatif...qui participe...d'un processus plus général de (re)défini-
tion des identités autochtones en contexte contemporain » (188).
En littérature, la voix des femmes, chargée de pouvoir, annule
l'image traditionnelle coloniale de la femme autochtone, correspondant à « celle qui ne parle pas » (66). Au contraire, les écritures
de revendication montrent que la parole des femmes autochtones
peut avoir « des impacts positifs sur la vie des femmes, des individus, et des communautés qu'ils construisent » (46). Cette prise de
parole se situe souvent entre la tradition autochtone et la modernité, où le système de valeurs relationnelles caractéristique des
sociétés traditionnelles est développé dans un contexte contemporain. Cette approche relationnelle—exprimée dans la phrase *all
my relations*,[1] exposant l'interconnectivité entre les êtres humains
et encourageant leur respect mutuel—est particulièrement inté-
ressante pour la perspective féministe parce qu'elle sollicite non
seulement l'interdépendance, la responsabilité et le dialogue, mais
aussi l'implication des droits et revendications des femmes autochtones (Ramirez 31). Des relations de genre basées sur le respect sont
incontournables pour la restauration du système plus équilibré,
basé sur le relationnel et l'égalité, auquel aspirent les féminismes
autochtones.

L'affect : moyen autre du savoir

Les éléments du relationnel et du savoir affectif se révèlent de
plus en plus pertinents dans des recherches actuelles qui ques-
tionnent le paradigme occidental dominant de la rationalité en
reconnaissant l'émotion et le sentiment comme savoir incorporé.
Dian Million se réfère à des études en sociologie où les émotions
sont caractérisées comme profondément sociales, relationnelles et
engagées (Million 72). En neurosciences, domaine de recherches
relativement jeune, le rôle central des sentiments comme expressions psychiques des changements corporels est notamment
approfondi par Antonio Damasio, qui étudie le rôle des émotions

dans le fonctionnement cognitif de l'être humain. Dans son étude *Le sentiment même de soi*,[2] Damasio examine comment l'individu arrive à l'état de conscience—considéré comme la connaissance immédiate que possède un organisme de soi et de ce qui l'environne—grâce au ressenti émotionnel. Il avance que le fonctionnement narratif du cerveau joue un rôle essentiel dans ce processus puisque celui-ci construit des récits où les objets—considérés comme des indicateurs émotionnels de conscience—et l'individu sont réunis. La conscience comme l'émotion s'enracinent dans la représentation du corps ; les émotions, tout ce que le corps fait apparaître comme modifications (décharges de pleurs, du rire, expressions de la mimique, décharges musculaires, sueur, etc.), sont des expressions extérieures qui se manifestent au niveau mental comme des sentiments : « C'est à travers les sentiments, dirigés vers l'intérieur et privés, que les émotions, qui sont, elles, dirigées vers l'extérieur et publiques, commencent à exercer leur impact sur l'esprit » (Damasio 44). En passant de l'émotion au sentiment, l'expression corporelle devient conscience des états du corps au niveau de l'esprit. La joie, la douleur, le plaisir, sont des révélations mentales d'un état donné du corps. Cette observation essentielle a été élaborée dans le troisième ouvrage de Damasio, *Spinoza avait raison*, où il reprend l'idée du philosophe néerlandais selon laquelle « les sentiments sont l'expression de la lutte pour atteindre l'équilibre » (Grandguillaume et Piroux 479). Le but de l'individu est non seulement d'arriver à une compréhension de soi, mais également à un état d'équilibre corporel et mental. Affectivité et conscience interagissent, et composent ensemble « un organisme qui tend à se préserver et à atteindre le bien-être via les émotions et les sentiments » (Grandguillaume et Piroux 479).

Ces quelques réflexions significatives du tournant affectif auquel ont donné lieu les recherches de Damasio expriment le moyen autre du savoir utilisé par l'écriture autochtone au féminin. Les affects déterminent l'individu à agir pour arriver à l'équilibre de soi, et, à plus forte raison, à un équilibre dans les relations entre les individus. Les connaissances affectives s'avèrent essentielles pour les écritures de revendication où la conscience du passé, suscitée par les émotions et les sentiments, donne lieu à une reconfiguration de l'avenir.

Dans *Kuessipan*, la narratrice s'efforce de comprendre le passé et le présent de son peuple en décrivant les corps souffrants et fiers des personnages. Ces images de souffrance et de tristesse, mais également de joie et de fierté se trouvent à la base de l'espoir sur lequel se clôt le roman, celui d'un meilleur avenir. Il est pertinent d'analyser les affects littéraires dans l'écriture de Fontaine à l'aide du développement des affects primaires proposés par Damasio. Les sentiments de joie et de tristesse, de souffrance et d'espoir encouragent les personnages non seulement à survivre, mais aussi à découvrir—même si ce n'est que momentanément—la paix intérieure et à imaginer un futur plus harmonieux pour le peuple innu.

Brefs moments d'équilibre

Kuessipan consiste en une série de 66 vignettes de longueurs diverses qui présentent la vie complexe de la Première Nation innue sur la réserve Uashat, située sur la Côte-Nord, près de la ville de Sept-Îles. La narration fragmentée offre une grande variété de perspectives et d'expériences de différentes générations habitant la réserve : grands-parents, mères, adolescents, enfants, des personnages qui restent anonymes pour la plupart. C'est en observant les corps de ces personnages que la narratrice cherche à les connaître et à construire une image intime de leurs vies.

Le rôle essentiel du corps est souligné dès l'incipit, où la narratrice s'exprime sur sa façon d'écrire à travers l'image du grand-père— d'abord présenté comme « l'homme au tambour » (9), ensuite en tant qu'« *Anikashan* » (36)[3] — : « J'ai tissé d'après ses mains usées, d'après son dos courbé » (9). Ce corps marqué par le temps, tel que la narratrice l'a connu, exprime l'expérience de la vie, et le « mal des os » (81) annonce que la fin de cette vie approche. Sa vieillesse le lie aux ancêtres et assure un lien significatif avec le passé, parce que l'homme au tambour, dont les « mains [sont] vieillies par le sapinage » (78), était autrefois nomade et chasseur. Il se sent à l'aise dans l'arrière-pays, *Nutshimit*, « l'intérieur des terres » (65), où « le repos de l'esprit » (65) peut être trouvé. Dans ce territoire qualifié d'« inconnu » (65), le grand-père se tenait autrefois debout et, malgré son dos courbé, il incarne toujours « le courage très ancien des premiers habitants » (80). En effet, malgré « une écorce froissée par le passage du temps », il a « des racines solides » et « sa vie qui s'achève illumine tous ceux qui le côtoient » (Papillon, « Apprendre » 62). C'est dans son regard que le courage persiste, regard qui sera transmis au petit-fils *Nikuss*,[4] dont les traits physiques sont pareils à ceux d'*Anikashan*. Par conséquent, le regard du grand-père sera toujours neuf ; ses connaissances du mode de vie traditionnel des premiers habitants constituent un « modèle pour les générations à venir » (Huberman 120), rapprochant ainsi passé et présent, et permettant la construction d'un nouvel avenir.

Le regard et les yeux sont souvent mentionnés dans les descriptions des personnages et expriment, comme nous allons le voir, fierté autant que souffrance. Un exemple particulièrement poignant est celui du jeune homme ébranlé par l'alcool et les drogues, dont « le regard fuyant...ne veut pas fixer » (29). Le corps entier est brisé, de l'extérieur—joues, épaules, teint—comme de l'intérieur : « Une nuit, tu as ressenti cette douleur indicible à tes côtes, au bas du ventre, comme une barre de métal qui transperçait ton corps. À l'hôpital, tu as passé plusieurs tests. Ils ont vite trouvé ton mal, c'était ton foie. Il était détruit » (31–32). Malgré son état misérable, le corps du jeune homme endure, tout comme ceux des jeunes filles, marqués par les grossesses. La description de la cousine de la narratrice est significative de cette résilience, qui se traduit de nouveau dans le regard : « Elle a des yeux d'Indienne qui ont tout vu...Un regard qui brûle. De l'intérieur, de l'existence » (38).

Ces exemples sont comparables dans le sens où le corps s'y manifeste comme une entité qui change, qui vieillit, qui tombe malade ou enceinte. En perdant la prise sur leur substance, les personnages perdent également leur stabilité. En témoigne l'expérience de la narratrice elle-même après la naissance de son fils, lorsque son corps change de nouveau. Elle semble s'éloigner d'elle-même et elle constate : « Je n'ai jamais autant désiré être quelqu'un d'autre, une lointaine émigrée venue d'ailleurs pour s'éparpiller. Mon corps ne m'appartient plus » (106). La perte du rapport avec le corps symbolise la désunion entre le présent, qui est la vie sur la réserve, et le passé, à savoir les traditions et connaissances des ancêtres, représentées dans le roman par *Nutshimit*. Contrairement au grand-père et à son petit-fils, et parfois en dépit de leur expérience, la plupart des autres personnages sont incapables de créer un rapport durable entre leur vie actuelle et l'héritage du peuple ancien. Si leurs corps isolés, séparés, sont en disharmonie, le texte semble proposer une manière pour y remédier : la danse et le chant traditionnels, communs, où les corps individuels se touchent : « Le cercle se forme intuitivement...Les mouvements s'amplifient, certaines jouent des épaules, accélèrent la pulsation des mains jusqu'aux hanches. Les jeunes se laissent conduire, imitent leurs parents. Le cercle est immense, les chaises vides...Les regards se croisent, les yeux fiers. Le désir d'être soi » (44). Dans le cercle, les regards se rencontrent et créent un mouvement commun. La musique, le chant et la danse raccordent les membres de la communauté les uns aux autres aussi bien qu'au monde des ancêtres. Ce monde du passé est chanté dans la « langue d'un peuple oublié » (57) et le mot innu *mamu*, qui signifie « ensemble », est utilisé ici pour accentuer le sentiment d'unité vécu par les participants.[5]

Grâce à cette unité du groupe, les individus vivent un moment d'équilibre ; l'harmonie individuelle et collective l'emporte sur la souffrance et la tristesse. Dans ce processus, les émotions, en tant qu'expressions corporelles, jouent un rôle essentiel. Dans la scène de la danse, ce sont les sourires, les rires et les cris qui exercent leur impact sur l'esprit : « Laissent le chant approfondir chaque mouvement, chaque pas qui se veut lent, les mains près du corps. Souriant...Une femme téméraire pousse un cri. Un cri d'Indienne, fort, aigu. Il y a des rires, des échos à sa voix » (44). L'adjectif *téméraire* souligne qu'il faut avoir de l'audace pour s'exprimer ainsi, pour faire entendre le cri fort qui rappelle les ancêtres. Les autres membres du groupe y répondent en riant. L'audace et la joie sont déchaînées par les mouvements de la danse, par les cris et les rires. Le sentiment le plus important auquel donnent lieu les émotions dans cet exemple est celui du désir. Il s'agit plus particulièrement du désir d'être soi, exprimant l'état de bien-être auquel aspirent les êtres humains selon l'analyse de Damasio. Cette scène est un moment clé dans le roman : le fonctionnement du savoir affectif y est associé au relationnel ; l'expérience commune de la danse traditionnelle et du chant du passé fait écho dans les participants individuels et le savoir est transféré sans mots.

Dans d'autres situations, néanmoins, l'individu doit vivre sa transformation seul, à l'extérieur du groupe, comme c'est le cas du jeune homme atteint par l'alcool et les drogues, qui a « quitté [s]on village, [s]a misère, [s]a destruction, [s]es amis, [s]a famille » afin de « recommencer ailleurs » (32). Les expressions corporelles soulignent son état fragile : « joues creuses », « épaules fatiguées, faibles » et « teint pâle » (29) et son sourire ne ressemble pas à ceux mentionnés dans la scène de la danse : « un sourire qui ne rit pas, timide » (29). Le paradoxe exprimé dans cette description du sourire caractérise également les yeux du jeune homme : « leur forme, le foncé de leur couleur, le paradoxe de la beauté et de la souffrance » (29). Après avoir été soigné à l'hôpital, il ne semble pas avoir d'autre choix que de quitter la réserve où il a été atteint par les effets de la drogue. Les émotions douloureuses ont un impact inattendu sur son esprit, car le sentiment qui s'avère être le plus fort est celui de l'espoir : « au bout de cette sale voie, il...restait encore de l'espoir »

(32). C'est dans la solitude que ce personnage survivra et qu'il pourra trouver une nouvelle forme d'équilibre : « se soigner pour survivre. Être survivant, de son propre corps » (32). Sa faiblesse corporelle se transforme en un désir sentimental très fort, celui de survivre.

La survivance s'avère également essentielle dans le cas des jeunes mères dont la situation est en premier lieu caractérisée par les sentiments de douleur et de souffrance. Sur le plan des émotions, ce sont avant tout les sanglots, les pleurs et les cris qui sont mentionnés : « J'aimerais que vous la connaissiez, la fille au ventre rond. Celle qui élèvera seule ses enfants. Qui criera après son copain qui l'aura trompée. Qui pleurera seule dans son salon, qui changera des couches toute sa vie » (11). Les circonstances dans lesquelles vivent les femmes et leurs enfants sont souvent déter-minées par les pleurs de ces derniers et les larmes de leurs mères, expressions émotionnelles extérieures qui se manifestent au niveau mental comme la faim, la fatigue ou la solitude par exemple. C'est notamment dans cette relation entre la mère et l'enfant que s'ex-prime clairement le savoir affectif ; en dehors des mots, dans une communication entièrement émotionnelle, la mère nourrit, berce, console l'enfant, malgré sa propre fatigue. En effet, « la maternité est ici un modèle...du souci de soi et de l'autre, de l'existence et de la résistance » (Carrière 213) : pour la jeune mère, l'enfant repré-sente « une façon d'être aimée...une manière d'exister » (85). Dans la vie des jeunes femmes, tomber enceinte et avoir un enfant est une nécessité pour continuer à vivre. Comme dans le cas du jeune homme gravement malade, les émotions douloureuses s'expriment au niveau mental non seulement comme douleur ou souffrance, mais aussi comme la pulsion de subsister ou, comme le dit la narra-trice : « une rage de vivre ou de cesser de mourir. L'enfant » (85). Le mot *rage*, exprimant le désir irrépressible des jeunes femmes de mettre en valeur leurs existences, symbolise en même temps ce besoin ardent du peuple innu entier. Cesser de mourir est une première étape vers un meilleur avenir, représenté par le dernier mot de la citation, l'enfant. Afin d'y arriver, il faut passer par un temps de désorientation auquel donnent lieu les larmes et les sanglots. La narratrice elle-même connaît un tel moment lorsque son corps se détache de son être et qu'elle a le sentiment de s'éloigner de ce qu'elle a toujours été : « Je crois que rien ne me désoriente plus que ce liquide incolore et salé qui coule de mes yeux gonflés, sur mes joues » (106). L'expression extérieure de son corps la déconcerte, d'autant plus que, normalement, elle « pleure très peu » (37). Les sanglots qui s'emparent d'elle démontrent une connaissance affective ; elle doit se distancier de ce qu'elle a « toujours cru représenter » (106) et « ralentir » (106) ses pas afin de mieux se connaître et de se préparer pour l'avenir avec son fils.

Les pleurs et les larmes se révèlent ainsi comme des émotions déconcertantes qui se manifestent au niveau de l'esprit à travers le désir de (sur)vivre ; elles s'avèrent essentielles dans le processus vers la compréhension de soi. L'émotion opposée, et pourtant parfois si proche des larmes, celle du rire, permet de temps en temps de saisir un sentiment primordial attribué au peuple ancien : le bonheur. En évoquant le souvenir de sa grand-mère, la narratrice insiste sur l'image qui la touche le plus, celle de son rire : « Parfois elle riait, elle était belle, comme si le bonheur l'avait finalement coincée et qu'elle ne pouvait en rien s'échapper. Le rire de ma grand-mère gravé à jamais dans mon enfance » (83). Le bonheur exprimé dans le rire de la grand-mère est associé au sourire du grand-père, qualifié d'« ambitieux » (70). Ce sourire, parfois à peine visible, révèle un sentiment que la narratrice cherche à trouver et à exprimer dans son écriture : la fierté. La fierté du grand-père d'avoir vécu comme chasseur et nomade, sa fierté d'être Innu, est, tout comme le bonheur, indispensable pour trouver l'équilibre de soi et l'harmonie dans les relations. La narratrice l'annonce au début du roman : « La fierté est un symbole, la douleur est le prix que je ne veux pas payer…J'ai mal et je n'ai encore rien dit » (9).

Malgré sa réticence, elle doit écrire la douleur, tout comme la désorientation et la solitude pour pouvoir finalement sentir la fierté.
Elle éprouve ce sentiment lorsqu'elle se trouve dans l'intérieur des
terres, à *Nutshimit*, dans « la forêt vierge jusqu'à sa racine » (90).
C'est dans cet endroit non défriché et silencieux qu'elle découvre
cette sensation difficile à faire connaître par le langage. Malgré l'in-
suffisance des mots, elle le formule ainsi : « l'indicible fierté d'être
moi, entièrement moi » (90).

Ce sentiment qui se trouve à la base de la communauté innue
traditionnelle s'avère essentiel pour la génération actuelle et celles
du futur. La fierté, surtout quand elle est partagée par le peuple
entier, rétablit le rapport entre corps et esprit et crée des réseaux
d'interconnexion « qui forment ordinairement le socle de·la culture
dans les sociétés à base territoriale » (Perreault 186). Le rôle des
femmes dans ce système de relations ne s'exprime pas seulement à
travers la figure de la grand-mère, appelée *Tshukuminu*,[6] « comme si
elle était la grand-mère de tout le monde » (82), ou celles des jeunes
mères qui désirent porter la vie, malgré la souffrance, entre autres
pour « faire grandir le peuple que l'on a tant voulu décimer » (85),
mais aussi dans la pratique rituelle et spirituelle du tambour, telle
que décrite dans ce roman. Comme l'a souligné Rosanna Deerchild
dans son analyse de l'installation de Lila Fontaine intitulée *A
Woman's Drum*, le tambour, manié par les hommes lors des céré-
monies, a été apporté au peuple par une femme pour enseigner
« aux hommes l'importance de préserver l'équilibre entre la terre,
la communauté et l'espace relationnel qui les unit » (Perreault
187). Dans *Kuessipan*, une référence implicite à cette légende s'exprime à travers la scène de la danse traditionnelle, où « le battement
du tambour fait lever les femmes en premier » (44). Si, comme l'a
signalé Deerchild, les femmes ont été laissées à l'extérieur du cercle
sous l'influence de la pratique coloniale, elles se retrouvent au
centre du rituel dans le roman de Fontaine et incitent les autres à
participer à la danse. Cette reconstruction du cercle, où les femmes

reprennent leur place centrale, montre que la complémentarité et la réciprocité sont restaurées dans la communauté innue. Il en résulte un sens de la communauté exprimé dans les « yeux fiers » (44) de tous les participants.

Ce bref moment d'équilibre fait ressortir l'espoir exprimé à la fin du livre et la possibilité d'un regard neuf qui incarne le courage et la fierté d'*Anikashan*, réunis dans la figure de l'enfant, *Nikuss*, dont le rire fait écho aux espérances de sa mère. Au bord de la rive sur laquelle aboutit la réserve, mère et enfant vivent « le silence entourant [leurs] rêves d'avenir » (111). Ici, le rapport intime entre mère et enfant « s'inscrit dans un réseau de relations intergénérationnelles qui s'étend à la fois devant *et* derrière elle » (Papillon, « Apprendre » 63), et met en avant l'espoir pour l'avenir de toute la communauté. Comme dans d'autres textes d'écrivains autochtones, où le silence est souvent compris comme « une trouée...un espace ouvert à la renégociation, dans lequel la résistance peut prendre forme et procurer une libération » (Henzi 76), la narratrice de *Kuessipan* écrit le silence pour faire taire « [l]'oppression. L'injustice. La cruauté. La solitude » (12) afin d'atteindre la paix intérieure. Comme le souligne Isabella Huberman, « l'oxymore "écrire le silence" exprime le dilemme auquel elle fait face—le désir de transmettre son histoire par l'écriture, mais en même temps, l'intention de ne rien dire et de passer certaines choses sous silence » (Huberman 121). Si, d'une part, « le mur de silence que Fontaine met en place protège son histoire » (Huberman 123), il permet, d'autre part, de se réapproprier la langue ; tout comme « l'homme confus » (65) trouve la quiétude interne dans *Nutshimit* « après avoir hurlé, des nuits durant, son angoisse sans que personne ne l'entende » (65–66), la narratrice trouve le calme dans un espace imaginaire, celui de la narration, où elle renoue le passé ancestral et le présent de la vie quotidienne sur la réserve. Les hurlements du personnage troublé et son sentiment d'angoisse expriment la revendication qu'elle fait de son corps ; les affects poussent les personnages à agir, les cris et les pleurs s'avèrent indispensables pour atteindre le bien-être.

Vers un équilibre individuel et collectif

Le désir de la narratrice d'« écrire le silence » (12) est exemplaire du travail de réappropriation qui caractérise l'écriture autochtone au féminin. Comme l'a expliqué Sarah Henzi en approfondissant les pensées de Jeannette Armstrong et de Lee Maracle, l'écriture de revendication est essentiellement une forme de « writing home ». Pour la narratrice de *Kuessipan*, « la quête de parole naît d'un souci pour l'autre » (Carrière 213), souci inscrit dans le titre, qui signifie « à toi » ou « à ton tour » en innu. L'écriture est une sorte de secours, « offert à ceux et celles qui souffrent et qui risquent d'être oubliés » (Carrière 213). Grâce à cette écriture, il est possible de « se sentir revitalisé par des connaissances collectives » et de « les harmoniser avec les préoccupations sociétales quotidiennes » (Henzi, 86–87). Dans le cas spécifique de *Kuessipan*, ces connaissances collectives renforcent le sens de la communauté et rétablissent les rapports avec la tradition ancestrale. En même temps, les personnages individuels éprouvent de fortes émotions, souvent dans des moments de solitude, qui traduisent un savoir affectif déconcertant. Cette expérience suggère la possibilité d'une deuxième harmonisation en plus de celle de la tradition et de la modernité, à savoir la conciliation du corps et de l'esprit.

Au sein de la communauté innue présentée dans ce roman, les valeurs relationnelles s'expriment dans les rapports entre les générations, entre la mère et son enfant ou entre le grand-père et son petit-fils qui lui ressemble, mais également dans les corps qui se touchent lors de la cérémonie de la danse et qui montrent leur fierté. Le désir d'être soi rassemble les individus qui, grâce au savoir affectif, ne sont pas seulement en mesure de survivre, mais sont aussi capables d'« imaginer un avenir qui soit en continuité avec le passé » (St-Amand 46).

Notes

1.	Acoose-Miswonigeesikokwe insiste sur l'importance de cette expression pour le pouvoir des femmes autochtones : « A philosophical expression of Indigenous Spirituality, "all my relations" signifies both the solidarity of Indigenous peoples throughout the world and a continuity of Indigenous women's power » (48).

2.	Cet ouvrage fait suite au livre *L'erreur de Descartes*, où il traite le rôle du sentiment et de l'émotion.

3.	Comme la narratrice l'explique à la page 36, ce nom innu est un dérivé d'Alexandre. Comme dans le roman, tous les mots innus sont ici en italique.

4.	Mot innu qui signifie « mon fils » (26).

5.	Voir aussi den Toonder.

6.	Ce mot innu signifie « notre grand-mère » (26).

Ouvrages cités

Acoose-Miswonigeesikokwe, Janice. *Iskwewak Kah' Ki Yaw Ni Wahkomakanak: Neither Indian Princesses nor Easy Squaws*. Women's Press, 1995.

Arvin, Maile, et al. "Decolonizing Feminism: Challenging Connections between Settler Colonialism and Heteropatriarchy," *Feminist Formations*, vol. 25, no. 1, 2013, pp. 8–34.

Boudreau, Diane. *Histoire de la littérature amérindienne au Québec*. L'Hexagone, 1993.

CampBell, Pamela K. *Lenses of Indigenous Feminism: Digging Up the Roots of Western Patriarchy in* Perma Red *and* Monkey Beach. 2012. U of Arizona, Master's thesis, http://hdl.handle.net/10150/265552.

Carrière, Marie. « Mémoire du *care*, féminisme en mémoire ». *Women in French Studies*, dossier spécial « Selected Essays from Women in French International Conference », dirigé par Dawn Cornelio et al., 2015, pp. 205–17.

Damasio, Antonio. *Spinoza avait raison. Le cerveau de la tristesse, de la joie et des émotions*. Odile Jacob, 2003.

———. *Le sentiment même de soi. Corps, émotions, conscience*. Odile Jacob, 1999.

———. *L'erreur de Descartes. La raison des émotions*, 1995.

Deerchild, Rosanna. "Tribal Feminism is a Drum Song." *Strong Women Stories: Native Vision and Community Survival*. Sumach Press, 2003, pp. 97–105.

Den Toonder, Jeanette. "Narrative Dynamics of Liminality in Naomi Fontaine's *Kuessipan* (2011)." *In-Between: Liminal Spaces in Canadian Literature and Cultures*, edited by S.L. Brandt, Peter Lang, 2017, pp. 133–46.

Emberley, Julia. "Aboriginal Women's Writing and the Cultural Politics of Representation." *Women of the First Nations: Power, Wisdom, and Strength*, edited by Christine Miller and Patricia Chuchryk, U of Manitoba P, 1996, pp. 97–112.

Écriture autochtone au féminin

Fontaine, Naomi. *Kuessipan*. Mémoire d'encrier, 2011.

Gatti, Maurizio. *Littérature amérindienne du Québec*. Hurtubise, 2004.

——. *Être écrivain amérindien au Québec*. Hurtubise, 2006.

Grandguillaume, Arnaud, et Charles Piroux. « A. Damasio. *L'erreur de Descartes* (1995) ; *Le sentiment même de soi* (1999) ; *Spinoza avait raison* (2003) ». *L'orientation scolaire et professionnelle*, vol. 33, n° 3, 2004, pp. 477–79, https://osp.revues.org/748.

Green, Joyce. "Taking Account of Aboriginal Feminism." *Making Space for Indigenous Feminism*, edited by Joyce Green, Fernwood Publishing, 2007, pp. 20–32.

Henzi, Sarah. « Stratégies de réappropriation dans les littératures des Premières nations ». *SCL/ÉLC*, vol. 35, n° 2, 2010, pp. 76–94.

Huberman, Isabella. « Les possibles de l'amour décolonial : relations, transmissions et silences dans *Kuessipan* de Naomi Fontaine ». *Voix plurielles*, vol. 30, n° 2, 2016, pp. 111–26.

Kovach, Margaret. *Indigenous Methodologies: Characteristics, Conversations and Contexts*. U of Toronto P, 2009.

Lacombe, Michèle. "On Critical Frameworks for Analyzing Indigenous Literature: The Case of *Monkey Beach*." *International Journal for Canadian Studies*, no. 41, 2010, pp. 253–76.

Lamy Beaupré, Jonathan. « Quand la poésie amérindienne réinvente l'image de l'Indien ». *temps zéro*, n° 7, 2013, http://tempszero.contemporain.info/document1096.

LaRocque, Emma. "Métis and Feminist: Ethical Reflections on Feminism, Human Rights and Decolonization." *Making Space for Indigenous Feminism*, edited by Joyce Green, Fernwood Publishing, 2007, pp. 53–71.

Létourneau, Jean-François. *Le territoire dans les veines*. Mémoire d'encrier, 2017.

Maracle, Lee. *I am Woman: A Native Perspective on Sociology and Feminism*. 1988. Press Gang Publishers, 1996.

Million, Dian. "Felt Theory: An Indigenous Feminist Approach to Affect and History." *Wicazo Sa Review*, vol. 24, no. 2, Native Feminism (Fall 2009), pp. 53–76.

Ouellette, Grace. *The Fourth World: An Indigenous Perspective on Feminism and Aboriginal Women's Activism*. Fernwood Publishing, 2002.

Papillon, Joëlle. « Apprendre et guérir : les rapports intergénérationnels chez An Antane Kapesh, Virginia Pésémapéo Bordeleau et Naomi Fontaine ». *Recherches amérindiennes au Québec*, vol. 46, n° 2-3, 2016, pp. 57–65.

——. « Imaginaires autochtones contemporains ». *temps zéro*, n° 7, 2013. http://tempszero.contemporain.info/document1065.

Perreault, Julie. *Féminisme du care et féminisme autochtone. Une approche phénoménologique de la violence en Occident*. 2013. U d'Ottawa, thèse de doctorat.

Ramirez, Renya. "Race, Tribal Nation, and Gender: A Native Feminist Approach to Belonging." *Meridians: Feminism, Race, Transnationalism*, vol. 7, no. 2, 2007, pp. 22–40, http://www.jstor.org/stable/40314242.

St-Amand, Isabelle. « Discours critiques pour l'étude de la littérature autochtone dans l'espace francophone du Québec ». *SCL/ÉLC*, vol. 35, n° 2, 2010, pp. 30–52.

Respect or Empathy?

Affect/Emotion in Indigenous Stories

|MARGERY FEE|

The stories never die. We are still using the story. We live our lives
like the story. These stories are from my grandmothers, my grandfathers.
I am talking with my grandparents' stories. Their words are very
important because they will help you live in the future. Their words
will help you to think for yourselves.
 —MADELAINE DRYBONE (*qtd. in Legat 36*)

I BEGIN WITH AN INTERPRETIVE PUZZLE relating to emotions in stories. Harry Robinson, an Okanagan/Syilx storyteller, tells of a starving hunter who is angry because his partner has refused to share meat with him:

> *So he went along and he was still mad.*
> *He thought*
> *Well, I'm going to die anyway.*
> *Can't eat.*
> *Nothing to eat.*
> *I have to die.*
> *But maybe I better look for grizzly bear den.*
> *If I find one, I can go in the den*
> *and let the grizzly bear kill me. (129)*

I asked myself: Why would the hunter do this? Surely lying down in the snow would be an easier death than being torn apart by a grizzly? Was he driven by anger or despair? Why does he not think of killing it for food instead of letting it kill him? Was he sacrificing himself to the bear? Then I came across a similar moment in a story told by Angela Sidney, a Tagish/Tlingit elder. A man goes out on the ocean hunting with some boys. A storm drives them far off course and onto an island. Later, the man recalls this moment: "I gave up hope, then I dreamed I was home" (qtd. in Cruickshank, *Life Lived* 142). Against all odds, when better weather comes, he manages to navigate them home. To celebrate, he composes a song that begins, "I gave my life out on the deep for the shark" (qtd. in Cruickshank, *Life Lived* 144).

The two stories resemble each other in their relationship to animals, and in particular the relinquishing of one's life to apparently dangerous predators. In the Robinson story, it's a grizzly bear: the starving man looks for a grizzly den, expecting that the grizzly inside will kill him. When he finds a den, however, the grizzly instead welcomes him and feeds him for the winter (130). In Sydney's story, it's a shark: by giving his life for a shark, the man in the story does not *lose* his life but is, in fact, able to save it. Could the hunters' willingness to give up their lives to another predator rather than simply succumbing to hopelessness explain why both ultimately were saved?

Putting answers together out of such bits and pieces is difficult, but stories open up interpretive possibilities, rather than closing them down. Interpreting a story based on a different worldview from one's own requires a great deal of context. As Julie Cruikshank says of the Yukon elders she worked with, "If I expected to learn anything, they implied, I needed to become familiar with pivotal narratives 'everybody knows' about relationships among beings who share responsibility for maintaining the social order" (*Social Life* 46). Once she learned the stories, she saw how they formed a "cultural scaffolding" for the tellers' lives (*Social Life* 41). However, the point of learning the context is to be able to apply the stories to one's own personal situation, rather than (as in the academy) producing a more abstract and general interpretation.

This chapter attempts to forward the project of "decolonizing affect theory" (Gunew 16), which entails the recognition of multiple cosmologies (Descola) and related diverse configurations of affects/emotions and their representations.[1] A review of what necessarily is only a sampling from cultures on the coast and interior of British Columbia and in the north of Canada indicates that a major difference distinguishing these Indigenous worldviews[2] from Western ones can be summed up by the frequently repeated word *respect*. The dominion over animals granted by God to Adam is not part of these worldviews, in which a respectful relationship with the living world is necessary not only for physical survival but also for emotional and ethical balance: a good life. In these accounts, humans take their place in the web of being belatedly and far from power. The land and animals, plants and spirits, are other-than-human persons with the ability to reason and feel; sensitivity to these complex beings is crucial. Thus, one's emotional life extends far beyond one's family and friends. "All my relations," as the Lakota prayer puts it, extends from slugs to the stars. For human relations at least, the mainstream promotion of empathy might seem analogous to respect. However, as Karsten Steuber argues, many philosophers see the dominant notion of empathy as "epistemically extremely naïve" because "it seems to conceive of understanding as a mysterious meeting of two individual minds outside of any cultural context" ("Empathy"). Empathy, at least as here defined, ignores cultural differences; respect, I will argue, takes them into account, if only by avoiding any presumption to know them without deep experience.

Decolonizing Emotion and Reason

The theories that dominate mainstream educational and academic environments in Canada and many other places are based on a secular and scientific foundation that strips them of any nuanced consideration of souls, and often of emotions and affects, which has made it difficult for those educated in these environments to understand Indigenous worldviews. I am handicapped by my upbringing outside the cultures I speak of and my need to get most of what I write here second hand, from stories as well as from accounts by Indigenous scholars and those others who have worked closely with Indigenous storytellers. Fortunately for people like me, Indigenous scholars with experiential and theoretical knowledge of at least two worldviews are now publishing for a mainstream audience. In this chapter, I consider some of the ways in which emotions are discussed by elders, depicted in their stories and reflections, and analyzed by anthropologists, literary critics, and Indigenous scholars.

Of course, delineating a category called "Indigenous" is problematic given its multivalence and the multiplicity of peoples who might identify with it or the cultural practices that I describe. As Carolyn Pedwell argues, "from a critical transnational perspective, we cannot simply delineate discrete cultural contexts with their 'own' affective particularities that might be compared to others" (46; see also Cruikshank, *Life Lived* 5). The cultures under consideration have transformed themselves under pressures of colonization and modernization: the storytellers here have learned English and engaged—sometimes voluntarily, sometimes not—with many of the most important institutions of Canadian society such as the church, the residential school, the courts, and government bureaucracy. Stories remain, nonetheless, a central resource: "The persistence of stories and storytelling suggest that oral narrative is central to an Indigenous intellectual tradition and provides the core of an educational model" (Cruikshank, *Life Lived* 340).

We must, however, be careful; perhaps the words *intellectual* and *educational* tie the relationships that I am examining too tightly to reason or even pragmatism. Logic is helpful in understanding the motivations of the men in the stories above because they saw themselves as part of a system where their bodies could sustain other-than-human relatives: sharks and grizzlies. Their idea that they should—facing death—share their bodies as meat for predators makes sense in this system. Reason and self-interest do not, however, *completely* explain human behaviour in these cases; emotions, too, play a part in these relationships between animals and humans. And at this point it becomes clear that mainstream names for emotions may be misleading or limited. In these Indigenous worldviews, emotions and reason have been connected to the idea that humans are part of a relational system where every living being is expected to sustain the others as kin, physically *and* emotionally. In Angela Sidney's story, it appears that the hero moves from despair to courage or resolution because he realizes the importance of his wider relations, even those that threaten him, like the shark. In Robinson's story, the starving hero apparently resolves his anger with his selfish companion by thinking about and acting on his relationship to the bear. In the end, the bear intervenes so that the man who refused to share is punished: justice is done through her superior power. Richard Preston, an anthropologist with the eastern James Bay Cree, contrasts despair and anger, which he calls "focused emotion," with "diffuse emotion," which is more conducive to survival. I discuss this contrast further below.

To look at this issue across Indigenous national, cultural, and linguistic groups risks homogenizing differences—differences which certainly exist within these groups as well. However, Louis Bird, an Omushkego Cree storyteller from the James Bay region, notes that stories share important similarities across nations, although there is a "geographical difference of the legends" (7). He continues:

Our legends there [in James Bay] are similar to the coast region.
And in fact, our legends in this area are similar across the country of
Canada. We have the characters that plays the roles in legends, who
are very similar to ours. Although they have very slightly different
names. But the ground and the land they involve in is different. (7)

This geographical difference relates to a major function of story, which is to help people survive physically. Stories teach how to hunt and kill particular animals with very different habits; how to move around and find shelter in a particular landscape; how to find and use particular plants for medicine, food, clothing, and other goods. As Keith Basso's title—*Wisdom Sits in Places*—makes clear, specific named places also serve as anchors for stories (see also Cruikshank, *Life Lived* 354).

One widespread story genre, the Bungling Host, teaches the importance of hospitably sharing food. In a survey of such stories from across North America, Daniel Clément argues that they do more than this: they contain detailed local knowledge crucial for survival. For example, in one story, a muskrat makes potatoes out of ice to feed the visiting trickster (432–49).[3] When the trickster tries to reciprocate, all he can produce is dirty water. The practical knowledge embedded in the story, Clément argues, is that in some places, the roots that muskrats cache in the ice provide people with winter food. In these stories, the trickster is the greedy, boastful— and funny—bad example. He gets into trouble here because he presumes that he can do just what the host has accomplished. Apart from pointing to different foods and how to find them, this genre emphasizes that individuals are different in their skills and capacities and those who do not respect and understand these differences are at best left hungry, and at worst left for dead. Fortunately for the stories, the trickster always comes back to life.

For Bird, stories do not just teach physical survival, but also *spiritual* survival. The characters in these stories "have the spiritual beliefs and practices. Which gives them to be strong. To be powerful enough to withstand any harshness they come upon in the land. And this spiritual belief and practice stem from the wilderness. You could only get it from the wilderness" (6). The similarities that Bird sees across cultures in terms of "the characters that plays the roles" derive, I would argue, from a similar land-based ethic and the related emotional responses that support and sustain physical *and* spiritual survival on the land. Many stories about the figure anthropologists call the trickster (variously embodied as Raven, Coyote, Mink, Nanabush, and Glooscap, to name a few) reflect a similar ethic. One central feature of this ethic is that our relation with the land is reciprocal, and this reciprocity is based on *respect*. If humans do not respect and sustain the land, the land will not respect and sustain us. Thus, in turn, comes the responsibility to keep the land and all those it supports alive. Of course, beliefs, ceremonies, institutions, and the like are vastly different in the communities through which these tricksters travel, but respect for the land and all that it supports is a common thread through all of them.

Respect, Restraint, and the Ability to Think

E. Richard Atleo, a Nuu-chah-nulth thinker, sees respect as "not a concept of human origin" but rather a principle or moral law that derives from and binds all creation (16). In both his and mainstream accounts, morality and emotion are closely linked. Philosopher Ronald de Sousa writes that emotions have been seen as "a dangerous threat to morality" by some, while others see them as central to ethical life. He notes that the names of emotions also name vices (greed, anger, jealousy, pride) and virtues (love, benevolence, sympathy). The word *respect*, which derives from the Latin *respicere*, meaning "to look back on," aligns itself with those virtues de Sousa names as improving "the capacity to resist the motivational power of emotions," that is, prudence, temperance and fortitude. Respect requires reflection before speech or action. A related word, *deference*, also includes the notion of restraint—of deferring or controlling one's emotional response. The emphasis on respect in Indigenous accounts of emotion, then, leads to a broad difference with the mainstream, where the frank expression of one's feelings is often seen both as a virtue and as a way to overcome misunderstanding and past trauma. Take the Canadian law courts and political stages, for example: in these arenas, putting forward strongly opposed and emotionally charged viewpoints is thought to lead to good results.

Atleo connects the word *respect* to the word *love* (15–16), and indeed, the reciprocal relationship between humans and the living world requires the forging of emotional bonds: the land cares for humans like a parent and its children reciprocate that love (see Armstrong et al.). Bruno Apple explained at the Berger inquiry: "this land is like our own father and mother. They provide all the meat and fish, and everything that they need" (qtd. in Legat 122). Annie Ned appears to conflate land and grandparent when speaking to archaeologists at a conference: "You people talk from paper / Me, I want to talk from grandpa" (qtd. in Cruikshank, *Life Lived* 356). Stories come both from the land and from the elders: "kinship and landscape provide more than the setting for an account, for they actually frame and shape the story" (Cruikshank, *Life Lived* 3).

Indeed, the land is kin, and the land tells stories. In "Land Speaking," Jeannette Armstrong (Okanagan/Syilx) writes:

> *All my elders say that it is land that holds all knowledge of life and death and is a constant teacher. It is said in Okanagan that the land constantly speaks....Not to learn its language is to die. We survived and thrived by listening intently to its teachings—to its language—and then inventing human words to retell its stories to our succeeding generations.* (178)

Further, Armstrong points out that the people are, in fact, made up of the land: "the flesh that is our bodies is pieces of the land come to us through the things that the land is. The soil, the water, the air, and all the other life forms contributed parts for our flesh. We are our land/place" ("Community" 57). The land itself has emotions; James Teit recorded the Nlaka'pmx belief: "Flowers, plants & grass especially the latter are the covering or blanket of the earth. If too much [is] plucked or ruthlessly destroyed [the] earth [is] sorry and weeps. It rains or is angry and makes rain, fog & bad weather" (qtd. in Turner 20). The land and everything living on it has an emotional life dependent on relationships with others, including human beings. And listening to the elders tell stories is how children and young adults learn to become human so that they can sustain themselves, their communities, and, above all, the land (see Armstrong, "Constructing"). John Joe, a Yukon elder born in 1877, puts the point quite forcefully: "Old people, they tell you a story, you've got to listen. When you don't listen, you're going to be crazy. You're going to be crazy and you're not going to live long" (qtd. in Cruikshank, *Social* 18).

In many Indigenous cultures—and stories—power comes through relationships with animals. As Dene-Tha elder Willie Ahnassay teaches, "Animals have special abilities which they depend upon to live, giving us only the powers which they no longer need....An animal chooses someone to receive these left-over powers, a person who has treated the animals with respect" (qtd. in Spencer 19; see also Laugrand and Oosten 9). Helen Clifton, a Coast Tsimshian elder, conveyed her belief to ethnobotanist Nancy J. Turner that "all animals and plants, whether they are used for food or not, must be treated deferentially, with appreciation and reverence...you should never joke about them, because this is disrespectful" (qtd. in Turner 82). This respect helps to keep things living: "It is said by the most senior [Tlicho Dene] elders that if caribou are not needed and used appropriately, their spirit will die" (Legat 84). The connection between hunter and prey is crucial for the ongoing lives of both. In 1975, Inuit hunter Peter Okpik put it this way: "A human is born with animals. He has to eat animals. That is why the animals and a person is just like one" (qtd. in Laugrand and Oosten 34). Although mainstream thinkers may cast the relationships between hunters and prey as the exploitation of an economic "resource," or in terms of cruelty to animals, Indigenous hunters like Peter Okpik see animals as infinitely reincarnating, provided the proper respect is maintained (Laugrand and Oosten 9). The Greenlandic-Danish explorer Knud Rasmussen summed up the Inuit belief:

> *Animals have in reality no objection to being killed by human*
> *beings, as long as the rules of life are observed by the latter. It may*
> *even happen and not infrequently, that an animal will approach*
> *a human being, actually desiring to be killed by that particular*
> *person. An animal may perhaps be tired of being what it is; and since*
> *its soul cannot change its envelope until the body has been killed,*
> *it is natural that animals should sometimes wish to die. (qtd. in*
> *Laugrand and Oosten 41)*

The relationship is primarily framed in moral, rather than economic or social terms (Laugrand and Oosten 8). Keavy Martin, in "The Hunting and Harvesting of Inuit Literature," notes that to refuse food—the gift of the animal, the gift of the land—is to refuse to enter a relationship that brings responsibilities with it. She argues that refusing to eat meat can distance humans from animals and the human responsibilities for their welfare. In fact, to extend the argument to a planetary context, to refuse or fail to understand the gifts of the land and its other-than-human beings, leads to—well, where we are now, with global warming, polluted air and water, plastic-filled oceans, and an extinction crisis.

Because of the risk of failing in respect, uncontrolled emotions are dangerous. For example, in a story told by the Dane-zaa dreamer Charlie Yahey, Swan becomes angry with an evil woman who lied to his father about him: "In Dane-zaa thought, people who allow themselves to become angry release their power for good or evil. Swan is angry but he does not know how to direct that anger in a positive direction" (Ridington 36). The story continues, to show how he learned to do this by resisting the temptations of a people-eating monster and ultimately killing her.

Allice Legat notes that for the Tlicho Dene, "[b]eing respectful signifies the ability to think" (18). Notably, this ability to think entails an emotional component. Legat, beginning her work with Tlicho Dene elders, was frequently asked whether she was thinking with her mind *and* her heart. What the mainstream culture divides into thought (abstract, rational, calculated, masculine) and emotion (personal, irrational, spontaneous, feminine), these cultures see as an interrelated process (Legat 9). Sto:lo writer Lee Maracle resists the division in her critique of John Stuart Mill's "Utilitarianism," noting he "has to delete his passion from his theory and his life" ("Oratory" 88). She asks, "What is the point of presenting the human condition in a language separate from the human experience: passion, emotion, and character?" ("Oratory" 89). Harry Robinson remarks that "God put the Indian in the head, in the heart, for things to know" (129). The literacy practices central to Western education connect with the separation of reason and passion in Western thought (Scollon and Scollon, *Narrative* 49–51). For example, the focus in mainstream interpretation is on textual evidence rather than on the reader's feelings, standpoint, or situation.

Thinking is also tightly bound to the ability to act—in particular, the ability to find food and to look after oneself. Preston comments on the story of an old man who was abandoned by his family because he had trouble walking:

His acceptance of his predicament is not one of passive resignation,
but neither is it an excited reaction. Getting excited is too imma-
ture an emotional response in a world where controlled and capable
reaction, rather than helpless or rash reaction, is highly valued and
learned early by most persons. The world of the Eastern Cree often
has little tolerance for behaviour that is poorly controlled or inept.[4]
(181)

Similarly, Legat comments of the Tlicho Dene:

Individuals who are unable to think are referred to as "pitiful." To the
elders, this means that individuals are unable to remember, acknowl-
edge, and respect the past and those relationships learned through
remembering the past. People like this are usually unable to care for
themselves. "Pitiful" individuals do not acquire food easily or produce
useful and beautiful goods. (18)

Preston uses the term "mental event" for a "range of psychological events that are typically (for us) divided into thoughts and feelings" in an attempt to explain Cree behaviour (187): "Internal mental events include more than knowledge, however, for the knowledge is embedded in emotional tones....I have already mentioned [in the story of the abandoned old man] the notable restraint of emotions of panic, focused fear, or focused anger" (187). He argues that these emotions would interfere with survival: "an angry, jealous or fearful man would make a poor hunter, as would an ecstatic, romantic, or foolhardy individual" (187). A genre he calls "starvation stories" show those faced with what appears to be certain death gathering their emotional, physical, and spiritual resources to continue, as in the two stories that begin this chapter. He contrasts what he calls "focused emotion" with "diffuse emotion," the latter defined by the ability of those feeling it to continue to act competently in difficult circumstances. He notes that in narratives where he expected some account of certain emotions, they were absent (229). When Preston specifically sought reports of fear of a threatening environment, he could not find any. When he asked George Head, an elder who had survived over seventy winters in the interior of Labrador, whether hunters felt threatened or fearful, the reply began with a narrative of what made life difficult—an early winter, a lack of readiness, the need to find food. But Head concludes, "I enjoyed trapping and hunting. I am always hoping I will be able to kill food for my family. I enjoy working hard" (234). Preston continues, "Speaking of hunting songs that express a deeply held hope for success, [Head] said of his fellow hunters, 'if they were afraid of the bush, I don't think they would sing like that'" (234). Preston remarks on the "deeply felt enjoyment of hunting, a passion that the Cree hunter believes to be reciprocally shared by the animals that they hunt" (235).

How are individuals raised both to control their emotions and to take pleasure in a life that consists of hard physical labour and the need to negotiate a world full of unpredictable dangers? Here I turn to the work of Ron Scollon and Suzanne B.K. Scollon on Athabaskan-English interethnic communication in Fort Chipewyan, Canada, and throughout Alaska.[5] They situate the primary difference in "very different views of interpersonal relationships" (*Narrative* 7), continuing "Athabaskans offer and expect in return a high degree of respect for a person's individuality, his right to be independent, autonomous, and different from others" (*Narrative* 7; see also Preston 237). This respect is manifested as a deep reserve with strangers that some have mistaken for shyness, stupidity, or even hostility. As Bird explains, "When you live in the wilderness, you don't need a bunch of words to express your feelings. No, you don't need high language for that. What you need is a higher level of understanding, faith in yourself, and spiritual connection" (69). Another reason for reserve was the injunction against bragging or revealing the source of one's power, which could mean losing it altogether: "A true shaman could never brag or openly talk about it—it's a secret thing, very private. They had to keep everything to themselves unless they had to use it to benefit other people. They could share that" (Bird 108–09).

Respect extends to children in particular because they are most vulnerable to influence and emotion. They are expected to learn from others by attentive listening and observation, rather than from detailed explanations: "Athabaskans often feel that it is dangerous to the spiritual, mental and emotional wellbeing of a child to seek to stimulate him into performance in public contexts or even to observe his behaviour in any way that might intervene in his activities" (Scollon and Scollon, *Narrative* 8). Adults intervene only to prevent serious injury. Certainly, such child-rearing practices contrast dramatically with mainstream parenting advice.

Although parental distancing may seem problematic, in fact it produces humans who pay attention to what is going on around them and who think for themselves. A child was expected to learn to be "able to feed, house and clothe himself [sic] for perhaps months with nothing but what he can carry himself in deep snow at perhaps -40 degrees...[and] it is assumed that the individual will possess the mental characteristics that would allow him to survive as a healthy, normal member of society under such conditions" (Scollon and Scollon, *Narrative* 103). Apparently, children are taught to control their emotions not by their elders, but by their peers. Scollon and Scollon describe how their two-year-old daughter, Rachel, was trained through the teasing of her Indigenous playmates in their worldview: "By ignoring these torments Rachel soon learned to keep her composure and in so doing to keep her face" (*Narrative* 161).

Along with this self-control and composure, children were also trained to overcome their fear. According to Bird, "[i]n order to obtain the dreams that may be useful to you, you first had to get over your fears. The first fear any child can have is the fear of being alone, especially in the darkness, and that was the first thing to try to overcome" (91); then, "[e]very animal that he [sic] was afraid of he had to summon during these dream quests" (92). Stories were also used to evoke fear and to describe how people overcame it. Bird tells the story of a boy who, through disobedience, had attracted a wihtigo, a cannibal monster:

> *And the boy was scared—he was shivering and gnashing his teeth—*
> *he couldn't cry he just shook. The rest of the kids were scared too but*
> *he was the worst one. His grandmother had the fear too, but the old*
> *lady had experienced such a thing before, and she had learned to*
> *counterbalance the fear—she had developed some sort of a power to*
> *withstand it. The mother experienced fear too, but she managed to*
> *control herself. (147)*

Here, as I hope you expected, the person with the most power and emotional control, the grandmother, is able to draw on her knowledge about the habits of wihtigos to drive it away.

Respect Over Empathy

Mainstream literature has often been touted for its ability to induce an empathetic reaction in readers, to allow them to "put themselves in another's shoes" at an emotional level.[6] As Carolyn Pedwell points out, a wide array of contemporary discourses use empathy to support social justice. Pedwell concludes that "empathy, or any other emotion, alone cannot be the remedy to complex transnational social inequalities and conflicts, because it is always already bound up with, and produced through, these very relations of power" (45).

Tempting as it is to ally our discipline with the development of social justice through the empathetic reading and interpreting of works by and about others, this may not, in fact, be a truly transformational approach. We need an alternative to empathy. As I have argued, Indigenous stories, which aim not to evoke empathy but to teach respect, may provide that alternative. To put oneself into someone else's shoes would, in the Indigenous systems I have described, risk violating that person's autonomy. Indeed, "putting oneself in the other's shoes" seems very much like a colonizing move at the level of emotional life, one that begins with the assumption that we can know the other at a deeply personal level without even meeting them face-to-face. This assumption could quickly shift into "knowing what is best" for someone else. Such assumptions violate the principle of respect central to the worldviews outlined in this chapter.

Scollon and Scollon discuss this issue by contrasting what they call "solidarity politeness," typical of mainstream interaction, with "deference politeness," typical of most Athabaskan people living in the north.[7] Politeness is crucial to smoothing social interactions, but different cultures have evolved different ways to show it: "solidarity politeness...favours the emphasis on sameness, of group membership, and the general good of the group. Deference politeness systems would favor deference, indirectness, or even avoidance of making impositions on others at all" (*Narrative* 175). They argue that "solidarity politeness attends not only to the positive face of the hearer, it consolidates the positive face position of the speaker" (*Narrative* 175). This connects to empathy; if I am empathetic to someone, I appear to be virtuous by demonstrating my sensitivity to others, even fictional or distant others. This empathy does not require action, reciprocity, or even meeting the other face-to-face. Respect, on the other hand, is a kind of deference: in this system politeness consists in personal modesty and recognition of the other's autonomy. Deference politeness is akin to diplomacy, which is how Atleo talks about respectful relations (7). To be diplomatic is to be tactful, to consider the other's feelings and the power of the interests they represent to protect or forward the interests of one's own community.

This politeness, not surprisingly, also affects when, how, why, and to whom stories are told. Scollon and Scollon argue that "Athabaskan narrative" constitutes "a strategy for minimizing the threat of imposing one's view of the world on others" (*Narrative* 179). The storyteller is extremely aware of his or her audience; the choice of which story to tell and how to structure it depends on the audience. With an expert audience, the storyteller may be parsimonious; with a less expert audience, she may emphasize transitions and themes more heavily (see Scollon and Scollon, "Cooking It Up"). In communities where direct instruction or rebuke are avoided, children are sometimes told stories that reflect on their recent (mis)behaviour, but the specific misbehaving child is never named. As a curriculum worker says, "the story isn't telling the children what to think or feel, but it's giving them the space to think and feel" (qtd. in Archibald 134).

Cruikshank notes that "[s]torytellers take it for granted that they won't be interrupted" (*Life* 19). After the story is finished, there is no question or discussion period (Archibald 115). Martin writes of taking her students to the north: "[Y]ounger Inuit also taught us about appropriate ways of learning from elders, and this did not involve peppering them with enthusiastic questions" (*Stories* 54). Storytellers typically don't offer interpretations for their stories, in part because doing so would interfere with the listener's ability to think or dream about the story: "Most of our stories don't have orthodox 'conclusions'; that is left to the listeners, who we trust will draw useful lessons from the story—not necessarily the conclusions we wish them to draw, but all conclusions are considered valid" (Maracle, "You Become" 11–12).

Indeed, stories are food for thought. They persist even now as meaningful resources because they provide useful models of how to behave in a way that respects difference while allowing listeners "to think for themselves" about their own relationships and responsibilities (Drybone, qtd. in Legat 36). Respect for others requires listening to them carefully before leaping in with our own point of view. It might even require "biting one's tongue" or "agreeing to disagree" if that is what it takes to continue the conversation or the relationship. In a chapter looking at what appear to be contradictions in the writing of the Cree thinker and Anglican clergyman Edward Ahenakew, Deanna Reder argues that the Cree principle of kisteanemetowin[8] (respect between people) is more important than agreement on, say, a particular political position. Thus, Ahenakew's semiautobiographical character, Old Keyam, identifies with opposing ideas and perspectives, but not because he is confused or conflicted: "Keyam tries to reconcile possibly irreconcilable perspectives of the Cree and of the colonizers, because this is a Cree value" (154). Foregrounding empathy carries with it the assumption that one can connect quickly and meaningfully with another's feelings and even worldview; foregrounding respect raises the possibility that one cannot.

Author's Note

I would like to thank the Musqueam people for their hospitality on their territory both to UBC and to me personally. I also acknowledge the thoughtful feedback that I received from the editors and the copy editor, feedback that improved this chapter considerably. I thank Rachel Taylor of the Indigenous Editors' Association and Deanna Reder for help with note 8. Remaining errors and confusions are my own.

Notes

1. Affect is generally used to refer to those biologically evolved sensations that produce visceral bodily reactions, often ones that others can readily connect to emotions such as rage, disgust, happiness, and so on. Affects are found in both animals and humans (see Darwin). Emotions and their representations, like sexual desires, however tied to the biological, are not universal, but learned, discussed, displayed, and institutionalized in highly variable ways not only between cultures, but also within them. See de Sousa for an overview of studies of emotion; see Gregg and Seigworth for more on affect theory. If we follow the

argument that the nature/culture split is not part of Indigenous worldviews, then they would see animals as belonging to a social world, and thus as having both affects and emotions.

2. The term *cosmology* arose during the Enlightenment to refer to the study of the cosmos or the universe as separate from human society. Following archaeoastronomer Stanislaw Iwaniszewski, who argues that the term cosmology imposes a modern concept on non-Western societies, I use "worldview" to indicate that in the stories I examine, the nature-culture split has never existed and humans see themselves as part of a multidimensional *social* reality.

3. *Trickster* is a general anthropological term used to refer to similar figures in a wide range of cultures, including European ones. Different cultures have specific names for such figures.

4. Another such story is *Two Old Women: An Alaska Legend of Betrayal, Courage and Survival* by Velma Wallis. Both stories end happily, with the elders surviving to be reunited with their families.

5. Scollon and Scollon point out that these terms name communication systems or "reality sets" and so are not necessarily limited to those belonging to the named language/ethnic groups (*Narrative* 12–3).

6. For debates on this issue, see Hammond and Kim; Steuber.

7. They base these terms on the work of Penelope Brown and Steven C. Levinson on politeness markers in speech; for the fullest account of this work, see Brown and Levinson.

8. Foreign words not widely used in English are usually italicized in published English texts. Styles are evolving for the use of Indigenous words in such texts in Canada. Greg Younging states that "[a] key goal of Indigenous style is to show respect on the page" (87). He inclines toward using italics for words in the original language while providing etymological notes for Indigenous words that have been taken into English: thus *misâskwatômin* (saskatoon berry) would be italicized, but saskatoon (its English rendering) would not (85–87). He suggests including a glossary that traces the origins of Indigenous words, including those taken into English and place names "to show respect" (88). Natasha Beeds does not italicize Cree words in her English writing: "[I]t is my position that nêhiyawêwin must be placed beside English in an equal textual position. I am using English as a means of discourse; however, I am placing nêhiyaw language within this text as a theoretical and a living space—a space where words carry spiritual power and a space that I call home. nêhiyaw words are also not capitalized according to the convention of the orthography built by Leonard Bloomfield, Ida McLeod, Freda Ahenakew, and H.C. Wolfart" (138n1). Tasha Hubbard

follows Beeds, except she capitalizes "Indigenous words when used as nation-identity markers or as proper nouns" (2n2). While views on the italicization of Indigenous words differ, in this chapter I follow Beeds and Hubbard.

Works Cited

Archibald, Jo-ann / Q'um Q'um Xiiem. *Indigenous Storywork: Educating the Heart, Mind, Body, and Spirit.* U British Columbia P, 2008.

Armstrong, Jeannette. "Community: 'Sharing One Skin.'" *Paradigm Wars: Indigenous Peoples' Resistance to Globalization,* edited by Jerry Mander and Victoria Tauli-Corpuz, Sierra Book Club, 2006, pp. 35–9.

———. "Land Speaking." *Speaking for the Generations: Native Writers on Writing,* edited by Simon Ortiz, U Arizona P, 1999, pp. 175–94.

———. *Constructing Indigeneity: Syilx Okanagan Oraliture and tmixwcentrism.* 2010. U of Greifswald, PHD dissertation.

Armstrong, Jeannette et al., editors. *We Get Our Living Like Milk from the Land.* Theytus, 1994.

Atleo, E. Richard / Umeek. *Tsawalk: A Nuu-chah-nulth Worldview.* U British Columbia P, 2004.

Basso, Keith. *Wisdom Sits in Places: Landscape and Language Among the Western Apache.* U New Mexico P, 1996.

Beeds, Natasha. "Rethinking Edward Ahenakew's Intellectual Legacy: Expressions of nêhiyawimâmitonêyihcikan (Cree Consciousness or Thinking)." *Mixed Blessings: Indigenous Encounters with Christianity in Canada,* edited by Tolly Bradford and Chelsea Horton, U British Columbia P, 2016, pp. 119–43.

Bird, Louis. *The Spirit Lives in the Mind: Omuskego Stories, Lives, and Dreams,* edited by Susan Elaine Gray, McGill-Queen's UP, 2007.

Brown, Penelope, and Stephen Levinson. *Politeness: Some Universals in Language Usage.* Cambridge UP, 1987.

Clément, Daniel. *The Bungling Host: The Nature of Indigenous Oral Literature.* U Nebraska P, 2018.

Cruikshank, Julie, in collaboration with Angela Sidney, Kitty Smith, and Annie Ned. *Life Lived Like a Story: Life Stories of Three Yukon Native Elders.* U British Columbia P, 1990.

Cruickshank, Julie. *The Social Life of Stories: Narratives and Knowledge in the Yukon Territory.* U British Columbia P, 1998.

Darwin, Charles. *The Expression of the Emotions in Animals and Man.* John Murray, 1872.

De Sousa, Ronald. "Emotion." *Stanford Encyclopedia of Philosophy*, 2017. https://web. archive.org/web/20170911123613/https://plato.stanford.edu/entries/emotion/. Accessed 26 July 2017.

Descola, Philippe. *Beyond Nature and Culture.* Translated by Janet Lloyd, U Chicago P, 2013.

Gregg, Melissa, and Gregory J. Seigworth, editors. *The Affect Theory Reader.* Duke UP, 2010.

Gunew, Sneja. "Subaltern Empathy: Beyond European Categories in Affect Theory." *Concentric: Literary and Cultural Studies*, vol. 35, no. 1, 2009, pp. 11–30.

Hammond, Meghan Marie, and Sue J. Kim, editors. *Rethinking Empathy through Literature.* Routledge, 2014.

Hubbard, Tasha. *The Call of the Buffalo: Exploring Kinship with the Buffalo in Indigenous Creative Expression.* 2016. U of Calgary, PHD dissertation.

Iwaniszewski, Stanislaw. "Did I Say Cosmology? On Modern Cosmologies and Ancient World-views." Cosmology Across Cultures, Parque de las Ciencias, Granada, Spain, 8–12 September 2008. *ASP Conference Series*, vol. 409, edited by José Alberto Rubinno-Martin et al., San Francisco: Astronomical Society of the Pacific, 2009, pp. 100–06. http://articles.adsabs.harvard.edu/ pdf/2009ASPC..409..100I. Accessed 30 March 2020.

Laugrand, Frédéric, and Jarich Oosten. *Hunters, Predators and Prey: Inuit Perceptions of Animals.* Berghan, 2015.

Legat, Allice. *Walking the Land, Feeding the Fire: Knowledge and Stewardship Among the Tlicho Dene.* U Arizona P, 2012.

Maracle, Lee. "Oratory: Coming to Theory." *Give Back: First Nations Perspectives on Cultural Practice*, edited by Caffyn Kelly, Galerie, 1992.

———. Preface. "You Become the Trickster." *Sojourner's Truth and Other Stories*, Press Gang, 1990, pp. 11–13.

Martin, Keavy. *Stories in a New Skin: Approaches to Inuit Literature.* U Manitoba P, 2012.

———. "The Hunting and Harvesting of Inuit Literature." *Learn, Teach, Challenge: Approaching Indigenous Literatures*, edited by Deanna Reder and Linda M. Morra, Wilfrid Laurier UP, 2016, pp. 445–58.

Pedwell, Carolyn. "De-Colonizing Empathy: Thinking Affect Transnationally." *Samyukta*, edited by Sneja Gunew, vol. 16, no. 1, 2016, pp. 27–49.

Preston, Richard J. *Cree Narrative*, 2nd ed. McGill-Queen's UP, 2002.

Reder, Deanna Helen. *Âcimisowin: Autobiography as Indigenous Intellectual Tradition in Canada.* 2007. U of British Columbia, PHD dissertation.

Ridington, Robin, and Jillian Ridington, in collaboration with the Elders of the Dane-Zaa First Nations. *Where Happiness Dwells: A History of the Dane-zaa First Nations.* U British Columbia P, 2013.

Robinson, Harry. *Write It on Your Heart: The Epic World of an Okanagan Storyteller,* edited by Wendy Wickwire, Talonbooks/Theytus, 1989.

Scollon, Ronald, and Suzanne B.K. Scollon. *Narrative, Literacy and Face in Interethnic Communication.* Advances in Discourse Processes. ABLEX, 1981.

———. "Cooking It up and Boiling It down: Abstracts in Athabaskan Children's Story Retellings." *Coherence in Spoken and Written Discourse,* edited by Deborah Tannen, ABLEX, 1984, pp. 173–97.

Spencer, Jasmine Rachael. *Telling Animals: A Histology of Dene Textualized Orature.* 2017. U of British Columbia, PHD dissertation.

Steuber, Karsten. "Empathy." *Stanford Encyclopedia of Philosophy,* 27 June 2019, www.plato.stanford.edu/entries/empathy/. Accessed 10 November 2018.

Turner, Nancy J. *The Earth's Blanket: Traditional Teachings for Sustainable Living.* Douglas & McIntyre, 2005.

Wallis, Velma. *Two Old Women: An Alaska Legend of Betrayal, Courage and Survival.* Epicenter, 1993.

Younging, Gregory. *Elements of Indigenous Style: A Guide for Writing by and about Indigenous Peoples.* Brush Education, 2018.

12 | Jewish Affect During the Second Intifada

Terror, Love, and Procreation in Ayelet Tsabari's "Tikkun"

|AARON KREUTER|

AYELET TSABARI'S 2013 short story collection *The Best Place on Earth* presents a wide range of affective and emotional responses to the ethnic, gender, and militaristic contours of contemporary Israeli society. The stories' Israeli characters—Arab Jews from Yemen, Egypt, Tunisia, and Jerusalem—allow a vantage point into Israeli life that has remained hidden in English literature, where the Ashkenazi, or Jewish-European, viewpoint remains dominant. As such, in this chapter I will begin the work of unpacking the ways Tsabari utilizes affect and emotion in her short fiction. After briefly discussing the collection as a whole, my reading of Tsabari will focus on the opening story, "Tikkun," where two ex-lovers—Lior and Natalie—narrowly miss a suicide bombing in Jerusalem during the second intifada. I will argue that both characters' divergent, affective responses to the bombing—Natalie continuing her Zionist-religious desire to procreate, Lior unsticking from the violence of the status quo—reveal the limits of the affective economy operating in Israel, and present readers with the possibility of *tikkun ha-olam*, or the social and spiritual repairing of the world. Sara Ahmed's conceptualization of affective economies will allow me to argue that Tsabari's characters' constant strafing against the ethnic and political boundaries of Zionism allows readers to think past the incalculably damaging us/them dynamic of the Jewish/Arab divide that is so central to Israeli hegemony (and which Tsabari's Arab Jewish characters dismantle through the mere fact of their existence). Talal Asad's meditations on suicide violence will further help conceptualize the affective power of terror. I will end the chapter with a discussion of Tsabari as author: What affective consequences arise when considering that Tsabari, a Yemeni Jewish woman who grew up in Israel, now lives in Canada, where she writes and publishes her stories in English for a Canadian audience? What responses do these stories—all of which challenge hegemonic ideas of national and ethnic belonging from a diasporic perspective—engender in a Canadian context? I will suggest that Tsabari's fiction challenges readers to confront the settler-colonial reality of both Israel *and* Canada.

Affective Economies and Israeli Identity in *The Best Place on Earth*

Sara Ahmed's theorization of affective economies is a productive way of looking at how affect is utilized to create others, maintain borders, and allow for the dehumanization that is required for military, economic, cultural, and political occupation. In her essay "Affective Economies," Ahmed writes that emotions are not a "private matter": "[T]hey are not simply 'within' or 'without' but...they create the very effect of the surfaces or boundaries of bodies and worlds" (117). "In affective economies," Ahmed explains, "emotions *do things*, and they align individuals with communities—or bodily space with social space—through the very intensity of their attachments" (119). In their ability to bind people together, affective economies not only engender collectives, but dictate proper ways to feel, think, and act within those collectives, especially towards perceived outsiders. For Ahmed, in an affective economy, emotions "work by sticking figures together (adherence), a sticking that creates the very effect of a collective (coherence)" (119). It is this affective stickiness that literally creates the nation, determining who belongs and who does not.

However, this is not the only way affect—which is dynamic, amorphous, malleable, mobile—operates in society. Ahmed, writing elsewhere, reminds us that affect is also about "the messiness of the experiential, the unfolding of bodies into worlds, and the drama of contingency, how we are touched by what we are near" ("Happy Objects" 30). These two incarnations of affect—the border-making economical and the messy experiential of unfolding bodies—are in constant conflict with each other. The affective economy of the Jewish collective in Israel/Palestine is one that does not readily accept difference, which is why Tsabari's characters are able to reveal the limits of the ethnic-nationalist ideologies that under-gird the region's affective economy, not only through the sites of their bodies, but also through their emotional connection to bodies that are supposed to be out of reach: those on the other side of the border, those that are other.

Throughout *The Best Place on Earth*, Tsabari powerfully evokes the affective daily registers of life in a place like Israel—the messiness of the experiential—while also revealing the powerful centripetal force of affective economies. Combined together, the weak spots, or limits, of Israel's ethnic ideology come into sharp focus. Tsabari accomplishes this refocusing mainly through her characters, the majority of whom exist on the margins of Israel's ideological— in a word, Zionist—centre. The stories are peopled not only with Arab Jews (Jewish people who lived in Arab countries—mostly Iraq, Yemen, Tunisia, Iran, and Syria—for centuries and who, after the creation of Israel, migrated there, either forcibly or by choice),[1] but also with migrant workers and teenagers who lack militaristic machismo or who have lost parents in the war. This diversity of characters, many of whom are on the margins of Israeli society, makes the stickiness necessary to adhere the collection's char-acters to the dominant group less adhesive. Once the stickiness is unstuck, as it were, Tsabari's characters can suddenly, swiftly, break loose from the affective ideological mould, a breaking loose which enlivens the majority of the collection's stories.

Tsabari challenges the supposed mutual exclusiveness of Arab and Jew throughout the collection. Take the following exchange from "Say It Again, Say Something Else," where Lily, a young teenager who has recently returned to Israel from Canada, develops feelings for her next-door neighbour, the Russian immigrant Lana:

> *While they wait for the bus...Lana says, "If you see someone looking suspicious, even if it seems silly or you're not sure, just tell me and we'll get off the bus. Better to be safe, you know?"*
>
> *"How can you tell if someone looks suspicious?"*
>
> *"Well, he has to look like an Arab."*
>
> *"But how can you tell?"*
>
> *"What do you mean?"*
>
> *"In Canada people sometimes thought my mom was an Arab."*
>
> *"Was she?"*
>
> *"Well, no, but my grandmother came from Yemen, so we are Arabs in a way, Arab Jews."*
>
> *Lana laughs. "No, that's impossible. You're either an Arab or a Jew."*
>
> *"Yeah, but you're a Belarussian Jew. Why can't there be Arab Jews?"*
>
> *"I'm Israeli now," Lana says. "And so are you." (34–35)*

There are a number of things to notice in this fascinating exchange. First, this is an excellent example of Ahmed's concept of affective economies at work, where looking like an Arab is enough to rouse suspicion. The skin of an Arab, in this affective economy, equals hate: hate for the Jewish-Israeli collective, their way of life. As Ahmed argues, *"The impossibility of reducing hate to a particular body allows hate to circulate in an economic sense, working to differentiate some others from other others, a differentiation that is never 'over,' as it awaits for others who have not yet arrived"* ("Affective Economies" 123). Second, since Lana is a new immigrant to Israel, she can (unintentionally, perhaps) speak its hidden ideological truths more bluntly. Third, Lily attempts to complicate Lana's adherence to the affective economy with the idea of the Arab Jew, a figure Lana resolutely rejects since, according to her logic, Arabs represent terror and Jews represent Israel. Still, fear is a powerful social cohesive: as Ahmed reminds us, "fear *does something*; it reestablishes distance between bodies whose difference is read off the surface, as a reading that produces the surface" (126). It is the damaging powers of this surface that Tsabari is preoccupied with puncturing. There are many moments and conversations like this one studded throughout the collection, collapsing Arab and Jew and showing this to be a false, violence-engendering binary.

Terror and Tikkun: Disrupting Israeli Affective Economies
In "Tikkun," Tsabari stages a major disruption in the Israeli affective economy, a disruption that is precipitated by suicide bombing—what we call terrorism. Like a number of stories in the collection, "Tikkun" takes place during the second intifada: the second mass mobilization of Palestinians struggling against the Israeli occupation of the West Bank and Gaza Strip, which began in 1967. The first intifada started in 1987 and consisted of civil disobedience, mass protests, rock-throwing, and general unrest; it was seen worldwide as a legitimate struggle for justice, and ended with the start of the Oslo peace process, which, instead of bringing peace to the region, only downloaded the management of the stateless Palestinians onto the newly created Palestinian Authority. The second intifada, or the Al-Aqsa Intifada, erupted in 2003, when Israeli General—and soon-to-be Prime Minister—Ariel Sharon entered the Temple Mount with a full company of soldiers. Unlike the first intifada, the defining trait of the second intifada was the Palestinian use of suicide violence; where the first intifada was fought with rocks, the second was fought with terror through suicide bombings. (The Israelis, of course, fought with the full force of their military during

both conflicts.) Here is Palestinian artist Wafa Hourani discussing the intifadas with Israeli filmmaker Udi Aloni: "The first intifada was the most beautiful moment of the Palestinian resistance. The second was the saddest moment in our struggle" (qtd. in Aloni 90).

While not excusing suicide violence—or any violence, state-sanctioned or not—it is necessary, especially in such a grossly uneven situation as the one in Israel/Palestine, to dig beneath the dominant narratives and understand the history of ethnic cleansing, military occupation, decades-long dehumaniza-tion, and the shrinking of life choices to almost zero.[2] As Edward Said puts it in an article written during the second intifada, even though "Israel has pretty much won the propaganda war...consider what Israel's unrelenting war against the undefended, basically unarmed, stateless and poorly led Palestinian people has already achieved. The disparity in power is so vast that it makes you cry" (364–65). According to James L. Gelvin, writing in 2005, "[o]f the approximately four thousand deaths attributable to the second inti-fada, three thousand were Palestinian and over five hundred of these were Palestinian children under the age of eighteen" (244). The disproportionate deaths, the totally unequal playing field, as well as the very real Palestinian grievances, were "drowned out by the horror roused by the terrorist outrages" (244). Keeping this situation in mind, it is still no less true that life in Jewish Israel during the second intifada was life lived constantly on edge: at any moment, a cafe or city bus could explode.

"Tikkun" is set against this backdrop of terror, propaganda, and death. The story imagines the reunion of Lior, a secular Tel Avivian going through an existential crisis, with Natalie, his ex-girl-friend and the love of his life, now a married religious Orthodox Jew living in Jerusalem. Lior, the story's narrator, is thirty-five years old, currently unemployed, unable to face the political reality of Israel during the second intifada, to accept that the Israel he grew up believing in never actually existed. The story's main tension at this juncture is an inter-Israeli one between secular and religious, man and woman, Tel Aviv and Jerusalem: two very different manifestations of the complex yet singular Israeli affective economy. The story's affective thematics are clear from the beginning of the story, which opens with Lior, when he first sees Natalie after an absence of seven years, describing how his "heart skips, trips and falls over itself" (Tsabari 1). "We don't hug," Lior tells us a little later, "the space between us thick with past embraces, with a history of touching" (3). Their fraught history manifests as physical sensation, alive on their skin.

Their lack of embrace also has another motivation: Natalie's newfound religiosity. As they catch up at a cafe in Jerusalem, Lior attempts to get over his shock at discovering that Natalie, shortly after their break-up, became religious, or *dossit* as Lior and Natalie call it in Hebrew (3). Lior describes Natalie as "a hippie-dossit: one of those cool New Age Orthodox Jews—often former Tel Avivians—who found God but didn't lose their chic" (3), though Natalie tells Lior that she was "much stricter in the beginning" (3). What Natalie *is* still strict about is the commandment to procreate—a central facet of Orthodox Judaism. According to Daphna Birenbaum-Carmeli, the fertility rate for Israeli *haredi* (ultra-Orthodox) is 7.7 (and can be as high as 9 in younger communities), "whereas among Jewish Israeli women as a whole, the total fertility rate is 2.75" (186). Natalie's religion-fueled desire to bear children leads to further surprise on Lior's part when he surmises that Natalie and her husband are not able to conceive: "I got Natalie pregnant twice," (Tsabari 10) he muses, implying that Natalie's husband, Gadi, is infertile.

The ensuing discussion about children, about bringing life into the world of Israel during the second intifada, reveals the tensions that result from the terror-induced disruptions in the Jewish collectivity's affective economy. Like in "Say It Again, Say Something Else," the characters in "Tikkun" are on edge. "We are all trained to identify potential threats" (4), Lior tells us earlier in the story: "The only advantage to knowing that there was a suicide bombing earlier today is that it makes me feel safer now. It's a warped logic, based in fear" (7). In some ways, then, this is a story about what the suicide bombings of the second intifada did to Israel: total disruption, a market crash in the affective economy. In another way, it is about how Lior and Natalie *react* to this market crash. Natalie is desperate to have children, to fulfill her role as an Orthodox woman: "Trust me, at this point I'd do anything" (11), Natalie says, heavily foreshadowing the ending of the story. Lior, who is going through a moral and emotional crisis, the weight of the intifada and the occupation only breaking through his attempt at normalcy when he runs over and kills a stray cat, is incredulous: "Look around you. Why would anybody want to raise children in this country?" (11). Eventually, they part ways, Lior heartsick, even more unmoored than when he first spotted her at the beginning of the story. They still have yet to touch.

However, when Natalie calls Lior at the house he is house-sitting in Ein Kerem (an Arab village adjacent to Jerusalem that was occupied by Israel in 1948) and informs him that there was a suicide bombing at the very cafe they were at that afternoon, the carefully cultivated distance between them collapses. She drives over to him and, the affective fields that were keeping them distant momentarily disabled, they have sex after an emotional conversation about the attack. During the conversation, they go over in detail the people who were in the cafe with them: children, a pregnant woman, and the waitress Lior flirted with. "We were just there," Natalie says. "I keep thinking, what if we'd stayed a bit longer" (17). In fact, Lior *wanted* to stay, to keep talking with Natalie and the lost life she represented; it was Natalie who wanted to leave, who "suddenly felt" she had to vacate the cafe (17). "You saved me," Lior tells her. Unlike Lior, who feels nothing but love for Natalie in the wake of the bombing, Natalie's affective response is to procreate, to create more bodies: "It was so close today. One more coffee and we'd be dead. And instead of thinking how dangerous it would be to have a child in this place, like you said, it just makes me want one more" (18). The affective economy disrupted by the suicide bombing, the affective walls erected between Lior and Natalie come down and their bodies find each other—even if for very different reasons.

Their lovemaking is significant because it represents their different affective responses, two different circuits within Israel's affective economy. For Lior, the sex is about love, about two bodies reconnecting; conversely, in her drive to get pregnant, Natalie focuses solely on the sexual act, pulling away from Lior when he tries to kiss her. In fact, it is not until afterwards that Lior realizes Natalie's intentions. Natalie actually thanks Lior for (hopefully) impregnating her before she leaves. The story ends there, with Lior lying on the ground, letting himself melt into the land that is the root of so much violence: "I don't remember when the last time was that I lay on the earth, felt its pulse, the heat of the day emanating into my core.... The night air is crisp and still, but my body is vibrating: warm, alive, as if I've been turned inside out. A long time passes and I feel I am becoming a part of this earth, this tree, this night" (20). Confronted with the spectre of death, Lior and Natalie have divergent, though related, affective responses: Natalie chooses to procreate out of wedlock; Lior chooses to open himself up to the objects and bodies around him, to the land holding the "heat of the day" in the same way Lior holds the heat from the cafe explosion. "There's a reason we didn't die in the pigua," Lior thinks (19), though his reason is very different than Natalie's. The story's narrative arc is deceptively simple: two old lovers run into each other; there is a suicide bombing; they have sex, Lior for love, Natalie to get pregnant.

There is, however, more going on in "Tikkun" than momentary reunion: Tsabari, in showing us one outcome from a suicide attack, allows us to consider the place of terror/horror in affective economies. Talal Asad, in his book *On Suicide Bombing*, carefully investigates how terrorism, terror attacks, and suicide bombings function in our current global moment. As Asad writes, "Thinking about suicide bombing, in its banality and its horror, was for me a way of opening up some modern assumptions about dying and killing" (1–2). Asad suggests that "however much we try to distinguish between morally good and morally evil ways of killing, our attempts are beset with contradictions, and these contradictions remain a fragile part of our modern subjectivity" (1–2). Asad investigates why Western responses to terrorist attacks are so vastly different from those to other kinds of death, including drone killings, carpet bombing, military invasions, and even nuclear attacks. Though Asad locates a number of possible answers—including the Judaeo-Christian uneasiness around suicide, the false/fabricated narrative of a clash of civilizations, and the breaking of Western concepts of morality (though, as Asad deftly shows, Western nations, especially powerful ones, break this morality constantly)— his focus on horror as an affective, disruptive force not attached to particular bodies or objects is extremely pertinent to my reading of "Tikkun." Asad writes that horror "is a state of being that is *felt*. Horror explodes the imaginary, the space within which the flexible persona demonstrates to itself its identity" (68–69). He quotes at length from Simon Cavell's explication on the potential of horror to enact affective change: "Horror," Cavell writes, "is the title I am giving to the perception of the precariousness of human identity, to the perception that it may be lost or invaded, that we may be, or may become, something other than we are, or take ourselves for; that our origins as human beings need accounting for, and are unaccountable" (qtd. in Asad 68). Unlike Ahmed's fear, which only creates distance, Asad's and Cavell's horror has the potential for affective change; in this configuration, fear sticks by furthering the distance between collectivities and outsiders, while horror unsticks by breaking down those barriers. The horror felt by Lior and Natalie has the possibility of disrupting the Israeli affective economy to the point of dismantling it.

It is necessary to point out here that the suicide bombing in "Tikkun" is an existential event blurring into a plot device, detached from politics, from individuals, from cycles of violence, from history. Significantly, according to *The New York Times*, "some publishers rejected [Tsabari's] manuscript" because of its lack of Palestinian characters and narratives (Adams). Tsabari apparently responded by stating that she was compelled to write about the "schisms between Mizrahi...and Ashkenazi [Jews]...because their divergent loyalties have been overshadowed or downplayed" (Adams). Tsabari is correct to note the paucity of fiction dealing with the differences *within* Jewish-Israeli society; her powerful explorations of the Arab Jew productively trouble one of the most essential Zionist myths: that Jews and Arabs are two distinct ethnicities, always and forever. In a paradoxical way, then, it is only through the action of suicide violence that a Palestinian voice can be heard in *The Best Place on Earth*. The person who detonated the bomb at Cafe Rimon has a story, but it is up to us as readers to find it. Asad speaks to this narrative element when he writes that "Suicide attacks are...above all, histories" (41). Moreover, Edward Said disagrees with the common notion that "suicide bombings are either the result of frustration and desperation, or that they emerge from the criminal pathology of deranged religious fanatics" (376). For Said, a failed education system is key to understanding the willingness of certain young Arabs to perform suicide attacks: it is "this antiquated educational apparatus" that has "produced the bizarre failures in logic, moral reasoning, and appreciation of human life that lead either to leaps of religious enthusiasm of the worst kind or to a servile worship of power" (376). This circumstance, I would argue, is not unique to Arab violence. As Asad pithily puts it, "Every war requires the making of human killing machines, and the question of its legality tends to distract attention from this fact" (37). So: while the suicide bomber's actions at Cafe Rimon may not be any more or less legitimate than the Israeli army's daily bombings and raids, the effects—the affects—are utterly divergent.

Even though the Palestinian history embedded in the explosion at the cafe is left outside of the textual scope of the story, the amorphous Jewish concept *tikkun ha-olam* can help us further understand Lior and Natalie's affective responses to the bombing. Besides being the title of Tsabari's story, the word *tikkun* appears only once in the story proper, when Lior muses about Natalie's religious transformation and her and her husband Gadi's hope for "a miracle" to get Natalie pregnant after six years of failed attempts: "Natalie had always had some sort of faith....Natalie found solace in yoga, meditation, a bit of Buddhism, a dash of Kabbalah. She believed in a supportive universe, in things like manifestation, karma and tikkun: the kabbalistic idea of repairing or correcting past mistakes in order to achieve balance in the world" (11–12). Lior admits that a part of him considered Natalie's pre-*dossit* spiritual bricolage to be "a hippie mishmash of spiritual nonsense, with holes large enough to drive a truck through" (12). Lior himself claims to not have faith; he tells Natalie, "Maybe I don't have the believer chip....I'm just not wired that way, I'm too cynical. Don't know if I can change it" (12). The story's ending, however, suggests that even though Lior might not have the "believer chip," he does have the capacity for *tikkun*.

Though currently a major touchstone of social justice movements within Judaism, the concept of *tikkun ha-olam* has had a long, complicated history. Gilbert S. Rosenthal's article "*Tikkun ha-Olam: The Metamorphosis of a Concept*" relates this history from *tikkun ha-olam*'s origins as a "limited rabbinic norm or legal principle" through its Kabbalistic manifestations as a mystical method for "mending the flaws in creation," to its reappearance in

Hasidic theology, and all the way to the concept's "current phase": a return to the original Talmudic notion of "improving and bettering society through legislation, social action, and activism and highlighting the human component required to achieve these goals, with a dash of eschatology thrown in" (240). Both historical aspects of *tikkun ha-olam*—pursuing social justice through laws and trials, and repairing the spiritual realm through good deeds and prayer— have an essentially affective character: when combined, this vision of *tikkun*, of a complete reworking of society's legal and emotional underpinnings, present a possibility for a truly just collective existence.

I would like to suggest that *tikkun*, therefore, is the final key to understanding the story's ending. In the last paragraph of the story, when Lior opens himself to the land, he says that it "feels a little bit like prayer" (20). Unlike Natalie, who takes the near-miss of the bombing as her final push to get pregnant at all costs, Lior has a more foundational transformation. Lior finds faith: faith in the affective power of *tikkun*, potentially breaking Lior out of the ideological shackles of Zionism. For Natalie, the terror attack only consolidates her affect, making her more determined to continue the religious-Zionist collectivity by literally bringing children into it. For Lior, however, the heat of the cafe explosion unsticks him from the collectivity. The question, at the end of "Tikkun," then, is: What will Lior do with his newfound understanding of the precariousness of human identity? Will he turn it into real, political action, to search out the roots of the violence that surrounds him, of the affective economies of love and hate that are at times as impossible to scale as the wall partitioning the West Bank from Israel proper? Will he attempt to pull out these roots and plant something new— in other words, perform true *tikkun ha-olam*? The story ends before we find out, and, in a very real way, the answer is up to us.

Canadian *Tikkun*: Conclusion

Before ending this chapter, I would like to consider Tsabari's short fiction in a Canadian context. Tsabari, in these stories, is deeply interested in what affective responses the distance of diaspora allows. The function of a diasporic writer is not neutral; far from it. As Smaro Kamboureli reminds us, "the corporeality of diasporic subjectivity [is] both a product and a reflection of historical events, but also [is] a site of resistance" (x). We see this redoubling repeatedly in Tsabari's stories: as historical events that have brought her characters from Arab countries to Israel, and some of them, in a double- or triple-diaspora, to Canada; as sites of resistance in their embodiment of the affective realities that disrupt national and ethnic borders. In at least three of the stories, characters travel to Canada (and in one story *from* Canada *to* Israel) in order to confront a family member. In "Below Sea Level," David and his girlfriend Jolie travel from Montreal to Israel to visit David's nearly estranged father. David, not of a militaristic temperament, never felt accepted by his father, a recently retired general. The story's drama hinges on the masculine machismo instilled in Israeli men, a machismo Tsabari counters with the Jewish diaspora, where David feels more at home. In "Brit Milah," a Yemeni grandmother visiting her daughter in Toronto is horrified to discover that her daughter did not circumcise her newborn son. In "The Best Place on Earth," the final and eponymous story in the collection, two sisters separated by the oceanic expanse of diaspora attempt to reconcile their different life choices while visiting each other on a BC gulf island.

Upon first glance, then, the world imagined in Tsabari's Israel stories—suicide bombings, constant military presence, strict ethnic divides—is a very different one than the daily Canadian scene. What binds the two places together, however, is the settler colonialism that is at the heart of both countries: Toronto, Montreal, and that BC gulf island have erased (in the story, at least) Indigenous populations as much as Tel Aviv or Jaffa has. Patrick

Wolfe defines settler colonialism as "an inclusive, land-centred project that coordinates a comprehensive range of agencies, from the metropolitan centre to the frontier encampment, with a view to eliminating Indigenous societies" (393). Canada, just like Israel, is founded on ethnic nationalism; the expropriation of land; the erasure of the land's original peoples; and the instalment of a settler-colonial legal, political, social, and cultural system. As Wolfe puts it, "settler colonizers come to stay: invasion is a structure not an event" (388). Looking at settler colonialism as a structure and not an event allows us to see the inequities that continue in both the Canadian and Israeli context. While there are significant differences between the manifestation of settler colonialism in the two countries Tsabari conjoins in her fiction, both are reliant on Ahmed's affective economies in order to continue functioning as hegemonic entities with the settler population at the centre and the Indigenous—whether First Nations, Inuit, Métis, Palestinian, Bedouin, or Druze—kept at the fringes. Mira Sucharov, in a recent article in *The Canadian Jewish News*, writes on the colonial connections between the two countries, and the moral impetus placed on Canadian Jews: "We have a particular moral role to exercise in both places. In Canada, we can help forge justice for those on whose backs we landed. In Israel, we can help extend dignity to those who are oppressed by those who claim to speak in our name." Sucharov is only one of a number of growing Jewish thinkers, writers, and activists who put the struggle for decolonization at the forefront of their Jewish identity.[3] When reading *The Best Place on Earth*, therefore, our emotional responses should not just be directed towards the far end of the Mediterranean; they should be channelled as well to Canada's own backyard.

It is not difficult to read Tsabari's decision to write and publish these stories in English as political. Writing from the vantage of the Israeli diaspora in Canada (as well as the Yemeni diaspora, twice removed) gives Tsabari the distance necessary to perform her dedoxifying fictional work. However, just because Tsabari does not explore Canada's settler colonialism the way she does Israel's does not mean the stories have no political-affective resonance within Canada. I would say that the stories *do* have the possibility of fracturing Canada's racialized affective discourse, as long as readers' emotional receivers are tuned to the anticolonial frequencies that the stories are broadcasting, however subtly. "Tikkun," for one, carries the possibility of affective change, of true *tikkun ha-olam*, when we ask ourselves what choices, as readers, we will make in the ideological shift that opens up as a result of the terror fictionalized in Tsabari's story. Will the fictional heat that so monumentally affects Lior lift off the page and touch us as well? Intentionally or not, Tsabari brings with her from Israel the affective geographies of settler colonialism, as well as the possibilities for decolonization, both there, in Israel/Palestine, and here, in the country currently known as Canada.

Notes

1. For an excellent look at the history of the Arab Jews in Israel, see Shenhav.
2. Talal Asad includes a similar disclaimer in his book on suicide terror. "A brief warning against a possible misreading of this book," he writes: "I do *not* plead that terrorist atrocities may sometimes be morally justified" (4). For Asad, it is not that terrorism is morally justified, it is that *no* violence is morally justified. He continues: "I am simply impressed by the fact that modern states are able to destroy and disrupt life more easily and on a much grander scale than ever before and that terrorists cannot reach this capability" (4).
3. A perusal of the vile comment section on Sucharov's article both shows the lasting power of the Zionist affective economy and makes clear the very serious obstacles that remain within the Jewish community in the fight for equality in Israel/Palestine. In fact, the blowback from Sucharov's article, where she was attacked for, among other things, simply using the word "occupation," led her to resign from *The Canadian Jewish News*. Sucharov says that working for the paper "felt like [being] a geologist who had been hired to write a column for the community paper of the Flat Earth Society" (qtd. in Green).

Works Cited

Adams, Lorraine. Review of *The Best Place on Earth*, by Ayelet Tsabari. *The New York Times*, 25 Mar. 2016, https://www.nytimes.com/2016/03/27/books/review/the-best-place-on-earth-by-ayelet-tsabari.html.

Ahmed, Sara. "Affective Economies." *Social Text*, vol. 22, no. 2, 2004, pp. 117–39.

———. "Happy Objects." *The Affect Theory Reader*, edited by Melissa Gregg and Gregory J. Seigworth, Duke UP, 2010, pp. 29–51.

Aloni, Udi. *What Does A Jew Want? On Binationalism and Other Specters*. Columbia UP, 2011.

Asad, Talal. *On Suicide Bombing*. Columbia UP, 2007.

Birenbaum-Carmeli, Daphna. "Your Faith or Mine: A Pregnancy Spacing Intervention in an Ultra-Orthodox Jewish Community in Israel." *Reproductive Health Matters*, vol. 16, no. 32, 2008, pp. 185–91.

Gelvin, James L. *The Israel-Palestine Conflict: One Hundred Years of War*. Cambridge UP, 2005.

Green, Alex V. "Canadian Jewish News Loses Last Regular Left-leaning Columnist Over Word 'Occupation.'" *Canadaland*, 30 Jun. 2017, https://www.canadalandshow.com/cjn-loses-mira-sucharov/.

Kamboureli, Smaro. *Scandalous Bodies: Diasporic Literature in English Canada*. Oxford UP, 2000.

Rosenthal, Gilbert S. "*Tikkun ha-Olam*: The Metamorphosis of a Concept." *The Journal of Religion*, vol. 85, no. 6, pp. 214–40.

Said, Edward W. *The End of the Peace Process: Oslo and After*. Vintage Books, 2003.

Shenhav, Yehouda A. *The Arab Jews: A Postcolonial Reading of Nationalism, Religion, and Ethnicity*. Stanford UP, 2006.

Sucharov, Mira. "Canada 150 and 50 Years of Israel's Occupation Need Sober Reflection." *The Canadian Jewish News*, 3 May 2017, https://www.cjnews.com/perspectives/opinions/this-year-deserves-sober-reflection-in-canada-and-israel.

Tsabari, Ayelet. *The Best Place on Earth: Stories*. HarperCollins, 2013.

Wolfe, Patrick. "Settler Colonialism and the Elimination of the Native." *Journal of Genocide Research*, vol. 8, no. 4, pp. 397–409.

V
Writing Through Affect / Écrire au fil de l'affect

13 Émotion vraie, sensation de fiction

|NICOLE BROSSARD|

CACHEZ CETTE ÉMOTION que je ne saurais voir, ou de manière
plus contemporaine : cachez cette émotion que vous ne savez gérer.
En effet, les émotions ça se voit : yeux humides, rougeur, menton
tremblant, sueurs. C'est du corps à l'état pur qui irrigue le sens dans
l'espace imaginaire.

| Alors que l'homo sapiens essaie de s'inventer une amortalité, une
ubiquité, une mémoire infaillible, une intelligence artificielle, nous
continuons de verser les mêmes larmes autour de nos blessures et
parlons encore de ce bien-être qui s'installe parfois dans la poitrine
sous le nom de *beauté*. Nous tenons à l'émotion car elle est, avec la
conscience, une certitude soudainement comblée mais aussi un
bris dans le sens qui exigera du renouveau. L'émotion est instan-
tanée et pourtant tissée de recoupements sensoriels, temporels et
spatiaux qui font qu'on ne peut la confondre avec une sensation.
Mais là n'est pas notre sujet, car ici il sera question de savoir pourquoi l'émotion est aujourd'hui si valorisée et en demande. Est-elle
à mettre en concurrence avec la raison, l'objectivité qui ont régné
au masculin pendant des siècles de patriarcat ? L'émotion omnipré-
sente comme une valeur sociale garantit-elle une démocratisation
des sentiments positifs et une vulgarisation de la philosophique
sensibilité humaniste ? Car nul doute qu'une émotion partagée
publiquement réduit l'écart de classe, de genre, de race. Elle nivelle
et rassemble. Tout comme on dit que devant la mort nous sommes

égaux. Un magnat de la finance, un politicien qui « pleure » en conférence de presse, rétablit de facto une partie de son capital d'humanité. Y a-t-il des émotions *cheap* ? Non, puisque chaque émotion est une mesure de chaleur et de vérité pour qui la vit.

Alors que l'émotion a longtemps été confinée au rituel, à l'art et à la vie intime, pourquoi déborde-t-elle autour de nous, s'infiltre-t-elle dans la vie politique, économique, journalistique, éducative, philosophique à ce point qu'elle peut réorienter en quelques heures des choix politiques qui semblaient pourtant bien prévisibles ? Pourquoi Michel Onfray commence-t-il son essai *Cosmos* par cette image de son père mourant dans ses bras un soir d'automne ? Pourquoi l'histoire du film *Ma mère* de Nano Moretti raconte-t-elle la mort de la mère d'une cinéaste tournant un film sur une grève, alors qu'il y a à peine vingt ans, c'est la grève et ses implications de luttes sociales qui auraient été la « vraie » histoire. Pourquoi la dernière convention démocrate américaine a-t-elle utilisé systématiquement le témoignage personnel de femmes blessées et résilientes comme matière première menant à des propositions politiques précises ? Pourquoi écrit-on des biographies sinon pour tenter d'identifier le moment précis où l'émotion a changé le destin, le cours d'une vie ? L'émotion est-elle une tension ou un abandon ?

L'émotion sort-elle de l'espace qui lui était alloué (art, famille, couple et vécu intime) pour s'insérer en continu (comme l'actualité) dans le quotidien sociopolitique ? Peut-elle faciliter ou majorer la qualité des liens à l'autre (amour, amitié, compassion, sollicitude) alors que technologie et performance nous isolent systématiquement les uns des autres ? En d'autres termes, l'émotion publique vécue intimement suscite-t-elle des délicatesses envers l'autre, une compréhension, une amabilité que les lois protectrices et humanistes n'auraient pas réussi à instaurer ?

Avons-nous désormais besoin de la vraie vie pour exister ? Alors que le virtuel nous chasse du réel, comment faire exister la réalité sinon qu'en la suivant à la trace dans nos corps de première personne du singulier ?

| Après « la fatigue culturelle », la « défaite de la pensée », le désenchantement, la mort des grands récits, le glissement des genres, il est normal que l'égo-individu de l'écriture retrouve son goût d'éternité, veuille se refaire les pensées à coup d'affects, d'émotions et de maladies de l'âme. Mais se pourrait-il que, tout comme pour le récit et la créativité, *l'émotion soit devenue une commodité, une sensation* ? La question mérite d'être posée même si contrairement à la sensation, qui est éphémère, l'émotion prépare le long terme de sa présence, de son contenu par l'état d'esprit qu'elle réverbère dans l'imagination. Cet instant ou cette image qui ne s'efface pas ouvre alors un espace entre le réel et l'imagination qui réclamera des mots dans le temps long qui est celui de l'écriture.

S'il est vrai que le nouveau roman, la modernité, le formalisme, le post-formalisme ont voulu refouler la subjectivité, le lyrisme, le moi, faire un mauvais parti au « je » afin de faire place à une esthétique du neutre en performance dans la langue, il faut en retour constater que les écritures au féminin ont presque immédiatement ouvert la porte au biographique, au « je », à des territoires inédits de confessions et d'affirmations susceptibles de créer des émotions et des affects renouvelant le corpus de la sexualité, de l'amour, de la violence, de la folie, de la création. Il y a toujours eu des écritures identitaires, mais je dirais que les femmes ont déployé un plus grand éventail de postures émotionnelles dans l'écriture, qui vont de la littérature (Duras), au journal, au documentaire, à la note d'archive, au pamphlet, etc. Je pense ici à Benoîte Groulx, Marie Cardinal, Annie Ernaux, Christine Angot, et j'ajoute les noms d'Alix Cléo Roubaud et de Chantal Akerman, dont le rapport au visuel est très étroitement lié aux mots. Les femmes étant la moitié de l'humanité, il serait même plausible d'affirmer que l'écriture des femmes, dans sa masse éditoriale, aurait engendré depuis les cinquante dernières années, et cela d'une manière naturelle, une nouvelle forme esthétique fondée sur le biographique—l'émotion s'y rattachant, allant presque de soi puisque la reconstitution d'un sujet blessé est en soi une chose émouvante qui appartient à cet ordre du récit qui instruit par la vie. L'équivalent de cette émotion *inévitable* serait, au masculin, le récit *intérieur* du soldat.

Comme vous le constatez, nous sommes ici en prose. Aussi voudrais-je maintenant citer deux poètes québécois, Marcel Labine et Jean-Marc Desgent, à qui j'avais demandé, en 2010, un texte sur le long poème, citations qui traduisent bien le refoulé (esthétique et affectif) que la modernité formaliste a aussi produit :

> *Il y avait dans mes poèmes trop de tragédie ou de tragi-comédie (surtout) pour qu'ils soient complets en quelques lignes, trop de baroquismes pour qu'ils soient « étranglés » en 10 ou 12 vers, trop d'emportements pour qu'ils soient contraints à des formes ou à des explorations syntaxiques. J'avais besoin d'ampleur, de souffle et aussi de mélodrames... (Jean-Marc Desgent dans Brossard,*
> Le long poeme, 138)

> *Je m'aperçois aujourd'hui que j'ai amorcé ma démarche d'écriture, durant les années 1970, contre ce qui fondait la poésie même. J'ai écrit contre le lyrique, rejetant l'épanchement et ce qui y était lié, soi, entre autres, l'éveil à la « sensation vraie ». (Marcel Labine dans Brossard,*
> Le long poeme, 129)

Il est clair pour moi que la littérature dans son ensemble prend sa source dans les affects, les émotions, les sensations fortes, les blessures, les larmes d'enfance et du présent. C'est donc dire que la problématique du tournant affectif qui, semble-t-il, a cours depuis déjà quelques années dans le monde scientifique et critique est d'un tout autre ordre que celle qui concerne les écrivains. Et pourtant il serait facile de constater comment la modernité québécoise, en voulant contraindre à la neutralité ou censurer l'émotion, le « je » affectif, a contribué à différer la parole de quelques-uns, et à museler celle des autres.

| Comme le policier, le médecin et l'espion, le professeur est entraîné à ne pas montrer ses émotions tout en n'étant pas moins un être engagé et passionné. Tout comme l'espion a l'art du silence et du camouflage, le professeur n'extériorise pas ses émotions parce qu'il a *une certaine manière* de dire les choses. Et c'est pour la même raison, *une certaine manière* de dire les choses, que l'écrivain ou l'écrivaine, pour sa part, peut montrer ses émotions, les faire vivre dans la langue d'une manière autonome et différenciée. En littérature, c'est-à-dire en écriture et minutieuse lecture du soi tremblant, nous sommes toujours en différé. De là cette ambigüité qui fait que l'écrivain peut mentir tout en croyant dire la vérité. Il suffit d'une virgule, d'un adjectif syntaxiquement transgressif, d'un contresens ou d'un double sens. Il travaille des heures, des années à dire et à modifier, à ne pas dire ou à transformer les rouages du vrai et du faux. Or, il semble aujourd'hui que l'écriture voudrait être en direct, que l'on aimerait faire plus de temps supplémentaire avec soi-même, ou procéder à un déversement plus direct du biographique dans le texte. Pas de détour de fiction, car on le sait, *la réalité dépasse la fiction*. Comme si on voulait écrire plus vrai que la fiction dont on sait pourtant qu'elle est une appellation contrôlée de l'excès, de la violence, de la perversion, du désir, de l'indicible, de la pensée raffinée, de ce rêve fou de faire semblant qu'on est mort ou qu'au contraire on ne le sera jamais. Ne l'oublions pas, la fiction est l'appellation contrôlée (tolérée) de nos emportements, cris de nos révoltes et désespoirs les plus grands. Certes, elle est aussi le fruit de l'imagination surréaliste, expressionniste, folle imagination, pure intuition. Jusqu'à tout récemment, en opposant la fiction à la réalité, la société avait réussi à se désencombrer du mal, de la

violence, du mensonge, de l'inavouable en les entassant dans l'espace psychosocial comme des produits défectueux et spectaculaires de l'âme. Selon les pouvoirs et les enjeux, la censure les interdisait parfois et la consommation amoureuse ou à la mode les transformait en produits de loisirs *sensationnels*.

Entre-temps, il y a eu le féminisme, la science en action dans nos corps, la barbarie en action contre nos corps, et les technologies de plus en plus fines qui mixent superbement le vrai et le faux, qu'il s'agisse d'une carotte, d'un documentaire ou d'une création nouveau genre qui excite au plus haut point certaines parties de notre cerveau. De quoi tirer la conclusion que la seule personne qui sait *si c'est vraiment ça si ça c'est vrai* est celle qui le dit, en profite, en souffre, en meurt mille fois par en dedans de n'avoir point trouvé les mots pour comprendre. *Nos vies piaffent devant l'innommable.* Et nous voilà repartis vers la création, la nécessité de créer un pont, de trouver un passage pour faire circuler l'extrême intuition que nous avons du cosmos jusqu'à l'intention de vivre ou d'en finir, une sorte d'absolu entre les dents et sous la langue.

| C'est sans doute ici qu'il faut poser la question à savoir à quel moment un affect devient créateur, créatif ou littéraire. Je laisse tomber le mot destructeur car il trouvera son autonomie dans le gouffre du style (méchants malades, grands écrivains).

Créateur : quand l'affect fait éclater le sens, il faut le renouveler. L'affect qui affronte l'interdit, la censure, le refoulé est créateur. Ne surgit-il pas lorsque nous disons ce qu'il ne faut pas dire (j'ai tué ma mère, famille, je vous hais, le mépris, la jalousie, le suicide et selon les cultures l'homosexualité et la sexualité dans son ensemble), lorsque nous observons ce qu'il ne faut pas observer (l'agonie, l'accouplement, la torture, l'extase) ?

Créatif : j'emploie ici le mot avec ironie, oui, la crise mais surtout le néolibéralisme nous rendent obligatoirement créatifs sous peine d'être traités de mauvais citoyens perdants. En français, le concept chemine plus lentement, mais il est certain qu'être créatif, c'est une forme de *cruel optimism* (Berlant), une manière de bien vivre la fin des temps et de rentabiliser les *ugly feelings* (Ngai). Être créatif, c'est placer aux bons moments et à des endroits prévisibles le malheur, la joie, la douleur, le bon vin, les larmes, les caresses banales ou audacieuses, la solitude *as usual*. Être créatif ne coûte pas une once d'âme.

Littéraire : je crois que l'affect devient littéraire quand il devient répétitif, c'est-à-dire quand il est, après avoir été créateur, immédiatement recadré dans l'obsession qui l'a fait surgir et devenir souffle et voix (*L'amant* de Marguerite Duras.) Mais pour cela il faut presque n'avoir qu'une seule obsession, la nourrir et la transformer par l'écriture. En devenant littéraire, l'affect nous stimule au-delà de la simple émotion. La comprendre conduit-il à comprendre des affects socioculturels et politiques ? Bien sûr. Les attentats terroristes, les tueries *made in USA*, un accident d'avion, une coupe Stanley remportée par son équipe favorite, la censure, le chômage, la laideur, les festivals d'avant-garde, la dictature larvée, la surveillance continue produisent des affects collectifs avant de transiter par l'art. Donald Trump est un affect collectif. Les Beatles, Madonna, Maurice Richard, les Femen produisent des affects sociopolitiques aux ramifications intimes. Oui, il y a beaucoup d'affects collectifs vécus intimement et par la suite partagés publiquement, à droite comme à gauche : Jour de colère, Nuit debout, Podemos, *Occupy Wall Street*, Printemps érable. On sort les chandelles, les fleurs, les oursons, les casseroles (matière par excellence à fabriquer et à rappeler de l'intime). On se serre les coudes. On a besoin d'être physiquement émus, d'être émus ensemble. L'émotion devient une forme de guérison. L'émotion est-elle désormais un plat de *résistance* ?

Plus snob, on a aussi parfois besoin d'un souper en blanc, place de la Concorde ou Place d'Armes. Il y a 365 jours dans notre calendrier et il y a 447 jours répertoriés pour célébrer et s'entraider. De la journée mondiale de la Femme à la journée mondiale du rein, de la journée mondiale de la baleine à la journée mondiale sans Facebook, de la journée mondiale pour le droit aux origines à la journée mondiale du *coming out*, on ne sait plus où donner de la tête. *We care.* Et de plus en plus car *la souffrance à distance*, pour employer le titre d'un livre de Luc Boltanski, est insupportable. Elle nous oblige tout à la fois à être moral, secourant et solidaire. Depuis 1959, les Nations Unies consacrent chaque année à un thème. 1959 et 1960 furent des années du réfugié, 1975 l'année de la femme. 2016 a été l'année internationale des légumineuses !

| Ainsi, tout comme les sciences cognitives occupent un nouvel espace dans la connaissance, les questionnements suscités par la crise et la science bouleversent désormais la relation de la sphère intime à la sphère publique. La plupart des émotions et des sensations semblent désormais immédiatement rapportées à la première personne du singulier, à son vécu intime, à son flot de conscience tout autant qu'à la documentation de ses faits et gestes. (Je pense ici au projet *MyLifeBits* dont l'ambition est d'archiver tout ce qui peut être enregistré sur un support numérique, soit tous les documents qu'un individu a lus ou produits, CD, vidéos, courriels, etc.).

Il s'agit presque de prouver que nous sommes « humains » capables d'émotions vraies au milieu du grand cirque éphémère des performances subjectives transmises en direct sous forme de spectacle ou d'actualités. Nous sommes d'accord pour faire du temps supplémentaire avec nous-mêmes. Beaucoup de temps supplémentaire pour dire j'appartiens à l'humanité qui est bonne, même si vous m'en rejetez à cause de ma différence car vous savez : mon regard est fin, il perce les secrets les plus intimes de la vie et de la mort, je veux que nous soyons intensément des vivants d'horizon. Beaucoup de temps aussi pour affirmer : je suis unique.

Nous répondons à la *réalité augmentée* par une augmentation de vouloir être nous-mêmes. Parce que nos rencontres sont de plus en plus virtuelles, nous voulons toucher et être touchés, assez pour garder espoir et garder pied dans l'espèce morale à laquelle nous appartenons. Tout récemment, après avoir assisté à quelques rencontres culturelles et littéraires regroupant 50 à 70 personnes, j'ai pris conscience qu'une partie de la vie culturelle s'organise désormais ainsi. Lectures, hommages, débats, évènements autour d'un livre regroupent des gens de même intérêt, allégeance, complicité, un peu comme on le faisait dans les salons (le désir d'être vu en moins). Ces évènements ont lieu dans des lieux culturellement accueillants. C'est gratuit et cela permet d'échanger, de découvrir, de rentrer chez soi content, plein d'affection et stimulé. Ces rencontres occasionnent très peu de débats, de remise en question mais la qualité des propos et des lectures en fait des évènements précieux.

Le numérique, le virtuel, la surveillance ont-ils un effet sur notre vie intérieure et les émotions qui la traversent ? Nous obligent-ils à nous retrancher plus loin encore dans l'intime ou au contraire nous forcent-ils à inventer des stratégies nouvelles de présence, d'analyse et d'exposition du soi ? Et la langue dans tout cela, évolue-t-elle, a-t-elle des coups de cœur qui la dissolvent dans la grammaire ou la syntaxe ? Une langue qui a peur parle-t-elle comme d'habitude ou change-t-elle tout simplement de niveau ?

Je terminerai ici en m'interrogeant sur quelques-unes de mes émotions littéraires. Comment se fait-il que les livres qui aient suscité un affect durable chez moi soient *La passion selon G.H.* de Clarice Lispector, *Thérèse et Isabelle* de Violette Leduc, *Le bois de la nuit* de Djuna Barnes et presque tous les livres de Pascal Guignard ? Est-ce l'écriture, seulement l'écriture, sa fébrilité intelligente qui s'est infiltrée en moi comme *pensée de l'émotion et émotion de la pensée* ? Sans doute. Cette émotion je la recherche parce que son expérience me donne un plaisir qui va bien au-delà de l'affectif. Il est à la fois intuitif et cognitif.

Lorsque j'ai lu *Fragment d'un discours amoureux* de Roland Barthes, j'ai pensé que c'était un de ses plus beaux livres parce qu'il l'avait écrit en offrant sa vulnérabilité et sa sensualité avec une autre intelligence que celle de l'intellectuel de la modernité. Autre mystère : pourquoi *Je voudrais qu'on m'efface*, le premier roman tout en phrases simples d'Anaïs Barbeau-Lavalette m'a-t-il fait tant pleurer ? Pour rien, si je puis dire. Oui, je sais, c'est ridicule de dire qu'on a pleuré pour rien.

Tout comme le besoin d'écrire un roman me vient tous les cinq ans, disons que je pleure assidûment une fois par mois. Je pleure librement, de tout cœur et de respiration, parce qu'en principe je n'ai aucune raison de pleurer. Cela se passe souvent dans le jardin, après avoir écrit à la main une ou deux pages, souvent au moment de la pleine lune. Certes, il est arrivé certains mois qu'il n'y ait pas de larmes au rendez-vous et, bien sûr, je me suis alors inquiétée de l'état de mon âme. Aurais-je perdu mon humanité, ma sensibilité ? Je ne pense pas être inconsolable comme l'écrivait mon amie Louky Bersianik, et pourtant comme le dit bien Sophie Lacroix dans son petit livre intitulé *L'humanité des larmes*, je crois que « les larmes sont une sorte de corps qui s'offre à l'âme, elles sont en ce sens une sorte d'incarnation exemplaire » ou encore, ajoute-t-elle, « [l]es larmes témoigneraient d'une faille archaïque. Ce serait moins à des raisons factuelles qu'il conviendrait de les rattacher qu'à des raisons existentielles, natives » (58).

Ce fut sans doute l'intuition de « cette faille archaïque » qui m'amena à écrire en 1987 dans *Le désert mauve* : « Très jeune, je pleurais déjà sur l'humanité » et qui me fit dire, en 1989, lors d'un congrès international du PEN Club à Québec : « Seules les larmes sont universelles. L'universel c'est le don que nous avons d'imaginer la beauté et la lumière dans nos yeux malgré tout, c'est cet inénarrable aura de silence qui accompagne la fièvre qui nous vient de nos yeux inlassablement chercheurs et amoureux de la vie. Mes larmes sont-elles universelles ? » (*L'écrivain* 16).

Ouvrages cités

Barthes, Roland. *Fragment d'un discours amoureux*. Éditions du Seuil, 1977.

Berlant, Lauren. "Cruel Optimism." *The Affect Theory Reader*, edited by Greg Seigworth and Melissa Gregg, Duke UP, 2010, pp. 93–117.

Brossard, Nicole. *Le long poème*. Éditions Nota Bene, 2011.

———, directrice. *L'écrivain : liberté et pouvoir*. Éditions du Septentrion, 1989.

———. *Le désert mauve*. L'Hexagone, 1987.

Lacroix, Sophie. *L'humanité des larmes*. Éditions Manucius, 2016.

Ngai, Sianne. *Ugly Feelings*. Harvard UP, 2005.

255

NICOLE BROSSARD

14 Maladies of the Soul
Field Notes on my Research Imagination

|SMARO KAMBOURELI|

WARNING: This is not a thesis-driven chapter. It is, instead, a narrative about an essay that didn't want to get written, the "other" of the essay about crisis and kinship that I had promised to deliver at the conference Maladies of the Soul, Emotion, Affect. I'm offering it here as a restitutive gesture, an acknowledgment of my breach of promise.

A meandering narrative, it pivots around negative capability: how to practice writing as a professional act in the face of writing and affective difficulties; how to unscramble my jammed thoughts; how to suture together fragmented semantics. It's not, then, about affect as manifested in literature but about the affect generated in the process of grappling with the experience of writing about its manifestations and representations.

You see, we are expected to write about the stories other authors write, but we are not supposed to tell the story of our writing (or not being able to write) about them. This is the law of the profession, a version of the Derridean law of genre, except insofar as academic writing usually denies or conceals its structural interdependence with the writing to which it responds. No excess baggage—just interpret, be original, perform mastery.

As critics, we are subject to this law of academic writing. The characteristic mark of this subjection derives from the aboutness of literary criticism, which is always already constituted prior to what we write. What we are expected to write is supposed to be a transitive act, one that is about something other than itself, about an author other than the author who composes it.

In my experience, however, the aboutness of writing criticism sometimes asserts its own intentionality to move beyond what it sets out to address. This occurs when its pregivenness is suspended by an inexorable inclination I feel to engage with the agency of my writing act. The relationship that emerges from this tension not only reveals that my writing has a mind of its own but also reconjugates my practice of conventional academic writing. It thus undermines the imperative to produce a discourse of mastery while, at the same time, averring a different imperative: my affective need to register the conditions that resist the aboutness of my critical act. When my writing begins to trope beyond what it is supposed to be about, I get stalled. The only way out of this impasse, as I have discovered, is to yield to the urge to tell the double story of both my submission to the agency of my writing and my resistance to it.

So this narrative constitutes the understory of the circumstances that made writing the essay I had promised to deliver impossible. An understory is the assortment of seedlings and saplings between a forest's canopy and its ground cover—stumbled upon but passed by, removed in the name of development yet absolutely necessary for the ecosystem's survival and stability. As will become apparent, my understory here is not just metaphoric; the terrains I traversed, sites that have marked me as well as my relationship to writing in different and enduring ways, were actual landscapes, lands both distant and proximate. *Understory* here, then, stands for my writing's shifting *mise en scène*—that is, as Inga Simpson writes, it stands for the "liminal space between the external, physical landscape and the imagination, or internal landscape, of the writer" ("Middlestory: Limb"). Resisting the protocols of academic writing, it posits itself as its supplement that offers an account as much of myself as of my writing process.

What follows is a narrative account of my relations with an assemblage of locations—fleeting images of the Aegean Sea, the West Bank, Nunavut. Though their material histories are seemingly unrelated, they have all contributed to a complex range of affects in me that has disoriented and reoriented my thinking and writing. Affect, writes Andrea Witcomb, "is linked to the process of making meaning" (46); more precisely, what "becomes the stuff of signification," as Susan Best puts it, is the way in which affect provides "an inherited mapping of the body and its expressive potential" (220). My spatial and human relations that the field notes below weave in and out of may have sabotaged my original intentions to write about crisis and kinship, but they also reveal that telling their faltering writer's own story of affective experience, veering from storying about others to understory, affords a sense of affect that documents its own process of production.

Field Notes

Toronto, August 2016

I am still revising the essay on crisis that I presented at the Crisis and Canadian Literatures conference in Innsbruck last September while also working on what I call my "affect paper," due in a little over a month. I've promised to write about kinship as a trope and critical tool, as a problematized yet also desirable affective condition that emerges in the interstices of Inuit and settler cultures. If Inuit art was an invention, as critics argue, then I want to examine the affective transformations that occurred when hunters and caribou skin seamstresses in Baker Lake found themselves recast as artists. My research is done. Yet what I want to say does not survive the transmission of my thoughts onto the page.

My chapter on crisis is getting in the way: not only is it overdue, it keeps growing on me at an alarming rate. No longer only a lengthy meditation on the exceptionalist and iterative aspects of crisis, it addresses the aesthetic tropes of crisis's social media representations, specifically the specularization of crisis and its politics of affect as exemplified by the photograph of the Syrian refugee boy Ailan Kurdi that went viral a year ago. The focus on Ailan Kurdi's image is itself a veering away from my original plan to write about a literary text.

What complicates things, indeed what has got me completely stalled, is that the crisis and affect essays, though ostensibly different, have become conflated in my head and, what's worse, on the page. They seem to be actors, one playing "self," the other playing "other." The commerce between the two is not just a matter of discursive- ness; they are unfolding in directions that I don't feel comfortable chasing after, but that I know I have to pursue in order to disentangle why and how they apostrophize each other. Pressured by time, I feel menaced by their resistance to my attempts to control their aber- rant behaviour. I have to contain their different contents. I need to produce two essays.

| I've come down to my study early this morning determined to unravel the ways in which they are veering toward each other. I thought I should start by rereading the conference's call for papers. Maladies of the Soul, Emotion, Affect, I'm reminded, encourages the participants "to explore the emotional and affective implications of the process of literary communication, including both concep- tual and empirical research"; moreover, it is a direct invitation to explore "the emotional and affective habitus of the producer," the producer both as a "real" author and a "real" reader of authors, albeit "real" placed in scare quotes.

For the first time in days, I feel I can get somewhere. The emphasis on the "real" author is giving me the license to rethink my approach. It helps me understand what I should have realized from the start of my writing difficulties, namely, that the reason the two essays are reaching out toward each other is because they both come from the same emotional and intellectual locus. This isn't a two-character drama after all; it is a *ménage à trois*. It is the lived experience of these essays' author that got me interested in their topics in the first place, and that has inevitably compelled them to claim kinship with each other. This is the kind of kinship I want to write about: the result of an affective process that rejects boundaries, that resists the transitive syntax of the critical act.

Subjected to the law of the profession, I was trying to write about the affect of others, eliding, in the process, my own affect. If "to be emotional is to have one's judgement affected," as Sarah Ahmed writes, then "the subordination of emotions also works to subordinate the subject and the body" (3). Obviously, my strategy of disengagement from the personal is not working, but nor am I ready as yet to resolve the methodological and affective questions it raises. I must first take stock of my own positionality, the web of research and personal experiences that, since last summer, has shifted my consciousness in ways that I am still trying to articulate.

I must write myself into my argument, then, but in which one of the two essays? It was absenting myself from both of them that has triggered what I have come to refer to as the malady of my research imagination. In *New Maladies of the Soul*, Julia Kristeva argues that a malady of the soul is characterized by a certain "isomorphy"; that is, it includes passions, "from sadness to joy and even delirium" (3), but also what may afflict the body; it holds together the somatic and the psychic. Both of my essays have a lot to do with the body—bodies that are racialized, displaced, living, or dead—and how the body affects and is affected. But there is nothing in them about my own body or, to echo Patricia Clough, my own affective turn.

The malady of my research imagination, I begin to intuit, is affected by the same isomorphy, a condition that embodies my praxis of research as an institutional construct but also as an event that resides beyond the regime of the profession's law of genre. Event as an assemblage of lived experiences, a temporal continuum of my recent history. The reason my two essays have been veering toward each other is because they operate within the same zone: a zone hospitable to otherness, a writing field open to the possibility of producing scholarship without reserve.

Scholarship without reserve means following the course of my research imagination, surrendering to its veering, professing the profession not mimetically but performatively. I recognize now that my inability to mediate my two essays' lack of restraint has been symptomatic of my complicity with the university's research apparatus. Still, the respite this recognition affords me is abated, for I realize that the only remedy for the malady of my research imagination is to write neither the crisis nor the affect essay. I have to write, instead, in the interstices between them, inhabit their shared zone, register my embodied awareness of the spaces that have preoccupied me for a while now. I have to let my memories and emotions in, write the body.

I look at my bare ankles. One, two, three, four, five, six. Six light brown spots slowly fading away. I'm back at the West Bank.

Palestinian Occupied Territories, early summer 2016
It's 11:20 A.M. when I cross the Wall at the Bethlehem checkpoint. I don't know why I check the time. Something happened? I ask Mohamed, my Palestinian-Israeli driver. The soldiers and the long line of vehicles waiting to get through are a habitual thing, he explains. Habitual enough for me to have seen plenty of pictures of such scenes, but I cannot shake off the dissonance I feel between what I'm familiar with and what I'm slowly experiencing firsthand. A military state, I mumble to myself, as a soldier approaches to ask for our credentials.

What's the purpose of your visit?

I'm a Christian pilgrim, I reply, as I've been advised to say.

I can tell he doesn't believe me. He's asking me if I have any friends in Bethlehem, but is not paying attention to my negative answer. He's more interested in Mohamed's Israeli ID. After their brief exchange in Hebrew, we're waved through.

The Wall looms large. It's the first time that I have a close-up look. The first time that it sees me. It's under constant surveillance—visible and invisible means of control. None of the research I've done has prepared me for the jolt that goes through me as we drive on the other side of it. The walled-in side.

| See this roof? Nabil, my local guide, is pointing to the other side of the Wall that goes through a small house's yard. It's my mother's uncle's place, split in two. He recites the different names it's known by—Separation Fence, Security Wall, Seam Zone, Apartheid Wall or Fence, Annexation Wall, the Barrier. One signified, many signifiers. It's as solid as a symbol can get.

The Wall's visuality is critical in every sense of the word "critical," the same word my UN contact in Jerusalem, a friend of a friend, used.

There's always a crisis simmering, she said, with one hand feeding ice cream to her two-year-old daughter, the other holding her phone to read yet another UN text message warning about possible crisis situations. We were at a cafe at the Old Train Station, one of the few Ottoman buildings in the city converted now to a trendy spot of cafes and shops. A hangout for middle-class young mothers pushing prams or sipping cappuccinos, a group of colourfully dressed seniors exercising Pilates-style.

Something may be happening in Ramallah, my friend muttered, absorbed in what she was reading.

Ramallah, a fabled city in my imagination. I saw it on my way to Jerusalem from the airport. In the mid-morning haze, it was like a mirage, a medieval-like city surrounded by a wall.

Critical situations, they're the norm here, she said, putting her phone aside.

| I barely listen to Nabil's stories about Banksy. We stand in front of Banksy's controversial graffiti but his stenciled images don't

interest me. It's the Wall's size, its physical materiality, that holds my attention.

| In the days that follow I will see different manifestations of the Wall—concrete slabs of different widths, electrical fences, stacked wire, antivehicle ditches, sudden gaps—all equally disturbing, the result of trouble and inviting trouble. It swerves in and out of private properties, blocking streets, stopping and starting again, going through arid or fertile land. The separation line it carves overlaps with the 1949 Green Line but also diverges substantially to include Israeli settlements, surround entire Palestinian villages, or block off parts of towns, as is the case in Hebron. The canopy-like wire net weighed down by the settlers' garbage that stretches from one side of the narrow road to the other in Hebron's *Casbah* is its most gruesome mutation that I've seen.

Even when there is no Wall to be seen, I still see it. It remains imprinted on my retina.

| Nabil has to gently drag me away. We walk along the Wall to the Aida refugee camp next to Rachel's Tomb, which lies on the Israeli side. A refugee city inside a walled-in city. We go through the main gate that bears a huge metal key at the top—perhaps the largest in the world, Nabil says—symbolizing the refugees' right to return to their homes. A maze of narrow, ill-paved alleys and drab cement houses two to three storeys high, cramped and bearing the marks of gradual and haphazard development. A makeshift city mimicking how the transience of the refugees has become normalized. The only colour some clothes drying on a line. We walk through the empty alleys. A young woman, sweeping the narrow space in front of her house, looks up. *Marhaba.* Hello. It's midafternoon, and it's very hot, a dry heat. There is a stillness in the place.

I'm wondering what difference it makes—and to whom—to visit such a place. To have seen, to know firsthand what it's like. A kind of political tourism. The tourist as witness. I can come and go, but Aida's residents are both homeless and enhomed—perpetual hostages. I want to believe that a traveller like me provides a small conduit to the outside world, an affective link. Awareness and solidarity go hand in hand. Nabil is explaining how vital tourism is to the occupied territories, why he's chosen it as a profession. Not only does it help the region's depressed economy, but it also makes it possible to share the Palestinians' experiences, dispel the negative stereotypes that circulate in the West, garner support for their cause.

When we return to the gate by a different route, we see a few old men sitting outside a small cafe. We exchange greetings. They ask us to join them for coffee and Nabil pulls over a couple of chairs. He's happy to translate. They want to know where I'm from. I ask them about their lives here. The oldest, his hands resting on his cane, his eyes white with cataracts, is telling me about how long he's been waiting for his permit to visit an ophthalmologist in Jerusalem— over two years. He thanks me for visiting Aida, asks me to share his story.

See, what did I tell you? Nabil says, as we go around the corner.

Just outside the gate, we come upon some boys kicking a ball. They follow us until we go to the Muslim cemetery across the road, chattering among themselves. They too listen to Nabil telling me stories about the *shahid*—those who died in conflicts with Israelis or suicide bombers—featured on the posters and graffiti on the cemetery wall. They know English, he tells me. From the TV, one of the kids adds. They complement his narrative by pointing to some place beyond where we are, where one of the *shahid* was killed.

They're too young to have experienced the second intifada, Nabil says.

Still, these kids were born in the shadow of the Wall, born in a refugee camp, have grown up through stories of the intifada, the "children's revolt."

I think of Maram in Toronto, who was also born in a refugee camp, this one for Syrians in Lebanon. My first image of her is still a vivid and disturbing memory. It was a cold Saturday morning, January 30th, when I, along with another cosponsor and an Arabic-speaking friend, went to meet for the first time this Syrian family of six that had arrived late in the evening two nights before with less than 24-hours' notice. They had been put up at the Quality Inn Airport West motel in Mississauga. Its lobby and hallways filled with refugees anxiously waiting to be picked up by their sponsors, the men, donning the winter coats they got upon arrival at Pearson, huddled together in small groups, smoking in the parking lot. When we entered the family's room, Maram ran to hide behind her mother's back. She held tightly onto Fatma with both arms, peering at us through her luminous green eyes. No tears that morning, but for the first few months afterwards Maram would wince back and burst into hysterical crying at the sight of any male figure of authority who approached her. A five-year-old whose body's instinctive reaction spoke of the traumas of war and dislocation.

Nabil directs my gaze to the watchtowers that keep an eye over the place. Enclosed and watched over. People here cannot travel, but their stories can.

| I'm not ready to play pilgrim when we reach the Nativity Church in the old town by cab. We walk by two coaches unloading German-speaking pilgrims. Nabil explains that Israel no longer allows foreign visitors to overnight in Bethlehem, which has had a major negative impact on the town's economy. I'm glad I'm spending my first night here at Michelle's, a Christian Palestinian.

We take a break in Manger Square. On one side the Mosque of Omar, on the other the Nativity shrine. It's prayer time; Nabil joins the people praying in the square.

| It's a bit after 6 P.M. Soon Nabil will deliver me to Michelle's, but in the meantime we're taking yet another break, sipping Greek-style coffee while I'm taking a look at my few purchases: a hijab for Fatma; candy and woven bracelets for Modhi, Hala, Maram, and Maryam; Holy Oil and a small icon of the Virgin Mary for my mother; a keffiyeh for myself. Nabil asks what else I'd like to see, if I have any more questions.

Just sitting is ok, I reply.

I'm tired, overwhelmed. Besides, what could I possibly ask at this moment? I'm still in the process of coming to terms with what my nervous system has already absorbed. The transitive process of affect. Agitated, sad, appalled, curious, thrilled to be here. There is no way I can begin to sort out the multiplicity of ways through which this place is claiming me.

| The landscape feels familiar. Greek-like. The same intensity of blue sky. The same relentless sun. The same heat enveloping the body. The same arid hills, undulating in shades of pale yellow and soft brown. Olive trees. Orchards. My body feels at home, I tell Hijaji, my guide. It absorbs the heat, delights in the light breeze that caresses my skin, inhales the scent of dry grass. I feel a visceral kind of kinship. I drink glass after glass of freshly squeezed lemonade wherever we stop. It reminds me of Grandma Anna; so did the homemade rose jam I had at Michelle's for breakfast this morning.

Yet the familiarity I feel is hedged by limits—the electric fence visible from Michelle's balcony, the banana plantations; it's punctured by the aleatory nature of this land. A storied place. A troubled place. I feel saturated with images and new knowledge, yet I crave more. Each time Hijaji and I come across an Israeli patrol or checkpoint, each time I see the Wall or an Israeli sign warning us of entering "dangerous territory," there is a fluttering in my stomach. The presence of the technologies of occupation, the biopolitics of life here, is unremitting.

| Hijaji has taken me north first, to Nablus. Then back south to Hebron and, through brief stops and overnight stays in small villages, to Jericho, driving by Israeli settlements, visiting more refugee camps, Christian shrines, ancient ruins, the ruins of Palestinian and Bedouin villages that had been leveled by the Israeli army. I'm learning to decode license plates, to tell the difference between Israeli settlements and Palestinian villages—the former have water tanks, the latter have to haul their water. In black tights and a t-shirt from Nunavut—"SEAL IS THE NEW BLACK"—I float in the Dead Sea. Hijaji insists I smear my face with its mud. On Hijaji's insistence again, I baptize myself in the Jordan River; I do as the Romanian pilgrims do—bow my head and pray—pray for peace, for a Palestinian state.

| Here I am, my last day in the West Bank. In the Judean Desert, in the middle of rolling hills and naked cliffs, with four male strangers. Three Bedouins and Hijaji. Beyond a small group of Bedouin shepherds and a few camels, we haven't encountered anyone or anything for close to an hour now. This is not a desert of sand. It's a series of undulating mountains, *wadis*, and ravines. We've abandoned Hijaji's car at the Bedouin camp and we're in an ancient four-wheel-drive truck that Farhan drives up steep slopes and down deep ravines like a maniac. No seat belts. I hold tight to my seat and to Hijaji's leg, trying not to tip over. I ask him to slow down but Hijaji doesn't translate; he explains instead that Farhan is furious because he has just been served with yet another Israeli court notice about reallocating the boundaries of his Bedouin community. He doesn't slow down until we reach a plateau overlooking the Dead Sea. It's too hot and hazy to see Amman on the other side of the sea but they assure me I'll see its lights at night.

| I need to pee and look around for a private spot but there is nothing that could give me privacy. I go a long way down the hill

until I reach a dry riverbed. On the way back, I'm distracted by the stark beauty of the place and I walk closer to the edge of the escarpment, a veritable precipice. I lose track of time. When I'm ready to turn back, I cannot find my way. I climb up a hill but there is no one there. Just more cliffs. I hike up another one. Nothing. I'm out of breath. I go down again, trying to orient myself. The sun has begun to set and it's quickly getting dark. The wind is dying down. I'm not worried—I know, if I stay in one spot, Hijaji will find me—but I feel embarrassed. I should have been more attentive. Typical stupid tourist. And then I hear something. A voice singing in a syncopated rhythm. It stops, but soon after it starts again. I turn this way and that, trying to detect its direction. I start to walk towards it, and as I get closer I discern different voices. They're taking turns singing my way back to them.

By the time I reach the escarpment where we've made camp, Adnan is already busy cooking dinner over an open fire. Bedouin style. The main course is chicken. Simple but delicious. While we're eating, they bombard me with questions. Hijaji translates. They're curious about me, a single woman travelling. Do I have a husband? Why don't I have children? Why do I live alone? They take turns guessing my age. Daifallah studies me with a whimsical smile, scratches under his head scarf. When I tell him he guessed right, he bursts into song again. Farhan is sitting alone away from the fire; he's busy texting his legal representative.

I had expected a tent for the night. Instead, they make a bed for me on the bare ground. Colourful old blankets, and a pillow that had been slept on by who knows how many. I wrap my keffiyeh around it.

| Who would have thought I'd get room service in the desert? At 5 A.M. sharp, Hijaji brings me a cup of sweet tea and a plate of *jameed*, Bedouin dry yogurt, accompanied by sliced tomatoes and cucumbers. I enjoy every morsel of it, cozy under my blankets, while watching the sun rise.

But my feet are itchy. I'm alarmed at what I see when I remove my socks. They're covered in ugly blisters. Something must have bitten me. Within the hour, more blisters begin to appear, some of them the size of a toonie, all the way up my calves. They're not painful, they no longer itch, but they're utterly disgusting.

Hijaji remains unphased by my anxiety, but we cancel our plan for the day. He takes me back to Hebron, to a medical centre where a doctor and a nurse take good care of me and prescribe antibiotics.

Now you bear the wounds of my people, he says in full seriousness. Stigmata of our pain on your skin. I stare at him, my mouth agape.

| Hijaji saw a correlation between my infected body and the Palestinians' condition. He believed I embodied the images I had been exposed to. "Images must be embodied in order to be actualized, and do not exist as static, preformed images," writes Lisa Blackman (15). She's echoing Mark Hansen, who talks about how the body can convert the force of experience into affect, how, "by 'exfoliating' itself into its concrete environment, the body creates spatiality as something like a force of energy" (190). Had I encountered such blisters in a text, I would have paused to consider their symbolic meaning, but seeing them, as I did at the time, as part of my own body's textuality, I simply treated them as a physical symptom. Stigmata may be too loaded a trope, but I have since come to see this image as a visual anagogic identification between my body and the Palestinian trauma.

Since then, the marks those blisters have left on my feet function as memory triggers for the affective transactions I experienced in the West Bank. I have not kept my promise to the Palestinians I met and listened to until now. The more compelled I felt to tell their story, the more I held back. How to tell it? Who am I to tell their story? From what vantage point will I share it with others—that of a sympathetic tourist? a concerned academic? a witness and listener? Not a specialist in Palestinian/Israeli relations, I felt caught between my affective responses and my academic self-consciousness about specialization, my white liberal fears of unwittingly appropriating the other's story.

Today, though, as I'm sitting in my study, I'm thinking of Nikos Papastergiadis's words, the Greek-Australian critic I met in Melbourne years ago. As Nikos says, "there is this constant tension of going to and fro...and through this process of surrendering to something there is also a catching of yourself before you totally fall into it" (95). Surrender is the operative word here. Surrender, and my resistance to surrender. My body evincing this dialectic through my various writing impasses. Nikos's understanding of empathy as something that "shouldn't be confused with a completely mindless or uniform absorption into the other because it *isn't* a non-critical adoption of the other" (95) offers me a sense of release today. You must "go...closer to be able to see, but also never forget...where you are coming from," he says. Yes! Empathy "is about that process of *surrender* to the other and to learn with the other, but also the *catch* that transforms your perception" (96).

I'm beginning to understand that veering is my way of negotiating the protocols of academic performance with my attempt to respond to the affective imperative to register the transformations I have undergone these last two years, never mind that I'm still searching for a lexicon, a form, through which to articulate them. The stories here have erupted in the same way the blisters on my feet did. They were not summoned. They're summoning me. They actualize the conjunction of affect and cognition, of visuality and silence, the unwanted result of "a jolt that does not so much *reveal* truth as thrust us involuntarily into a mode of critical inquiry" (Bennett 11).

Toronto, March 2016

I'm writing about Ailan Kurdi not only because the circulation of his photograph has touched a universal nerve but also because the Syrian refugee crisis has been at the forefront of my consciousness on a daily level.

A short while before this photograph went viral, a night I couldn't sleep, I felt like Dione Brand's persona in *Inventory*, a woman cast in the role of an avid witness who creates an exhaustive registry of human crises. These crises, maladies of both soul and body, that she catalogues speak of human vulnerability, the fact that no human is immune to exploitation or annihilation. No doubt some of us are more vulnerable than others, but crisis, as I have been arguing in my still-in-progress paper on crisis, is a contagious condition. If Brand's speaker cannot shut her eyes to what she watches on TV or observes on her travels, it is because averting one's eyes from suffering is equivalent to surrendering one's humanity to the nonhuman. Turning away from crisis is not exactly the opposite of the turn to affect; it may produce a turn to negative affect. The jaded, even cynical, critique that often characterizes discussions of empathy in relation to distant others reflects a certain kind of white liberal accountability that distorts the ethics of care, that is often complicit with the same kind of (self-)righteousness it critiques. I've been guilty myself of white liberalism's over-zealous approach to the ethics of care, but these days I feel mostly frustrated with how white liberalism becomes its own "liberalist alibi against violence" (Chow 15).

I had already considered sponsoring a Syrian refugee family, made a list of the pros and cons, but had been too busy to decide one way or another. That night, though, after rereading Brand's *Ossuaries* (I couldn't find *Inventory*), I realized that I couldn't just sit back reading books as a means of figuring out my ethical and practical conundrums, or watching yet another boatload of refugees reaching Lesbos while sipping a single malt. I needed to take different action. I decided to cosponsor a Syrian refugee family.

So the Syrian refugee crisis has a particular resonance for me. Not only did it unfold at the time on Greek soil, but the Syrian family of six I've cosponsored is already here. They arrived on the evening of January 28th. The youngest of the children, Maryam, born in a Lebanese refugee camp, turned three two weeks after their arrival in Toronto. We celebrated her birthday at my place. It was while Maryam was trying to blow out her birthday cake candles that I realized the obvious: she was the same age as Ailan Kurdi. Ailan's body had washed up on the Turkish beach of Bodrum, the result of his family's failed attempt to reach the Greek island of Kos, four miles across, on September 2, 2015. Maryam could have been Ailan. Instead, here she was, a precocious three-year-old licking the cake frosting off her fingers.

Trying to come to terms with the difference between writing about crisis and affect in relation to texts and experiencing them directly in my life, albeit in a mediated fashion, has made me aware of the limits of my method. My way of grappling with this recognition in my crisis paper was to write not about Maryam, a living child who squealed with laughter when I hugged her, but about Ailan Kurdi, specifically about how his drowned body had been staged on a Turkish beach. I was veering away from the issues and the people I really wanted to write about. I was writing about the appropriation of Ailan's image but I was also guilty of appropriating it myself. I was appropriating it for the sake of professing the profession: writing an essay about the production of affect in others, getting closer to completing at least one of the two essays I had to write. But at what cost?

Toronto 2016, Pangnirtung 2015
Is this how one becomes a specialist of sorts, having one's home taken over by books? They're all over the place, including on the kitchen table and in the green grocery bins. Books about Inuit culture and history, and especially about Pangnirtung.

I feel mellow after a good teaching day, but seeing all these books lying around I have a moment of panic. As a result of my binge reading of things Inuit, I've fallen behind with my other projects. I'm supposed to be writing about the *Art and Cold Cash* project, its "Money Stories" from Qamani'tuaq (Baker Lake), a *Qallunaat*[1]/Inuit collaboration meant to serve as my case study of the problematics of kinship and affect but also as my point of entry into Inuit studies. But what I really want to write about, what I have been obsessing over, is Pang. Pangnirtung displaced by Qamani'tuaq. I'm panicking because I know I cannot stop, because I have to stop, because I don't feel the usual guilt for falling behind, only an insatiable hunger to learn more, to extend my experience of—in—Pang. Is this what Robert Young identifies as colonial desire? Is my veering toward this new field of knowledge my way of maintaining, albeit by proxy, the happiness I felt while there? Will it be possible to translate the affective flows Pang produced in me into cognitive knowledge? After a quick bite to eat, I step over the books on the stairs, curl myself on the couch, and open the laptop to finish reading the files of job candidates; the hiring committee meeting is in two days. Instead, I begin to go through my Pang notes.

Day 2, Iqaluit. Weather, delay, labour: a triangulation of conditions. It's through their conjunction that I have entered Nunavut. My back aches. Every time our flight to Pang is rescheduled and cancelled yet again because of strong winds in the Pangnirtung fjord, we have to load, unload, check in, claim back, pile together, move, store, and reload not only our individual heavy backpacks but 54 bins of dry food. The flight was cancelled twice yesterday and three times already today. Not the kind of labour associated with my sense of school. This is bush school.

While in Pang you are likely to experience a high degree of embodied cognition through a lived and interactive encounter with others'

*cultural norms and values. Outsiders to communities learn anew to
sit, talk, stand, walk, dance and labour at previously untried tasks.
The learning that happens in these spaces is often greatly contrasted
with the more sedentary practices of the academic. (Lindsay)*

Wait time, as Lindsay puts it. Wait time here means understanding and respecting the weather. Meanwhile, I'm exploring
Iqaluit. I visited some of the main buildings today—the legisla-
ture, the library, the high school, the museum and small art gallery,
a store with hunting supplies. I felt like a tourist. I'm not supposed
to be a tourist here. Why am I so hung up on being a tourist, if I am
one? What am I, if I'm not?

I went back to the library a few times to warm up but also to
check my email. It's a hub of activity—children watching *Maïna*,
older men dozing off, young guys playing video games, grandparents with small kids flipping through books. While waiting for my
turn to use a computer, I tried to attune my ears to Inuktitut.

Day 3, Iqaluit. Two more cancelled flights. I'm getting fed up with
my backpack—all those straps and strings I don't know what to do
with. And all those pockets—I cannot remember where I put things.

Caribou pizza at Andrew's father's place. A lovely home, warm
hospitality. Getting a sense of the Inuit domestic and work patterns
in the town. After dinner I hiked down the hill and explored the old
cemetery right on the edge of the bay.

Day 4, Qik. We crossed the Arctic Circle! Still too windy to land in
Pangnirtung. Spent half a day in Qik (Broughton Island). A hamlet
of a few hundred people. I went for a walk as far as the inn and the
church. The four young girls who followed me giggled as they heard
me practice pronouncing aloud Inuit names syllabically, starting
with Qik's full name: Qik-iq-tar-ju-aq (Big Island).

Jagged stones, mountains of snow piled up on the edge of the tarmac, the Baffin Mountains looming white in the distance. An iceberg in Davis Strait breaking. The tide is out. Ice floes melting ever so slowly. I closed my eyes the more to concentrate on the trickling sound.

I feel withdrawn tonight, my default response to our group's dynamics. Pulled inwards and outwards. Trying to figure out the emerging relations, the tensions, why I'm here, what here is.

Day 5, back in Iqaluit. We crossed the Arctic Circle yet again—this is becoming a nice pattern. If Pang continues to be too windy, I may end up visiting all the hamlets on Baffin Island. Today we got further north than Qik. Clyde River—Kann-giq-tu-gaa-pik. The hamlet was not as close to the airport as Qik was but it was clearly visible. The mountains, covered in ice, felt so close. They were beckoning me. I had an urge to start walking toward them.

Day 8, Pangnirtung. A lot is happening. Nothing is happening. I've been on the edge and irritable. I'm here at SSHRC's expense, I'm supposed to be working on a project, but I have no project. I've been looking for a project as if it had been a hidden object. *Fort/da!* I should have known better.

Bush school pedagogy means little structure. But for the two hours of Inuktitut lessons a day and late morning lectures given by Peter (Kulchyski), there is little else that is planned. This is relational pedagogy, a serial and cumulative process that unravels at a fast or slow pace, depending on our positionalities, our lived experiences, our age, where we go, what we do, who we meet and talk with, what risks we're willing to take, where we sleep. (Because of my back problems, I'm the only one who's billeted—I'm staying with the Nakashuks; everyone else is camping.)

Day 10, Pangnirtung. Last night I asked Margaret and Andrew about the Inuit map of Cumberland Sound that is pinned on the outside of their bedroom door. They laid it on the floor of their small living room, and we sprawled around it, our elbows touching, feeling each other's breath. I followed Andrew's finger tracing one camp after another. What looks entirely empty on a *qallunaat* map of Cumberland Sound is densely marked on this Inuit map. Here, see? My father still has a cabin there. We used to go from here to there, and his finger glides over land and ice and water. Every name has a story, the past alive in the present.

As I lay awake in my bed, a foam mattress on the floor in the small spare room of their house, I became aware of the need to realign my priorities here: what's crucial is not having a project but being part of the process—embodying learning, crossing the cultural divides without necessarily seeking to bridge them. (Hard to describe this in a SSHRC report.) This is similar to what Larissa calls "epistemologies of respect," but also includes respect for— surrender to—one's own sense of discomfort and vulnerability, moving across different semiotic modes, engaging with different and often unsettling modalities of cognition and relationality, risking failure. If I understand Jean Briggs right, I must curtail my feelings of *ilira*—my apprehension and cautiousness (being over-mindful of the ethics of nonintervention)—and cultivate instead my *ihuma*—the Inuit concept of maturing in response to a place and its social relations (346, 112). I talked to Margaret about this over breakfast. Here, come, she said in response. I'll show you how to use the *ulu*. Although she knows it'll take me a while to acquire the grace with which she slices vegetables, she didn't give up on me; she gave me one of her *ulus*. Her gift-giving gesture reminds me of what Peter says about "community-based practice" in Pang, "mimetically adopting to the extent possible the norms of community life" (Kulchyski 157).

Second Week, Pangnirtung. Margaret tutors me. I'm to be interviewed on Pang's radio station, along with a few others from our group. In Inuktitut! A staged interview since my Inuktitut is rudimentary but I practice like I never practiced a lesson before. Inuktitut with a Greek accent.

I got to the school early this morning and, while I was unlacing my boots, I overheard Kevin talking to Duskin in the kitchen. Have you noticed how Smaro has changed? You mean she laughs all the time? Kevin had no chance to respond because he saw me lurking around the corner. I laughed. They laughed. I don't have a project yet, I said, but I'm happy. Which is not exactly true. The bare outline of a possible project has begun to emerge after coming across Etuangat's photo the other day. He was just an anonymous handsome face, a face in a sepia archival photo, but his image stirred something inside me, something I cannot describe as yet. I found his grave in the hamlet's cemetery, and I went back to leave a small gift for him. Not only is he mentioned in virtually every book I've read about the region and Pang specifically, but his spirit, I'm sure, is alive.

Kevin is so right. I've begun to laugh a lot here. "Laughter is too easy in Pang," writes Lindsay. Indeed, the Pangmiut smile and laugh a lot. They laugh at you and with you. Their laughter is ambiguous, a sign of their self-reflexive approach to their living conditions under colonialism—"it means that one can carry one's burdens" and "emotionally lift the other's loads" (Kulchyski 361)—and of how they embody and practice their *qaujimajatuqangit* (Inuit traditional cultural knowledge), what Jaypeetee Arnakuk calls "a living technology." It stems from their *isumaqsayuq*, their way of sharing knowledge, the interconnectedness of experiential living and Inuit philosophy of life. So laughter as I experience it here doesn't mean the Pangmiut have a blissful existence. As Lindsay says, if laughter is easy in Pang, "(So are tears.)" But I'll do without her brackets, for tears of pain often flow as openly as those of laughter. Here, laughter and tears affirm the body, vocalize the abject, release strength, circulate one's agency. What's more, they're contagious.

Third week, on the land. On the land for four days now. Twenty tents. Besides our group, many of Jaco's and Joannesie's relatives have joined us. Seal hunting time. Gathering time. Play time. Sewing time. Workshop time. Crying time. It was too cold and windy last night, and so it became games night to keep warm. We played *aksaq* for over an hour. Two teams, women versus men. Old and young. Agile and not. It's a keep-away ball game (our ball made of socks), no rules. No limits to touch zones; you can kick, grab, tickle, caress, pull, hug, climb over one's back, pinch, drag.

The rest of the games were a bit difficult for me. I sat on the sidelines to watch, together with the Inuit women and their children, Lisa, Margaret, Ooleepa, Rosie, Evie, and Helen. Jaco was the master of ceremonies. He tried to drag me into the circle of players a few times, but I couldn't possibly hop up and down the rugged terrain with someone else tightly wrapped around my waist, head between my legs. But it was all so funny to watch. We laughed and laughed until we could no longer hold back and we all let go, peeing our pants with abandon. And then we laughed some more until our bellies ached and I was almost out of breath. I lay flat on the ground, my arms stretched out, wet and happy, my tears of laughter quickly drying on my face.

Day 8 on the land. Learning, unlearning. My sense of what is important and proper is recast. I delight in being a vulnerable learner. Not afraid of making mistakes or offending them inadvertently. Not afraid of being embarrassed. I laugh with them and at myself. I've learned to slice arctic char. Arctic sushi, Andrew calls it. When it was my turn to cook the other day, I made Greek chickpeas that we ate with *palaugaq* (bannock). I ate raw seal. Drank seal blood.

I can't stand fermented walrus—it's like chewing plastic and smells like dirty feet (and I told Jaco so)—but I kept going back for more raw seal until I realized that I had had more than my share. But I made a deal with little Samueal. I gave him my last chocolate bar and he gave me a piece of his share of seal brains. Bartering cultural appetites. Inside a gift economy. On the land.

Samueal and I sit on a rock over the stone flats where the seal intestines are left, a feast offering to the birds. He eats his chocolate and waits to see what I'll do with my bloody fingers. I lick them first, and then go down to the shoreline to wash my hands. In a tidal pool around a big rock I see Evie, Jaco's sister. She's gathering clams. Do you want to help? she asks. Sure I do, I reply. I wade my way towards her, Samueal following. You watch her, he tells Evie. She may eat them all. We laugh. I feel an at-homeness—to have a reputation, however bad, means you're part of a place.

Note

1. *Qallunaat* is the Inuktitut word for people who are not Inuit.

Works Cited

Ahmed, Sarah. *The Cultural Politics of Emotion*. Routledge, 2015.

Arnakuk, Jaypeetee. "Commentary: What is Inuit Qaujimjatuqangit? Using Inuit family and kinship relationships to apply Inuit Qaujimajatuqangit." *Nunatsiaq News*, 25 Aug. 2000, https://web.archive.org/web/20010707022610/http://www.nunatsiaq.com/archives/nunavut000831/nvt20825_17.html.

Bennett, Jill. *Empathic Vision: Affect, Trauma, and Contemporary Art*. Stanford UP, 2005.

Best, Susan. "What Is Affect? Considering the affective dimension of contemporary installation art." *Australian and New Zealand Journal of Art*, vol. 2, no. 3, 2001, pp. 207–25.

Blackman, Lisa. *Immaterial Bodies: Affect, Embodiment, Mediation*. Sage, 2012.

Briggs, Jean L. *Never in Anger: Portrait of an Eskimo Family*. Harvard UP, 1970.

Chow, Rey. *The Protestant Ethnic and the Spirit of Capitalism*. Columbia UP, 2002.

Clough, Patricia Ticineto, and Jean Halley, editors. *The Affective Turn: Theorizing the Social*. Duke UP, 2007.

Hansen, Mark B.N. *Bodies in Code: Interfaces with digital media*. Routledge, 2006.

Kristeva, Julia. *New Maladies of the Soul*. Columbia UP, 1995.

Kulchyski, Peter. "six gestures." *Critical Inuit Studies: An Anthology of Contemporary Arctic Ethnography*, edited by Pamela Stern and Lisa Stevenson, U of Nebraska P, 2006, pp. 155–67.

Lai, Larissa. "Epistemologies of Respect: A Poetic of Asian/Indigenous Relation." *Critical Collaborations: Indigeneity, Diaspora, and Ecology in Canadian Literary Studies*, edited by Smaro Kamboureli and Christl Verduyn, Wilfrid Laurier UP, 2014, pp. 99–126.

Lindsay, Nicole. *Tundrified*. Tumblr. http://getbushed-blog.tumblr.com. Accessed 28 Aug. 2015.

Maladies of the Soul, Emotion, Affect: Indigenous, Canadian, and Québécois Writings in the Crossfire of a New Turn. Call for papers. Canadian Literature Centre and Zentrum für Kanadastudien. ACSUS, 2016, http://www.acsus.org/sites/acsus.org/files/Banff2016_Call%20%281%29.pdf.

Papastergiadis, Nikos. "Faith without certitudes." Interview by Mary Zournazi. *Hope: New Philosophies for Change*, by Mary Zournazi, Routledge, 2003, pp. 78–91.

Simpson, Inga. *Understory: A Life with Trees*. Kindel ed., Hachette Australia, 2017.

Witcomb, Andrea. "Using souvenirs to rethink how we tell histories of migration: some thoughts." *Narrating Objects, Collecting Stories: Essays in Honour of Professor Susan M. Pearce*, edited by Sandra H. Dudley et al., Routledge, 2012, pp. 36–49.

15 Des fantômes dans les yeux

|LOUISE DUPRÉ|

Note I

J'écris chaque matin, guidée par la même question, à cette époque où l'on a le sentiment que l'espèce humaine a perdu le sens de la survie. J'écris en me demandant si la littérature peut faire rempart au destin qui nous guette. Et je pense chaque fois à l'intitulé d'une série de la chaîne France Culture à laquelle j'avais participé en 2012 : *La Poésie n'est pas une solution* (Smith).

La poésie, la littérature et l'art n'ont jamais empêché les guerres, les génocides, la dictature du capital, le racisme, le terrorisme, les injustices sociales, les tueries, la torture, la violence des hommes envers les femmes et les enfants, la cruauté envers les animaux, le harcèlement au travail, la destruction ni la mort. Non, la littérature n'est pas la solution aux maux du monde.

Et pourtant, chaque matin j'écris, j'écris parce que je suis de plus en plus horrifiée de ce que je vois et entends au journal télévisé. Je ressens l'urgent besoin de me laisser dériver au gré de certains mots qui m'entraînent vers d'autres affects qu'un effroi paralysant, des mots qui ouvrent à l'indignation, à la colère et à l'engagement.

Je dis *besoin*, en connaissance de cause. *Besoin*, comme s'il s'agissait de boire ou de manger.

J'écris pour que les mots me sortent de ma stupeur, qu'ils me redonnent une humanité qui me fasse aimer, bouger, agir.

J'écris parce que je ne veux plus me sentir à côté de la vie, dans une marge où l'on cherche à me maintenir malgré moi en me signifiant que je ne peux rien contre le malheur.

J'écris parce que l'écriture me permet de rester *du côté de* la vie, parce qu'elle me donne à penser que je peux faire quelque chose.

L'écriture lutte contre l'inaction et le cynisme. Elle est un faire, un *poïen*, selon le terme du grec ancien. Une création, un recommencement.

Note 2

Tu écris, de plus en plus vulnérable devant le sort du monde. Tu écris parce que l'écriture te donne à voir, à entendre, à sentir ton cœur battre en toi, à rêver que tu n'es pas seule en ta solitude, que vous êtes nombreuses, nombreux à penser que le monde est mené par des fous de toutes les idéologies, que tu n'es pas seule à douter de l'avenir, à avoir peur, à souffrir, à ne plus supporter les hurlements des femmes devant leurs enfants déchiquetés par les bombes, à ne plus être capable de voir des corps de migrants rejetés sur les rives de la Méditerranée par les vagues, à ne plus pouvoir regarder, dans les quotidiens, les visages des femmes autochtones qui disparaissent dans l'indifférence générale.

Tu as honte d'appartenir à l'espèce qu'on dit *humaine*.

POÈME

Hurlements des nourrissons affamés, hurlements des femmes pendant l'accouchement, hurlements des prisonniers qu'on torture, hurlements silencieux des épouses lapidées, des fillettes et des garçonnets qu'on viole, hurlements des violeurs, des meurtriers, derniers hurlements des assassinés que personne n'entend, hurlements des déportés, des bombardés, des agneaux qu'on égorge, hurlements des esclaves au fond des cales, des sorcières sur le bûcher, des guerriers, des mourants au bout de leur souffrance, hurlements d'appels, de révolte, de désespoir, hurlements de ton chat. Hurlements auxquels tu n'as jamais répondu. (Dupré 34)

Note 3

Passer ton chemin quand l'autre hurle, est-ce de l'indifférence, de l'impuissance, de la souffrance qui ne sait comment s'exprimer ?

Tu écris pour mettre des mots sur la douleur qui pénètre en toi et te déchire. Mais aussi sur ta culpabilité. Si tu restais silencieuse devant le malheur du monde, tu aurais l'impression de collaborer avec les agresseurs.

Devant le poème, tu t'adresses à toi de façon oblique, tu te parles à la deuxième personne, c'est moins difficile que de dire *je*.

Tu peux ainsi te poser ces terribles questions : Qu'est-ce que ton écriture peut bien apporter au monde ? Écrirais-tu par narcissisme ? Par désir de reconnaissance ? Pourquoi écrire si l'on admet que la poésie n'est pas une solution ?

Note 4

Me reviennent ces vers du poète Roland Giguère, dans *L'âge de la parole* : « nous nous sentions coupables / coupables et lourds / de tout le sang versé qui avait fait croûte » (105). J'écris avec la mémoire de tout le sang versé, avec cette blessure sur la main, blessure qui ne guérit pas et m'empêche d'oublier.

J'écris la main hantée.

Note 5

Mémoire. Mémoire comme travail, construction, création d'un récit, mot qui n'est pas synonyme de *souvenir* comme représentation, réminiscence d'un fait passé. La mémoire suppose des trous d'air et d'oubli. « Une mémoire qui se voudrait sans perte est une mémoire morte » (107), affirme Jean-Bertrand Pontalis, qui poursuit : « Une mémoire vive exige l'oubli ».

L'écriture ne consiste-t-elle pas à malmener les souvenirs, à les défaire afin d'aller lire ce qui s'y cache, puis à les relier autrement entre eux, à en faire un tissu percé, laissant passer les ombres et la lumière ? À partir de tout et de rien—évènements collectifs, personnels ou intimes, lectures, parfois présentes à l'esprit mais le plus souvent oubliées—, l'écriture tisse sa toile, elle hésite, avance et recule, elle poursuit un parcours aveugle, sans connaître son point d'arrivée. Elle tolère les questions sans réponses en se nourrissant de sa fragilité et de sa vulnérabilité.

Note 6

Le monde actuel de superhéros, qui valorise la virilité, ne tolère pas la vulnérabilité, qu'on prend pour de la faiblesse. Dans ces conditions, qui voudrait dévoiler sa vulnérabilité, alors qu'il faut viser à tout prix la réussite, le succès ? D'où l'importance des théories du *care*. « La société du *care* présuppose que les personnes vivent dans un monde où elles composent en permanence avec la vulnérabilité et le besoin—en faisant aussi parfois l'expérience de la joie », affirme Joan Tronto en conclusion de son essai *Le risque ou le* care (46). Cette affirmation redonne ses lettres de noblesse à un mot banni de notre vocabulaire : le mot *fragilité*. Car, pour reconnaître sa vulnérabilité, il faut admettre qu'on porte en soi des faiblesses et que, par conséquent, on n'est pas à l'abri des attaques, qu'on pourrait se voir atteint, blessé. « Vulnérable » ne vient-il pas du mot latin *vulnerare*, qui signifie « blesser » ?

J'ai longtemps camouflé ma fragilité, comme si elle était une tare, qu'elle pouvait m'empêcher d'être considérée dans mon milieu social aussi bien que dans celui du travail. Il me semblait que je ne pouvais la dévoiler que dans l'écriture.

Note 7

Accepter sa propre fragilité, lui faire une place en soi est le premier geste d'amour que l'on puisse se porter. C'est se considérer du nombre des gens qui souffrent, se montrent capables de regarder les autres, de leur tendre la main. On se rend alors compte que l'on ne sera jamais au-dessus de la mêlée, que l'on fait partie d'une communauté, celle de l'humanité qui appelle à l'aide.

Note 8

Le *care* nous propose une vision à contre-courant de celle de la société actuelle, où la fragilité n'est plus un objet de honte, mais un état de fait à comprendre et à aimer. Cette vision correspond à celle de la poète que je suis, car j'écris pour m'approcher toujours plus près de la blessure, pour lui donner une dignité en trouvant des mots aux émotions qui n'en ont pas, pour créer un espace à la douleur invisible, pour compatir et donner aux lecteurs et lectrices matière à compassion.

Dans son essai *Soigner, aimer*, la poète et psychiatre Ouanessa Younsi pose cette question : « Soigner, écrire, seraient faire amour de la fragilité ? » (100)

Ce à quoi semble répondre le psychanalyste Nicolas Lévesque dans ce constat à propos des séances psychanalytiques : « En donnant aux autres ce cadre, cet espace, je me le donne du même coup à moi-même. Chaque séance avec mes patients participe aussi à ma propre guérison » (97).

Amour, au sens d'*agapè*, d'amour fraternel, ce terme désuet, qu'il faut réhabiliter.

Sans doute faut-il avoir le sentiment de faire partie d'une collectivité pour pouvoir dire *je*.

Note 9

J'écris en me réconfortant avec cette phrase de Joan Tronto : « Tous les humains sont vulnérables, même si ce n'est pas de manière égale ni à tout moment » (39). Il serait prétentieux de penser que je fais exception à la règle. Je peux m'affirmer imparfaite, capable de faire des erreurs, voire des fautes, je peux accepter la pensée que je ne suis pas innocente.

Paradoxalement, je peux alors sortir de la culpabilité, qui n'est jamais étrangère au sentiment de toute-puissance : être coupable, c'est avoir l'impression que je peux quelque chose *pour* les autres. Je substitue cette pensée au désir de faire quelque chose *avec* les autres. Mon orgueil est alors remplacé par de l'humilité.

La culpabilité, qui me poussait à la détresse et me paralysait, se transforme en un sentiment de responsabilité. Je ne porte plus le poids du monde sur mes épaules, je peux alors me redresser, m'ouvrir aux autres. J'éprouve de la sympathie—« sym » signifiant « avec ». Ce qu'illustre bien la formule « Mes sympathies » dans le cas d'un décès : on sait qu'on ne ressuscitera pas la personne aimée, mais on peut du moins accompagner l'endeuillé dans sa douleur.

J'écris en sachant que je ne suis pas seule dans mon écriture, vous êtes là, tout près, vous me touchez du bout des doigts. Et si vous me lisez, c'est parce que je vous touche, que nous sommes ensemble. Aussi je me permets de vous inclure dans mon propos. La connaissance de notre vulnérabilité commune m'amène à prendre le risque du *nous*.

J'écris comme si je vous lançais un appel.

Note 10

Dans l'écriture, le flux circule du ventre à la tête et de la tête au ventre, tu te mets à l'envers, tu te laisses surprendre par tes sensations et tes émotions, tu dérives sur des mers inconnues, tu acceptes de tanguer, tu as peur, mais tu t'accroches, tu tiens, tu es capable de tenir, tu le fais parce que tu n'es pas seule en ta solitude, tu le sais, tu n'es pas seule en ta vulnérabilité, vous êtes nombreuses, nombreux, tu as « des frères à l'infini » (129) et « des sœurs à l'infini », comme l'a écrit le poète Paul-Marie Lapointe. Tu fais partie de la communauté humaine qui désire, aime et souffre. De la communauté humaine qu'on fait souffrir.

Mais notre vulnérabilité peut-elle devenir dangereuse, peut-elle risquer de se retourner contre nous ? Comment alors se protéger ?

Quelle est la distance à garder entre soi-même et la souffrance du monde ?

Sur Internet, j'ai lu qu'une militante des droits des animaux s'était suicidée par *détresse de compassion*. Je n'ai pas retrouvé ce terme dans la théorie médicale ni psychologique. Mais il sonne juste. Or, comment se montrer compatissante en évitant précisément la détresse ?

Je vous pose des questions que j'aborde dans des poèmes où je cherche à donner corps aux mots, les mots essentiels qui forment des spirales de sens autour des notions de *vie* et de *mort*.

POÈME

Ta détresse n'a rien à voir avec la mélancolie, ni avec le désordre du poème lorsqu'il crie de rage, ni avec le désespoir de ceux qui ont perdu la foi. C'est une langue à la grammaire déréglée, et les signes se mettent à errer, ils migrent d'une phrase à l'autre, ça s'ouvre en toi, ça bée, ça bêle comme sur l'autel pascal, tu es l'agneau et le couteau de tous les sacrifices, l'expiation et la main vengeresse, tu es un nom divisé par deux, l'intuition que tu pourrais voir s'effacer ton ultime visage. Mais il te reste heureusement quelques métaphores, elles te protègent des mots irréparables. Il te reste une chambre où tu te blottis en répétant à voix basse la leçon de la lumière. (Dupré 72)

Note II

Lumière ! Lumière !

Au Musée des beaux-arts de Montréal, j'ai été saisie par une installation intitulée *Lux*, de Barbara Steinman. Au milieu d'une grande salle vide pendait un lustre de chaînes d'acier, sans ampoules pour nous éclairer, sous laquelle se trouvait un cercle de cristal du même diamètre que le lustre. Des spots au plafond illuminaient le cristal, qui reflétait quatre ombres du lustre tout autour de lui. Le lustre semblait un cadavre suspendu à la nudité de l'air, une solitude définitive, une mémoire luttant contre la disparition.

Je me suis arrêtée un moment au seuil de la salle, puis je me suis avancée doucement, en titubant presque, j'ai tourné autour des ombres en cherchant une réponse à mon vertige. Mais un silence d'acier m'entourait, je n'ai rien appris de plus que ce que je savais déjà : la vie et ses chaînes, la vie et sa douleur, la mort qui nous regarde dans les yeux, mais la vie, malgré tout, éclairée par le désir de vivre l'instant présent. Et j'ai été émerveillée devant la lumière.

L'écriture actuelle n'est-elle pas comme l'art ? Elle n'a plus la prétention d'illuminer le monde, mais elle projette des ombres éclairantes autour de nous, elle est notre conscience, elle dit notre refus du silence, notre refus de collaborer. Elle joue avec la réalité pour tenter de l'apprivoiser.

L'écrivain ne peut plus se targuer d'être un prophète ni un mage. Mais il veut néanmoins transmettre une mémoire, devenir un témoin subversif de son temps.

J'écris avec des fantômes dans les yeux.

Note 12

L'époque est à la détresse et je l'écris. Mais, ce faisant, j'écris contre la détresse, je veux soigner le mal par le mal. Ce qui implique pour moi de ne pas me laisser happer, posséder corps et âme par les fantômes qui m'épient. Je suis sensible à la distinction que fait le psychologue Paul Bloom, auteur du livre *Against Empathy*. Dans un entretien accordé au journal *Le Temps*, il affirme en effet : « L'empathie consiste à ressentir ce que ressent l'autre. La compassion consiste, elle, à se soucier de quelqu'un qui souffre, sans pour autant éprouver soi-même ce qu'il ressent. Des études neuroscientifiques indiquent que cela correspond à deux états cérébraux différents » (Bloom). Selon lui, à l'empathie il faut préférer la compassion, car « [l]es gens qui la développent ont plus facilement du plaisir à aider les autres, alors que les personnes très empathiques font souvent des *burn-out* ».

Quelle distance garder entre soi-même et la souffrance de l'autre ? Est-ce le fruit d'un apprentissage, d'une disposition d'esprit ou de tempérament ? La compassion suppose de se séparer de l'autre, ce qui n'est guère aisé pour l'écrivain qui, justement, doit s'avérer un être doué d'empathie : il doit *entendre des voix* en lui afin de créer des personnages, vivre ce qu'ils vivent, éprouver ce qu'ils éprouvent.

Mais le processus créateur exige aussi qu'il en arrive à s'éloigner de ses personnages pour donner forme à l'œuvre. Autrement dit, il doit adopter, lors de la relecture de son texte, une posture critique. Un projet d'écriture ne peut être mené à terme si l'empathie—ou la fusion avec les personnages—n'est pas transformée en une sympathie permettant une vision d'ensemble de son projet.[1]

Écrire ne peut-il pas nous apprendre à vivre ?

Note 13

Tu écris pour résister à la noirceur du monde. Tu écris contre ta mémoire immémoriale, contre les stéréotypes que tu charries dans ton discours souvent même sans t'en rendre compte.

« Ne pleure pas », répétait-on aux garçons dès leur plus tendre enfance, avant que le féminisme ne vienne poser un regard critique sur l'éducation des garçons et des filles. La civilisation occidentale a adossé à un mur infranchissable d'un côté les émotions, le corps et la femme, et, de l'autre, la rationalité, l'esprit et l'homme. Or, la société néolibérale—toujours patriarcale—n'a fait aucun progrès : elle continue à magnifier les valeurs masculines au détriment des valeurs féminines.

Quelles en sont les conséquences pour la culture ? Ne risque-t-on pas de se retrouver dans une civilisation de plus en plus coupée de ses affects, qui ressurgissent de manière sauvage, dans la somatisation ou les passages à l'acte ? Car « il n'y a pas de plus grand danger, pour l'homme,[2] que de croire qu'il a complètement échangé sa peau (ou celle de l'être aimé) pour une peau symbolique » (73), affirme Nicolas Lévesque dans l'essai *Ce que dit l'écorce*. Il s'agirait de penser, poursuit-il, « une éthique de l'entre-deux peaux, qui n'est pas autre chose que la condition humaine, cet interstice...espace sensuel, sexuel, essentiel à maintenir, malgré les fantasmes de tout rabattre soit sur le corps sans culture, soit sur la culture sans corps » (73–74).

Cet espace entre la peau réelle et la peau symbolique, c'est celui de la rencontre où l'on ne risque pas de se voir engouffré dans des affects destructeurs ni anesthésié dans la rationalisation. C'est l'espace où peut se créer la compassion, la sympathie plutôt qu'une empathie issue de la fusion ou encore une indifférence venant de la paralysie de ses affects : l'espace qu'on souhaite justement déployer par et dans le *care*.

Note 14

La nécessité de mettre en contact le corps et le symbolique a été revendiquée par des féministes comme Chantal Chawaf. Dans un livre aujourd'hui oublié, *Le corps et le verbe : la langue en sens inverse*, cette romancière aborde la nécessité de rétablir le lien entre les affects et le langage. « Il faut chercher à soigner la langue », écrit-elle. « Là où elle est sourde, muette, aveugle. Là où il nous faut la relier à nos oreilles, notre bouche, notre peau, notre voyance. L'humaniser au contact de notre chair. La guérir de notre humanité » (12).

Il faut ramener à la mémoire les livres de la deuxième vague du féminisme. Nous avons besoin de tous les féminismes... Car aujourd'hui, les femmes ne sont-elles pas encore plus en danger que les hommes, elles qui doivent *se piler sur le corps*, sacrifier leurs valeurs féminines ancestrales pour s'adapter à une société qui leur demande de devenir des intellectuelles ou des *managers* pures et dures, afin de s'intégrer à un monde de plus en plus compétitif et performant ?

Note I5

Cette langue pulsionnelle, affective, voilà ce que cherche le poète en faisant passer dans la langue le préverbal. C'est aussi ce qu'ont voulu les femmes du courant qu'on a nommé *l'écriture au féminin*. Ainsi, sans le savoir, puisque les théories du *care* n'étaient pas encore connues au Québec, l'écriture des femmes reconnaissait déjà l'importance du soin.

Soigner la langue, n'est-ce pas aussi se soigner ?

Tu écris *femme* puisque, comme femme, tu as résisté à des millénaires d'oppression, de violence et d'humiliation. Et, quand tu lis les textes d'autres écrivaines qui éclairent la forme des femmes, tu trouves une énergie renouvelée, tu comprends que tu n'es pas seule en ta solitude, que l'avenir est un mot qui peut sortir du dictionnaire pour ressusciter ta croyance en l'être humain.

Note I6

N'y a-t-il pas un danger de considérer l'écriture sous l'angle du *care* ? Danger de la mettre du côté de la morale, voire des bons sentiments, alors que l'écriture ne se laisse pas placer dans un carcan, qu'elle souhaite rester libre de toute attache, pouvoir dire le mal, détruire. Je pense au titre de Marguerite Duras, *Détruire, dit-elle*.

Cette peur de promouvoir une écriture propre, aseptisée, gentille, je l'ai entendu évoquer par certaines écrivaines... Et pourtant, le *care* n'est pas une morale, mais une éthique, une façon d'être au monde. Il renvoie à la posture de l'auteure qui écrit avec le souci de faire quelque chose pour sortir des idées reçues, des clichés. Le *care* est un vouloir, un désir d'agentivité.

J'écris avec le désir de m'engager à une époque où le changement de civilisation me fait ressentir la nécessité de retrousser mes manches afin de rester vivante.

J'écris contre la civilisation post-humaine qui se met en place en ce moment en s'alimentant d'un passé qui a séparé la rationalité et les émotions.

Il est temps de couper les fils entre tes doigts, d'attirer dans ton jardin les chats errants, temps de cueillir les pissenlits que tu mangeras bientôt par la racine, temps d'accorder grâce à l'effroi. Car tu es encore humaine, tu aimes encore ce que tu hais, tu crois à ce que tu ne crois plus, les fantômes bienveillants de minuit et la prière, même souillée comme une robe de viol. La solitude acceptée, la solitude rompue. Tu n'as pas épuisé tes neuf vies, ni les étoiles qui naissent dans tes yeux hagards, ni le futur des verbes simples. Tu trouveras l'audace de te coucher comme une neige nue sur les oripeaux en flammes, pure patience contre force et rage, levée contre, dressée contre, blanche de peur et d'espoir. Tu occuperas le champ de la honte. (Dupré 107)

Note 17

Occuper l'espace, debout et droite devant le discours du désastre, qui tente de t'empêcher d'agir. Car même si tu n'es pas toute-puissante, tu n'es pas impuissante non plus.

Parler, ramener dans l'écriture son oralité, autrement dit les multiples vibrations de ta voix quand elle ne triche pas, s'avance nue sur le fil des mots, pleure, se met en colère, dénonce, interroge les pouvoirs en place tout en affirmant ta capacité d'action.

Dans l'écriture, tes émotions te font découvrir des figures qui te font penser autrement, t'amènent à faire des rapprochements inusités entre le passé et le présent, entre le présent et l'avenir. Tu ne te sens pas loin de Rimbaud, qui considérait le poète comme un voyant.

Les émotions que tu essaies d'exprimer par l'écriture n'ont rien à voir avec ce que te propose la civilisation actuelle, qui carbure aux émotions fortes, aux sensations extrêmes, seuls repères possibles pour des individus dont la sensibilité est anesthésiée. « Avez-vous une âme ? » (9), demande Julia Kristeva dans son essai *Les nouvelles maladies de l'âme*, en 1993. Et elle poursuit : « Confrontée aux neuroleptiques, à l'aérobic et au zappage médiatique, l'âme existe-t-elle encore ? »

Qu'en est-il en 2020 ? Le rythme de vie trépidant qui est devenu le nôtre ne nous permet plus de cultiver notre vie psychique. Et l'âme se résorbe comme une peau de chagrin.

L'écriture et les arts ne sont-ils pas là pour redonner un peu d'âme à une civilisation qui l'a vendue au diable ?

Note 18

L'écriture ne peut plus être une recherche de beauté, ni d'harmonie, ni de plaisir, encore moins de divertissement. Elle tremble devant le journal télévisé, elle voit noir, elle voit sale. Elle ne sauvera pas le monde, ne le changera pas non plus, et elle le sait. Mais elle peut du moins rendre aux individus un peu de la subjectivité qui leur a été enlevée.

J'écris ce texte parce que je crois profondément que l'écriture reste un laboratoire où il est possible de penser autrement le monde. Et vous le lirez sans doute parce que vous cherchez désespérément vous aussi, dans l'écriture comme dans la vie, à remplacer la honte par la dignité.

POÈME

Païenne, oui, tu le resteras. On t'a obligée à traduire tant d'épopées au collège que ton crâne est aussi peuplé que l'Olympe. Tu appartiens à un vocabulaire de légende et tu entends encore la grandeur de polis quand tu écris politique, comme si tu pouvais exiger du ciel un peu de dignité. Heureusement, tu as appris à tenir ton crayon de ta main gauche. Côté cœur, c'est crois ou crois, c'est le sang des alliances et des fêtes, même si elles ne durent pas une éternité. Tu fais l'inventaire de tes armes, papier, crayons, clous, marteau, doigts, bouche, langue bien pendue, langue capable de ressusciter les idées mortes. Tu n'as pas encore perdu la mémoire. (Dupré 112)

Note 19

Mémoire, car tu en as assez de te sentir parlée, agie, contrôlée par les pouvoirs en place. Tu refuses de céder à l'amnésie actuelle, qui fait des êtres humains des objets en effaçant à mesure leurs repères comme des courriels indésirables. Tu ne peux plus dire *je* naïvement, tu parles de toi à la deuxième personne, tu t'adresses à toi-même comme si tu t'adressais à une autre. Tu veux créer du jeu, établir un passage entre la femme qui a été dépossédée d'elle-même et celle qui se construit, dans la langue, un espace pour accéder à la subjectivité.

Mémoire, car tu crois encore, tu rêves d'un avenir qui ne fasse pas table rase du passé. Tu voudrais que l'espèce humaine cesse de répéter l'histoire et tu n'es pas la seule à le vouloir, tu le sais.

Oui, tu prends bel et bien le risque du pronom *nous*. Tu as besoin de tous les pronoms.

Notes

1. Mikhaïl Bakhtine a des propos extrêmement intéressants sur l'empathie, notamment dans *Esthétique de la création verbale*. Cependant, les aborder ici dépasserait les limites de cette réflexion.

2. Employé ici au sens d'être humain.

Ouvrages cités

Bakhtine, Mikhaïl. *Esthétique de la création verbale*. Traduit par Alfreda Aucouturier, Éditions Gallimard, 1984.

Bloom, Paul. « L'empathie, une passion qui tue : entretien avec Paul Bloom ». *Le Devoir*, 2 fév. 2017, A4.

Chawaf, Chantal. *Le corps et le verbe : la langue en sens inverse*. Presses de la Renaissance, 1992.

Dupré, Louise. *La main hantée*. Éditions du Noroît, 2016.

Giguère, Roland. « Continuer à vivre ». *L'âge de la parole. Poèmes 1949–1960*. Éditions de l'Hexagone, 1965, p. 105.

Kristeva, Julia. *Les nouvelles maladies de l'âme*. Fayard, 1993.

Lapointe, Paul-Marie. « Sans titre ». *Le vierge incendié*. Éditions Typo, 1998.

Lévesque, Nicolas, et Catherine Mavrikakis. *Ce que dit l'écorce*. Éditions Nota bene, 2014.

Pontalis, Jean-Bertrand. *Fenêtres*. Éditions Gallimard, 2000.

Smith, Frank, producteur. *La poésie n'est pas une solution*. Réalisé par Gilles Mardirossian, France Culture, 2012, https://www.franceculture.fr/emissions/la-poesie-nest-pas-une-solution.

Tronto, Joan. *Le risque ou le* care *?* Traduit par Fabienne Brugère, PUF, 2012.

Younsi, Ouanessa. *Soigner, aimer*. Mémoire d'encrier, 2016.

297

LOUISE DUPRÉ

Biographies

Nicole Brossard est une poète, romancière et essayiste née à
Montréal en 1943. Depuis 1965, elle a publié une quarantaine de
livres dont *Le désert mauve, Musée de l'os et de l'eau, Ardeur, La lettre
aérienne, L'amèr ou le chapitre effrité, D'aube et de civilisation* ainsi
qu'une *Anthologie de la poésie des femmes au Québec* (en collaboration
avec Lisette Girouard, 1991) et *Poèmes à dire la francophonie* (2002).
Sa poésie a influencé toute une génération de poètes et de féministes. Ses livres sont traduits en plusieurs langues et son œuvre a
été célébrée par de nombreux prix littéraires majeurs, dont le prix
du Gouverneur général en 1974 et en 1984, le Prix Athanase-David
en 1991 et le Prix Griffin 2019 pour l'ensemble de son œuvre.

Marie Carrière is Professor of English at the University of Alberta,
Treaty 6 territory, where she has also been Director of the Canadian
Literature Centre / Centre de littérature canadienne and is now
Associate Dean (Research) in the Faculty of Arts. She is the author
of several books on feminism and contemporary writing, including
*Writing in the Feminine in French and English Canada: A Question of
Ethics* (U of Toronto P, 2002) and *Médée, protéiforme* (U of Ottawa P,
2012). She coedited with Patricia Demers *Regenerations: Women's
Writing in Canada / Régénérations: Écriture des femmes au Canada* (U of
Alberta P, 2014), and with Ursula Mathis-Moser *Writing Beyond the
End Times? The Literatures of Canada and Quebec* (Innsbruck U P, 2017 /
U of Alberta P, 2019). With Curtis Gillespie and Jason Purcell, she

coedited the award-winning critical anthology *Ten Canadian Writers in Context* (U of Alberta P, 2016). Her latest monograph is titled *Cautiously Hopeful: Metafeminist Writing in Canada* (McGill-Queen's UP, 2020).

Matthew Cormier recently obtained his PHD in English and Film Studies from the University of Alberta in Canada, where he was a SSHRC Canada Graduate Scholar and Killam Laureate. His dissertation project studied questions of identity in Acadian and Canadian literatures with the aid of digital tools and visualizations. He is a research affiliate with the Canadian Literature Centre as well as a member of the Research Board for the Canadian Writing Research Collaboratory. His research interests and publications chiefly concern postmodern, Acadian, and English-Canadian fiction and poetry—particularly through the scope of the digital humanities and affect theory—as well as current apocalyptic writing in Canada.

Kit Dobson is a professor in the Department of English, Languages, and Cultures at Mount Royal University in Calgary, Treaty 7 territory. He is, most recently, the author of *Malled: Deciphering Shopping in Canada* (Wolsak & Wynn, 2017), and, with Ada Jaarsma, the coeditor of *Dissonant Methods: Undoing Discipline in the Humanities Classroom* (U of Alberta P, 2020). He is also the author of *Transnational Canadas: Anglo-Canadian Literature and Globalization* (Wilfrid Laurier UP, 2009); the editor of *Please, No More Poetry: The Poetry of derek beaulieu* (Wilfrid Laurier UP, 2013); and the coeditor, with Áine McGlynn, of *Transnationalism, Activism, Art* (U of Toronto P, 2013). With Smaro Kamboureli, he produced a book of interviews with writers published as *Producing Canadian Literature: Authors Speak on the Literary Marketplace* (Wilfrid Laurier UP, 2013). His current work focuses on literatures in Canada, Indigenous literatures, and landscapes in northern Alberta.

Nicoletta Dolce enseigne au Département de littératures et de langues du monde et au Centre de langues de l'Université de Montréal. Ses recherches actuelles portent sur les poésies québécoise, haïtienne et italienne des vingtième et vingt-et-unième siècles. Parallèlement, elle s'intéresse à la problématique de la mémoire, à la question du témoignage et au féminicide. Elle a publié des essais et des articles dans divers collectifs au Canada et à l'étranger. Son livre *La porosité au monde : l'écriture de l'intime chez Louise Warren et Paul Chamberland* (Éditions Nota bene) a été finaliste au prix Gabrielle-Roy 2012. Elle a dirigé, avec Irena Trujic, le dossier spécial *Des témoins (in)directs au témoin* in absentia *dans les littératures francophones des* XX*ᵉ et* XXI*ᵉ siècles* publié dans *Nouvelles Études Francophones* (2015). En 2019, Nicoletta Dolce a remporté le prix d'excellence en enseignement de l'Université de Montréal.

Louise Dupré est une poète, romancière, dramaturge et essayiste. Elle a publié une vingtaine de titres, qui lui ont mérité de nombreux prix et distinctions. Parmi ses derniers livres, mentionnons les recueils de poésie *Plus haut que les flammes* (2010) et *La main hantée* (2016), d'abord parus aux Éditions du Noroît, puis réédités aux Éditions Bruno Doucey, ainsi que le récit *L'album multicolore* (2014) et le roman *Théo à jamais* (2020), parus chez Héliotrope. Plusieurs de ses livres ont été traduits dans d'autres langues. Professeure au Département d'études littéraires de l'Université du Québec à Montréal de 1988 à 2008, elle se consacre maintenant à l'écriture. Elle est membre de l'Académie des lettres du Québec, de la Société royale du Canada et de l'Ordre du Canada.

Margery Fee, PHD, FRSC, is a Professor Emerita of English at the University of British Columbia. She held the David and Brenda McLean Chair in Canadian Studies (2015–2017) to work on early Indigenous oral and literary production. Recent publications are *Literary Land Claims: The "Indian Land Question" from Pontiac's War* to *Attawapiskat* (Wilfrid Laurier UP, 2015); *Tekahionwake: E. Pauline Johnson's Writings on Native North America* (Broadview, 2016), coedited with Dory Nason; *Polar Bear* (Reaktion, 2019); and an edited selection of Jean Barman's essays, *On the Cusp of Contact: Gender, Space and Race in the Colonization of British Columbia* (Harbour, 2020).With Daniel Heath Justice, she is a co-investigator on the SSHRC-funded project *The People and the Text* led by Deanna Reder (thepeopleandthetext.ca).

Ana María Fraile-Marcos is Associate Professor at the University of Salamanca where she teaches English-Canadian and Postcolonial Literatures. She is the director of the Master of Creative Writing program and the head of the English Department. Her publications include *Glocal Narratives of Resilience* (Routledge, 2020); *Literature and the Glocal City: Reshaping the English Canadian Imaginary* (Routledge, 2014); and *Planteamientos estéticos y políticos en la obra de Zora Neale Hurston* (UP Valencia, 2003). She is the editor of *Richard Wright's 'Native Son'* (Brill Rodopi, 2007) and the author of numerous chapters and articles in other books and peer-reviewed journals. She is the principal investigator of the research project "Narratives of Resilience."

Smaro Kamboureli is the Avie Bennett Chair in Canadian Literature at the University of Toronto. Her most recent publications include a bilingual English/Italian edition of her poetry book, *in the second person, in seconda persona*, translated and with an afterword by Rocco De Leo, and with a critical introduction by Eleonora Rao (Gutenberg Edizioni, 2019); and *Literary Solidarities / Critical Accountability: A Mikinaakominis/TransCanadas Special Issue* (U of Toronto Quarterly, vol. 89, no.1, Winter 2020), which she coedited with Tania Aguila-Way. Other publications include *Scandalous Bodies: Diasporic Literature in English Canada* (Wilfred Laurier UP, 2009) and *On the Edge of Genre: The Contemporary Canadian Long*

Poem (U of Toronto P, 1991). She has edited many books, including Lee Maracle's *Memory Serves: Oratories* (NeWest, 2015) and Barbara Godard's *Canadian Literature at the Crossroads of Language and Culture* (NeWest, 2008). She has coedited with Christl Verduyn *Critical Collaborations: Indigeneity, Diaspora and Ecology in Canadian Literary Studies* (Wilfred Laurier UP, 2014); with Dean Irvine *Editing as Cultural Practice in Canada* (Wilfred Laurier UP, 2016); and with Kit Dobson *Producing Canadian Literature: Authors Speak on the Literary Marketplace* (Wilfred Laurier UP, 2013).

Aaron Kreuter holds a PHD in English Literature from York University. His academic work focuses on Jewish literature, diaspora studies, world literature, and Israel/Palestine. He won the 2018 Philip Roth Society's Siegel McDaniel Award for Graduate Student Writing. An article based on the award recently appeared in *Philip Roth Studies*. He is the author of the short story collection *You and Me, Belonging* (Tightrope Books, 2018), and the poetry collection *Arguments for Lawn Chairs* (Guernica Editions, 2016).

Daniel Laforest est professeur titulaire à l'Université de l'Alberta. Sa recherche porte sur les rapports entre littérature et humanités médicales. Il est l'auteur de *L'archipel de Caïn. Pierre Perrault et l'écriture du territoire* (XYZ, 2010, prix Jean-Éthier-Blais 2011) et de *L'âge de plastique. Lire la ville contemporaine au Québec* (P de l'U de Montréal, 2016). Il a également co-dirigé *Literary Narrative, the Biomedical Body, and Citizenship in Canada* avec Guy Clermont et Bertrand Rouby (PULIM, 2016) et *Inhabiting Memory in Canadian Literature / Habiter la mémoire dans la littérature canadienne* avec Benjamin Authers et Maïté Snauwaert (U of Alberta P, 2017). Il a été chercheur titulaire de la Chaire en études canadiennes de l'Université de Limoges ainsi que professeur invité du programme *Medicine and the Muse* au Center for Biomedical Ethics de l'Université Stanford.

Carmen Mata Barreiro est professeure titulaire à l'Universidad Autónoma de Madrid et a été professeure invitée à l'Université de Montréal. Ses champs de recherche sont : le travail de mémoire, l'écriture de l'exil et l'é/immigration, l'imaginaire de la ville, l'écriture au féminin, les émotions et l'éthique du *care*. Elle a dirigé *Espagnes imaginaires du Québec* (PUL, 2012), a coordonné le numéro « Étranger et territorialité » de *Globe. Revue internationale d'études québécoises* (2007), et a écrit de nombreux articles. Elle est membre des comités scientifiques internationaux des revues *Recherches sociographiques* (U Laval, Québec), *Globe. Revue internationale d'études québécoises* (Québec), et *Revue des Lettres et de Traduction* (Liban). Elle est chercheuse internationale du Centre de recherches interdisciplinaires en études montréalaises (CRIEM, U McGill, Montréal).

Ursula Mathis-Moser est professeure émérite au Département de langues et littératures romanes de l'Université d'Innsbruck et directrice du Centre d'études canadiennes (depuis 1997). Ses domaines de recherche sont : les littératures française et francophone ; la transculturalité, les littératures de la migration ; la littérature québécoise ; les théories postcoloniales ; l'intermédialité. Elle a reçu le Prix international du Gouverneur général en études canadiennes (2019), a été nommée Officier de l'Ordre national du Mérite (2014) et membre de l'Ordre des francophones d'Amérique (2012), et a obtenu le Prix Jean-Éthier-Blais (2004). Elle a écrit *Dany Laferrière. La dérive américaine* (VLB éditeur, 2003) ; a dirigé *Die Krise schreiben. Writing Crisis. Écrire la crise. Vier kanadische Feministinnen nehmen Stellung* (Innsbruck UP, 2016), et a co-dirigé, entre autres, avec Marie Carrière *Écrire au-delà de la fin des temps ? Les littératures au Canada et au Québec / Writing Beyond the End Times? The Literatures of Canada and Quebec* (Innsbruck UP, 2017) ; avec Birgit Mertz-Baumgartner *Passages et ancrages en France. Dictionnaire des écrivains migrants de langue française (1981-2011)* (Honoré Champion, 2012) ; avec Günter Bischof *Acadians and Cajuns: The Politics and Culture of French Minorities in North America / Acadiens et Cajuns. Politique et culture de minorités francophones en Amérique du Nord* (Innsbruck UP, 2009).

Heather Milne is an associate professor in the English Department at the University of Winnipeg. She is the author of *Poetry Matters: Neoliberalism, Affect, and the Posthuman in Twenty-First Century North American Feminist Poetics* (U of Iowa P, 2018). Her other publications include *Prismatic Publics: Innovative Canadian Women's Poetry and Poetics* (Coach House, 2009); and *Social Poesis: The Poetry of Rachel Zolf* (Wilfrid Laurier UP, 2019). In addition to writing about poetry and feminism, she codirects (with Angela Failler) Museum Queeries, a research group that examines LGBTT2SQ representation in museums.

Eric Schmaltz holds a PHD from the Department of English at York University. His research is in the field of Canadian Literature with a specialization in avant-garde and experimental poetry and poetics. For the 2018–2019 academic year, he extended his pursuit of these interests as a SSHRC Postdoctoral Fellow at the University of Pennsylvania in the Department of English. His scholarship on these subjects has been published or is forthcoming in *Canadian Literature, Canadian Poetry, Forum, English Studies in Canada*, and *Jacket2*. He is also the author of *Surfaces* (Invisible Publishing, 2018), a book of visual and constraint-based poetry that explores the inter-section of affect, materiality, and digital writing environments. He can be found online at ericschmaltz.com or on Twitter @eschmaltzzz.

Maïté Snauwaert est l'auteure de trois essais : *La Douleur* (Gremese, 2019), étude du film d'Emmanuel Finkiel adapté de Marguerite Duras ; *Marguerite Duras et le cinéma* (Nouvelles éditions Place, 2018) ; et *Philippe Forest, la littérature à contretemps* (Cécile Defaut,

2012). Elle a co-dirigé le volume *Inhabiting Memory in Canadian Literature / Habiter la mémoire dans la littérature canadienne* avec Benjamin Authers et Daniel Laforest (U of Alberta P, 2017) ainsi que plusieurs dossiers en revue, dont, récemment, *Poétiques et imaginaires du* care avec Dominique Hétu (*temps zéro 12*, 2018). Professeure agrégée à l'Université de l'Alberta, sa recherche s'intéresse au deuil, à la fin de vie et aux formes fragilisées de la vie humaine. Son programme de recherche, « Apprendre à mourir au 21ᵉ siècle : la contribution littéraire », reçoit le soutien du Conseil de Recherches en Sciences humaines du Canada (2016–2020).

Jeanette den Toonder dirige, depuis 2005, le Centre d'études canadiennes de l'Université de Groningen, aux Pays-Bas, où elle enseigne les littératures française et francophone en qualité de professeure agrégée au Département de langues et cultures européennes. Ses recherches portent sur les questions de transculturalité, d'identité, d'autobiographie, de voyage et d'espace, notamment dans le roman francophone contemporain au Canada. Ses publications analysent les espaces liminaires et zones de contact dans *Nikolski* de Nicolas Dickner (dans *Francophonies d'Amérique*, 2011) et dans *Kuessipan* de Naomi Fontaine (dans *In-Between—Liminal Spaces in Canadian Literature and Cultures*, dirigé par Stefan L. Brandt, 2017). Dans le cadre des littératures francophones minoritaires au Canada, elle a examiné la représentation de l'espace chez France Daigle (dans *Paysages imaginaires d'Acadie : un atlas littéraire*, dirigé par Marie-Linda Lord et Denis Bourque, 2009) et le rôle de la transculturalité chez Jean Babineau, Hédi Bouraoui et J. R. Léveillé (dans *Les littératures franco-canadiennes à l'épreuve du temps*, dirigé par Lucie Hotte et François Paré, 2016).